Norbert Feinendegen

C.S. Lewis: Überrascht von Gott

www.fontis-verlag.com

Jörg Splett in Dankbarkeit gewidmet,
dem weisesten und besten meiner inoffiziellen Lehrer,
der meine Kenntnis von C.S. Lewis enorm vertieft
und bereichert hat.

Norbert Feinendegen

C.S. Lewis: Überrascht von Gott

Wie der große christliche Denker zum Glauben fand

fontis

Abkürzungen im Buch:

Drei Texte von Lewis werden jeweils mit Kürzeln zitiert:
Surprised by Joy (SbJ),
The Pilgrim's Regress (PR)
und «Early Prose Joy» (EPJ).

Bibliografische Information der Deutschen Nationalbibliothek
Die Deutsche Nationalbibliothek verzeichnet diese Publikation in der Deutschen Nationalbibliografie; detaillierte bibliografische Daten sind im Internet über www.dnb.de abrufbar.

Der Fontis-Verlag wird von 2021 bis 2024
vom Schweizer Bundesamt für Kultur unterstützt.

Die Bibelstellen wurden, soweit nicht anders angegeben,
folgender Übersetzung entnommen:

Einheitsübersetzung 2016

Umschlag: Olaf Johannson, Spoon Design, Langgöns
Satz: InnoSet AG, Justin Messmer, Basel
Druck: Finidr
Gedruckt in der Tschechischen Republik

ISBN 978-3-03848-256-7

MIX
Papier | Fördert gute Waldnutzung
FSC® C014138

Inhalt

Anhang

Zur Einführung
C.S. Lewis' spiritueller Werdegang – aus den Quellen neu erschlossen

> Ein «unpersönlicher Gott» – schön und gut. Ein subjektiver Gott der Schönheit, Wahrheit und Güte in unseren Köpfen – noch besser. Eine formlose Lebenskraft, die uns durchströmt, eine gewaltige Macht, die wir anzapfen können – am allerbesten. Doch der lebendige Gott selbst, der am anderen Ende der Strippe zieht und sich vielleicht mit unendlicher Geschwindigkeit nähert, der Jäger, König, Bräutigam – das ist etwas ganz anderes. [...] Es kommt ein Augenblick, da Menschen, die sich einige Zeit oberflächlich mit Religion befasst haben («des Menschen Suche nach Gott»!) plötzlich zurückschrecken. Angenommen, wir hätten ihn wirklich gefunden? Dazu hatten wir es nie kommen lassen wollen! Schlimmer noch, angenommen, Er hätte uns gefunden?[1]

Im November 2021 erschien die Filmbiografie «The Most Reluctant Convert: The Untold Story of C. S. Lewis» in US-amerikanischen Kinos. In diesem Film blickt ein älterer C. S. Lewis auf sein Leben zurück und erzählt, wie er als junger Oxford-Dozent vom Atheismus zum christlichen Glauben kam. Das Biopic erhielt begeisterte Kritiken und übertraf auch bei den Zuschauerzahlen alle Erwartungen. Das liegt an der exzellenten Produktion des Films, aber auch daran, dass C. S. Lewis' spirituelle Werdegang noch immer die Kraft hat, Menschen zu bewegen und zur Auseinandersetzung mit dem eigenen Glauben anzuregen.

Bei allem berechtigten Lob für den Film fand jedoch eine Tatsache

---

[1] *Miracles* 98. Die in diesem Buch verwendeten Zitate aus den Werken von C.S. Lewis wurden allesamt vom Autor neu ins Deutsche übersetzt. Quellenangaben in dieser Biografie, die nicht ausdrücklich einen Autor nennen, verweisen auf Schriften von C.S. Lewis. Drei Texte werden mit Kürzeln zitiert: *Surprised by Joy* (SbJ), *The Pilgrim's Regress* (PR) und «Early Prose Joy» (EPJ).

bisher kaum Beachtung. Er wäre zutreffender (aber sicher weniger verkaufsfördernd) gewesen, hätten die Produzenten ihren Film nicht «Die unerzählte Geschichte von C.S. Lewis» genannt, sondern «Die Bekehrungsgeschichte von C.S. Lewis, wie er sich selbst an sie erinnert». Drehbuchautor Max McLean (der auch den älteren Lewis spielt) arbeitet überwiegend mit Zitaten aus *Surprised by Joy* (dt. *Überrascht von Freude*), Lewis' Autobiografie von 1955. Das ist die große Stärke des Films, es ist aber auch seine Schwäche: Das Drehbuch folgt sehr eng Lewis' Darstellung in *Surprised by Joy,* von anderen Quellen für sein Leben macht es hingegen nur wenig Gebrauch. Dadurch bleibt so manches Ereignis seines Glaubenswegs im Unklaren.

Dies eint MacLeans Film mit den Biografien in Buchform, die in den letzten Jahren über C.S. Lewis erschienen sind; auch sie orientieren sich hauptsächlich an *Surprised by Joy.* Sie greifen zwar auf Lewis' Briefe und Tagebücher zurück, aber kaum auf die anderen schriftlichen Zeugnisse aus der ersten Hälfte seines Lebens. Das liegt vermutlich daran, dass diese Texte nicht leicht zu verstehen sind, handelt es sich doch zumeist um poetische oder philosophische Werke. Diese Texte, darunter die Gedichtbände *Spirits in Bondage* (1919) und *Dymer* (1926), die Notizen, die Lewis 1924 für seine erste Tätigkeit als Philosophie-Tutor anfertigte, die «Summa» genannte Darlegung seiner idealistischen Philosophie (1928) und der autobiografische Entwurf «Early Prose Joy»[2] (1930/31), enthalten die wahre unerzählte Geschichte von C.S. Lewis. Dieser Liste ist noch *The Pilgrim's Regress* (1933) hinzuzufügen, das erste von Lewis nach seiner Konversion zum Christentum veröffentlichte Buch, in dem

---

[2] Lewis' literarischer Nachlassverwalter Walter Hooper wählte «Early Prose Joy» als Titel für diesen Text, da Lewis im Frühjahr 1932 auch einen Versuch unternahm, die Geschichte seiner Bekehrung in Gedichtform zu schildern (von dem nur einige wenige Zeilen erhalten sind). Mit beiden Versuchen war Lewis unzufrieden, sodass er im Sommer 1932 schließlich *The Pilgrim's Regress* schrieb. Wichtig für das Verständnis von «Early Prose Joy» ist, dass der Text entstand, nachdem Lewis zur Anerkennung eines personalen Gottes gekommen war, aber *bevor* er zur Anerkennung Jesu Christi kam.

er seinen spirituellen Werdegang in nicht leicht zu entziffernder allegorischer Form beschreibt.

Ich hatte in den vergangenen Jahren das Privileg, an der Herausgabe einiger dieser Texte mitwirken zu dürfen (die Lewis selbst nie zur Publikation vorgesehen hatte). Von daher weiß ich, wie schwierig es ist, einen Zugang zu ihnen zu finden. Die Beschäftigung mit ihnen kann aber, nicht anders als die Lektüre seiner frühen Gedichte, unser Verständnis des Glaubenswegs von C.S. Lewis enorm bereichern. Ich werde daher im Folgenden diese und weitere Texte aus der ersten Hälfte seines Lebens mit heranziehen, um seinen faszinierenden Weg vom überzeugten Atheisten zum gläubigen Christen in einer bisher nicht für möglich gehaltenen Genauigkeit und Tiefe nachzuzeichnen.

Und noch ein Aspekt ist zu beachten. Lewis berichtet in *Surprised by Joy* immer wieder von Erfahrungen, die nicht nur Einfluss auf seine spirituelle Entwicklung hatten, sondern deren Reflexion auch Niederschlag in seinen späteren christlichen Schriften fand. Es ist lange bekannt, dass Lewis in seinen Werken nicht mit autobiografischen Hinweisen spart und dass auch seine literarischen Werke zahlreiche solche Bezüge aufweisen. Leider sind diese Querverbindungen bisher kaum als Verständnishilfe genutzt worden. Ein besonderes Augenmerk unserer Darstellung gilt deshalb Ereignissen in seiner Lebensgeschichte, die sich mit von Lewis in anderen seiner Schriften geäußerten Ansichten in Verbindung bringen lassen.

Die Geschichte von C.S. Lewis ist also noch nicht vollständig erzählt, weder in MacLeans Film noch in den zahlreichen Biografien in Buchform, die in den letzten Jahren erschienen sind. Und die religiösen Aspekte dieser Geschichte sind noch viel bedeutsamer, als das in den bisherigen Darstellungen seines Glaubenswegs zum Ausdruck kommt: Lewis' Weg vom Atheismus zum christlichen Glauben zeigt *in exemplarischer Weise*, was es heißt, sich als Mensch auf die Frage nach Gott einzulassen. Heute, wo immer weniger Menschen in die Praxis eines überlieferten Glaubens hineinwachsen, können seine Suche und seine persönliche Entscheidung für Gott deshalb Impulse auch für die Beschäftigung mit unseren eigenen Glaubensfragen geben.

Das Exemplarische von Lewis' Glaubensweg zeigt sich ganz besonders, wenn man ihn als Ausdruck einer *spirituellen Suche* versteht. Spiritualität ist aber ein mehrdeutiges Wort, daher sind ein paar Erklärungen vorauszuschicken, wie dieses Wort im Folgenden verstanden wird.

Wir Menschen sind aufgrund unserer Geistbegabung (lat. *spiritus = Atem, Geist*) die einzigen Lebewesen, die in der Lage sind, über sich selbst und ihr Verhältnis zur Welt um sie herum nachzudenken. Deshalb, und *nur deshalb*, können wir auch nach dem *Wahren* fragen (also danach, wie die Dinge in sich selbst sind, unabhängig von unseren subjektiven Vorstellungen von ihnen), nach dem *Guten* (also nach den Motiven und Gründen unseres Handelns), nach dem *Schönen* (also über den praktischen Nutzen hinaus nach der ästhetischen Qualität der uns umgebenden Dinge) und nach dem *Heiligen* (also nach dem, was sich vom Profanen abhebt und uns Ehrfurcht gebietet).

Dass wir in der Lage sind, auf uns und unser Verhältnis zur Welt zu reflektieren, lässt aber beides auch für uns zur Frage werden: Wir *können* nicht nur nachdenken über uns und unser Verhältnis zu dem, was wir nicht sind, sondern wir *müssen* es auch. Und nicht nur das, wir müssen auch *handeln* auf der Basis dieser Verhältnisbestimmung. Ob wir es wollen oder nicht: Wir müssen ein Verhältnis einnehmen zu uns selbst und zur Welt und gemäß dieser Verhältnisbestimmung unser Leben gestalten. Die Frage nach uns selbst und unserem Platz in der Welt ist daher auch der Ursprung allen ethischen Fragens: Wer sich auf diese Frage einlässt, erfährt sich aufgefordert, sich ins *rechte Verhältnis* zu setzen zu sich selbst und den Dingen um ihn herum – zur Natur, zu anderen Menschen und zu Gott.

Die «Spiritualität» eines Menschen kann als eine Lebenshaltung und -praxis beschrieben werden, die aus der Bereitschaft hervorgeht, sich mit diesen Fragen auseinanderzusetzen. Gemäß ihrer Vorstellung vom Verhältnis des Einzelnen zum Rest der Welt lassen sich dabei drei Grundformen des Spirituellen unterscheiden:

A-theistisch. Die Natur ist das Ganze. Jenseits der Welt, wie sie uns durch unsere fünf Sinne zugänglich ist, gibt es keine Welt des Geistigen, die unserem Sein und Tun einen Sinn und ein Ziel verleiht. Alles, was im Universum passiert – auch das, was man für gewöhnlich seine geistigen Akte nennt – ist somit eine Folge derselben materiellen Prozesse, die das Universum regieren. Der einzelne Mensch steht daher vor dem Problem, diesem *an sich* sinnlosen Universum dennoch einen Sinn *für sich* abzuringen.

Pan-theistisch. Das Göttliche ist das Ganze. Auch wenn es nach außen hin so erscheinen mag: Ich bin gar nicht isoliert von allem Übrigen (Mensch, Tier, Pflanze oder Kosmos), weil alles eine Erscheinungsform ein und desselben göttlichen Geistes ist, der alles durchwaltet. Das gilt auch für das, was ich meine eigenen Akte nenne: auch sie sind letztlich Vollzüge Gottes *in mir.* Ein Dialog mit Gott ist deshalb nicht möglich.

Theistisch. Gott ist Person. Und er hat etwas geschaffen, das nicht er selbst ist. Es gibt eine echte Trennung auch zwischen Gott und mir wie auch zwischen mir und den anderen Geschöpfen. Diese Trennung ist aber notwendig, damit ich mich dem Anderen in Freiheit zuwenden kann. Die Natur ist also nicht Gott, und der Mensch mit seiner Freiheit nicht bloße Natur, sondern die Natur ist ein Medium der Ansprache Gottes *an* uns wie auch ein Medium der Kommunikation *zwischen* uns Menschen.

Das Spannende ist, dass C. S. Lewis auf seinem Glaubensweg alle drei Formen der Spiritualität «durchprobiert», sie also zu leben versucht hat, und zwar nacheinander: zuerst die atheistische, dann die pantheistische, und schließlich die theistische. Erst diese konnte ihn zufriedenstellen, sie führte ihn aber schon bald zum christlichen Glauben.

Dabei ist zu beachten, dass es sich in Lewis' Fall nicht um einen einzigen Weg handelt, sondern um zwei getrennte Pfade, die erst spät im Prozess seiner Konversion zueinander fanden. Der eine dieser beiden Pfade, die Entwicklung seines philosophischen Denkens, verlief nahezu rein intellektuell, der andere, die Entwicklung der Welt seines inneren Erlebens, nahezu rein imaginativ. Diese beiden Stränge seiner spirituellen Entwicklung lagen viele Jahre lang so weit auseinander, dass Lewis sie in «Early Prose Joy» sogar als zwei separate Geschichten erzählt.

Dennoch ist es nicht so, als würden sich die philosophischen Texte nur mit intellektuellen Fragen befassen und die poetischen nur mit inneren Erlebnissen. Das lange narrative Gedicht *Dymer,* von dem sich Lewis seinen Durchbruch als Dichter erhoffte, ist nach Auskunft seines Bruders Warren in Wahrheit «Philosophie, die sich als Dichtung verkleidet», und die philosophische «Summa» entfaltet in ihrem zweiten, praktischen Teil Lewis' damalige Theorie eines spirituellen Lebens. Das heißt, Lewis bemühte sich in den 1920er Jahren intensiv darum, die beiden Hälften seines Lebens in Einklang miteinander zu bringen, richtig gelang ihm das aber erst mit der Anerkennung Jesu Christi.

Wie jede gute Story hat die unerzählte Geschichte von C.S. Lewis ein Thema. Das große Thema seines Glaubenswegs ist die Frage der Möglichkeit einer Beziehung zu Gott: Es ist die Frage des Betens. Einen göttlichen Urgrund (d.h. ein göttliches Prinzip hinter allen Dingen) anerkannte Lewis bereits im Frühjahr 1922. Dennoch sollte es acht weitere Jahre dauern, bis er zum Glauben an einen personalen Gott kam. Warum dauerte das so lange? Und warum war dieser Schritt für ihn so viel bedeutsamer als die Anerkennung Christi – die schon bald danach und ohne große Emotion erfolgte? Kann es sein, dass die Frage des *Handelns* Gottes in der Welt für einen aufgeklärten, gebildeten Menschen des 20. oder 21. Jahrhunderts das wahre Problem darstellt, und nicht so sehr die Menschwerdung? Sollte dies so sein – wofür einiges spricht –, dann hat uns Lewis' Bekehrungsgeschichte auch heute noch viel zu sagen.

Die im Folgenden gezeichnete Skizze von Lewis' ersten 33 Lebensjahren legt großen Wert auf biografische Korrektheit und wird zu diesem Zweck auch einige in der Lewis-Forschung verbreitete Annahmen kritisch hinterfragen. Sie erhebt aber keinen Anspruch auf biografische Vollständigkeit. Ich wähle aus dem verfügbaren Material jene Ereignisse und Entwicklungen aus, die mir für unser Thema von Belang erscheinen.

Darin folge ich Lewis' eigenem Umgang mit seiner Biografie: Keine seiner autobiografischen Schriften will eine Autobiografie im klassischen Sinn sein. Die Schriften heben hervor, was ihm im Blick auf seinen Glaubensweg von Bedeutung erschien, und sie übergehen Dinge (zum Beispiel sein Verhältnis zu Mrs. Moore), die ihm in dieser Hinsicht unwichtig erschienen. Bei der Allegorie *The Pilgrim's Regress* versteht sich das von selbst, doch auch in «Early Prose Joy» erklärt Lewis gleich zu Beginn:

> Ich werde keine Autobiografie schreiben. Aus gut dreißig Jahren wähle ich nur jene Begebenheiten aus, die mein Thema betreffen; die Geschichte wird verständlich, wenn meine Leser im Hinterkopf behalten, dass ich in all diesen Jahren für den größten Teil meiner Zeit ein normales Tabak rauchendes, Bier trinkendes, Geld verdienendes, anekdotenhaftes, streitendes, Romane lesendes, autofahrendes, Medizin einnehmendes menschliches Wesen war. (EPJ 13)

Surprised by Joy versieht Lewis ebenfalls mit der Warnung, das Buch werde mit dem Fortschreiten der Ereignisse immer weniger wie eine klassische Autobiografie. Das Thema des Buches ist die *Geschichte seiner Bekehrung*, und er erzählt diese Geschichte so, wie ein Romanautor eine Geschichte erzählt, mit der er eine bestimmte Botschaft vermitteln will.

Lewis wusste zudem um die *symbolische* Bedeutung von Ereignissen; auch dies zeigt sich in der Präsentation seiner eigenen Lebensgeschichte. So schreibt er zum Beispiel seiner ersten Lektüre von George MacDonalds *Phantastes* den Stellenwert einer «Taufe seiner Imagination» zu. Und er ging (wie bereits die Biografen der Antike) davon aus, dass sich die entscheidenden Dinge im Leben einer Person nicht rein zufällig ereignen. Die Überzeugung, dass Gott selbst ein lebendiger Akteur in seiner Bekehrungsgeschichte war, durchzieht Lewis' gesamte autobiografische Äußerungen. Dies war aber auch die vielleicht wichtigste Entdeckung seines Lebens: Der Gott, den er im Sommer 1930 gegen alle inneren Widerstände anerkannte, ist ein *geschichtlich handelnder* Gott; er ist «der Gott Abrahams, Isaaks und Jakobs, nicht der Philosophen und Gelehrten» (Blaise Pascal).

Um das Überwältigende dieser Erfahrung zu verstehen, müssen wir uns den Atheismus vergegenwärtigen, von dem aus Lewis sich über einen mehr als 10-jährigen Prozess wieder dem Glauben annäherte. Wir müssen aber auch einen Blick auf den Kinderglauben werfen, den er als Jugendlicher hinter sich ließ. Wie hatte dieser Kinderglaube ausgesehen, dass Lewis ihn später so bereitwillig aufgab, und inwieweit unterschied er sich von dem Glauben, zu dem er später als Erwachsener zurückkehren sollte? Und welche Erfahrungen waren es, die bei ihm eine spirituelle Suche auslösten, aber erst Jahre später in Christus ihren Zielpunkt fanden?

Kapitel 1
Kindheit im Norden Irlands

Clive Staples Lewis wurde am 29. November 1898 im Ortsteil Dundela im Osten von Belfast geboren. Die an der Nordostküste Irlands gelegene Stadt gehörte zu diesem Zeitpunkt zum Vereinigten Königreich Großbritannien und Irland. Das Königreich existierte in dieser Form bis 1922, als es durch Abtrennung der katholischen Landesteile zur Bildung des Irischen Freistaats kam. Von Geburt war C. S. Lewis also britischer Staatsbürger, sein Wohnsitz lag aber bis in die 1920er Jahre hinein in Irland. Belfast ist heute die Hauptstadt des britischen Landesteils Nordirland; das Stadtgebiet liegt teilweise im County Antrim und teilweise im County Down.[3]

Lewis ist das zweite Kind des Rechtsanwaltes Albert Lewis (geb. 1863) und der studierten Mathematikerin Flora Augusta Hamilton Lewis (geb. 1862). Sein Bruder Warren («Warnie», geb. 1895) war trotz der drei Jahre Altersunterschied die gesamte Kindheit hindurch seine wichtigste Bezugsperson. Da er seine Vornamen Clive Staples nicht mochte, nannte Lewis sich selbst schon bald «Jacksie», woraus später «Jack» wurde, wie ihn dann auch seine Oxforder Freunde nannten.

Die ersten neun Jahre seines Lebens beschreibt Lewis als eine glückliche, unbeschwerte Zeit. Seine Eltern führen trotz ihrer sehr unterschiedlichen Temperamente eine gute Ehe. Der Vater ist redegewandt und leidenschaftlich in seinen Gefühlsäußerungen, womit er allerdings nicht selten dem eigenen Glück im Weg steht. Die Mutter ist stärker rational geprägt und besitzt mit ihrer heiteren Gelassenheit ein weitaus größeres Talent zum Glücklichsein. Da Albert Lewis aufgrund seiner Tätigkeit als Anwalt viel Zeit im Büro verbringt, ist Flora der Mittelpunkt des Familienlebens.

---

[3] Sechs der neun Counties der irischen Provinz Ulster verblieben bei der Teilung Irlands beim Vereinten Königreich und bilden das heutige Nordirland.

Beide Eltern lesen gerne und viel, weshalb ihr Haus auch voll ist mit Büchern unterschiedlichster Art: Romane, Dichtung, klassische Literatur, Humoresken – was auch immer. Nur *eine* Art von Literatur findet sich nicht im Haus, nämlich jener Typ Bücher, für den Lewis später am meisten schwärmen wird: Fantasy, Mythen, Fairy Stories (Märchen) und die phantastische Dichtung der Romantiker. Die Liebe zur Literatur wurde Lewis also quasi in die Wiege gelegt, seine Begeisterung für Mythologie jedoch nicht: sie ist offenbar anderen Ursprungs.

Es gibt eine große Familie aufseiten der Lewises und der Hamiltons, mit der man viel Zeit und auch manchen Urlaub an der irischen Küste verbringt (an denen Albert Lewis, der mit seiner Arbeit fast ebenso verheiratet ist wie mit seiner Frau, nur selten teilnimmt). Weitere Freunde außerhalb der Verwandtschaft haben die Brüder zunächst nicht, was auch damit zusammenhängt, dass das Haus der Familie nahe am Stadtrand steht und es nur wenig Nachbarschaft gibt. Bevor Warren 1905 ins Internat geschickt wird, verbringen die Brüder die meiste Zeit miteinander, ob nun im Haus oder im Garten, der zum Grundstück gehört.

Mit im Haushalt lebt, wie damals bei besser gestellten Familien üblich, auch Dienstpersonal. Lewis hebt besonders das Kindermädchen Lizzie Endicott hervor, ein einfaches Bauernmädchen aus dem County Down. Durch sie lernte er, dass es noch andere soziale Schichten gab, die der eigenen in moralischer Hinsicht jedoch durchaus ebenbürtig waren. Er meint, es sei die schlichte Güte ihres von ihrer bäuerlichen Herkunft geprägten Charakters gewesen, die ihn später davor bewahrt habe, die feinen Manieren gehobener Gesellschaftsschichten (wie der eigenen) als Ausweis ihrer moralischen Überlegenheit misszuverstehen. Und es ist sicher auch kein Zufall, dass er später immer wieder auf die ethischen Grundprinzipien verweist, die er von seinem Kindermädchen (und seiner Mutter) gelernt hatte.

Lewis wurde am 29. Januar 1899 in der Pfarrkirche St. Mark's durch den Großvater mütterlicherseits, Reverend Thomas Hamilton, in die Church of Ireland hinein getauft (die zur Anglikanischen Kirche gehört). Reverend Hamilton war 1887–1900 Pfarrer von St. Mark's und für seine eloquenten, sehr emotionalen Ansprachen bekannt. Als Protestant war er ein strikter Gegner der Katholiken, was jedoch in der aufgeheizten Atmosphäre des Nordirland-Konflikts für einen Geistlichen nichts Ungewöhnliches war. Seine Abneigung ging allerdings so weit, dass er keine Hemmungen hatte, Katholiken als «Kinder des Teufels» zu bezeichnen.

Lewis erklärt, er sei in einer geradezu archaischen Gesellschaft aufgewachsen, in der theologische Differenzen unentwirrbar mit Fragen von Nationalität, Klasse, Politik und Ritual vermischt waren. Die meisten dieser Fragen lagen jenseits des Horizonts eines Kindes, doch die unterschwellige Botschaft, die er daraus mitnahm, lautete: Traue niemals einem Papisten (d.h. einem Katholiken).

Es lässt sich jedoch bezweifeln, dass seine protestantische Erziehung der hauptsächliche Grund dafür ist, weshalb Lewis sich nach seiner Bekehrung nicht dem Katholizismus zuwandte (was seine Freunde Tolkien und Griffiths sich erhofften). Dafür war er sich seiner Herkunft viel zu sehr bewusst. Auch war er in anderen Fragen sehr wohl in der Lage, die Vorurteile seiner Kindheit und Jugend zu überwinden. Zudem ist unklar, inwieweit seine stärker rational geprägte Mutter Flora überhaupt die Abneigung ihres Vaters gegen den Katholizismus teilte; Lewis hatte als Erwachsener keinerlei Erinnerungen an den Glauben seiner Mutter.

Den Glauben seines Vaters beschreibt Lewis als im Wesentlichen ästhetisch geprägt. Albert Lewis schwärmte für die hochkirchliche Liturgie mit ihren Kerzen und Ritualen, und er bewunderte die sprachliche Schönheit der *King James Bibel* und des *Book of Common Prayer* (was auf seinen Sohn vor seiner Bekehrung in keiner Weise zutraf). Für philosophisch-theologische Fragen hatte der Vater hingegen keinen Sinn: Die Wahrheit des Glaubens galt als gewiss, sie wurde aber nicht rational begründet oder gar kritisch diskutiert.

Es steht daher zu vermuten, dass der Glaube im Hause Lewis eher in ästhetischen oder politischen Zusammenhängen zur Sprache kam als im eigentlich religiösen Sinn. Lewis berichtet, ihm seien die üblichen Dinge über den christlichen Glauben mitgeteilt worden; das heißt, er wurde angehalten, seine Gebete zu sprechen und beizeiten mit in die

Kirche zu gehen. Er kann sich aber nicht erinnern, diesen Dingen ein besonderes Interesse entgegengebracht oder eigene religiöse Empfindungen gehabt zu haben: Das Christentum gehörte zum Leben dazu, es hatte für ihn aber keinerlei praktische Relevanz.

Das heißt, der *Sinn* der Gebete und Rituale, die man ihn zu sprechen und zu befolgen anhielt, erschloss sich ihm nicht – wie dies bei so vielen Aspekten des Lebens Erwachsener der Fall ist, wenn sie nicht in die Erfahrungs- und Verstehenswelt eines Kindes übersetzt werden. Dass Glauben bedeutet, eine *Beziehung* zu Gott zu leben, tauchte zu dieser Zeit seines Lebens nicht einmal als entfernte Möglichkeit auf.

Lewis meint, es sei vor allem die beständige Forderung der Erwachsenen um ihn herum gewesen, Gott mit Dankbarkeit und Liebe zu begegnen (und sich in der Kirche entsprechend zu verhalten), die ihn daran gehindert habe, echte religiöse Empfindungen zu entwickeln: Es ist schwer für ein Kind, von sich aus Dankbarkeit und Liebe zu empfinden, wenn andere dies ständig von ihm verlangen.

Diese Erfahrung brachte Lewis später auf den Gedanken, er könne hier mit seinen Narnia-Geschichten eventuell gegensteuern. Lässt sich das religiöse Empfinden von Kindern vielleicht von seinem fordernden Charakter (und von seinen Anklängen an Sonntagsschule und wenig kindgemäße Kirchbesuche) befreien, indem man die Begegnung mit Gott in eine Phantasiewelt verlegt und als ein spannendes Abenteuer erscheinen lässt? Kann es nicht gelingen, auf diese Weise die Kraft und Schönheit des Glaubens wieder spürbar zu machen?

War Lewis' Welt in seinen ersten neun Lebensjahren auch ohne religiöse Erfahrungen, *ästhetische* Erfahrungen gab es sehr wohl. Als die erste Schönheit, die ihm je begegnete, bezeichnet er einen Spielzeuggarten, den sein Bruder im Deckel einer alten Keksdose angelegt hatte. Was bis dahin weder die Natur vor der Haustür noch von Menschen gemachte Objekte wie zum Beispiel Gemälde oder Gebäude erreicht hatten, gelang dem künstlichen Arrangement von Moos, Zweigen und Blumen: es bescherte ihm eine Erfahrung echter Schönheit. Dies allerdings nicht sofort, sondern erst später in der Erinnerung (dazu gleich mehr).

Eine weitere frühe Erfahrung von Schönheit bescherte ihm der Blick durchs Kinderzimmerfenster auf die grünen Castlereagh Hills südöstlich von Belfast. Diese Hügel waren zwar nicht allzu weit entfernt, aber für den jungen Jack unerreichbar. Dies löste ein Gefühl der *Sehnsucht* in ihm aus. Lewis verweist an dieser Stelle auf das Symbol der blauen Blume, das in der Dichtung der Romantik als Zeichen für eine solche Sehnsucht verwendet wird: Es steht für ein intensives, geradezu schmerzliches Verlangen nach etwas, das außerhalb der eigenen Reichweite liegt und von dem man nicht genau sagen kann, worauf es sich bezieht. Noch viele Male in seinem Leben sollte Lewis den Lockruf der blauen Blume vernehmen, bis er schließlich das Ziel seiner Sehnsucht fand.

Lewis datiert diese beiden Erfahrungen in die Zeit vor dem Umzug der Familie ins neue Haus (Little Lea) im April 1905. Seine Eltern hatten das großzügig angelegte, von langen Fluren und lichtdurchfluteten Räumen geprägte Haus selbst entworfen und dabei auch genügend Platz für die unzähligen Bücher eingeplant – die ihre Söhne alle lesen durften. Die großartige Aussicht auf die Holywood Hills und (jenseits der Bucht von Belfast) die Antrim Mountains war eine zusätzliche mit dem Umzug ins neue Haus verbundene Freude.

Ein besonders enger Kontakt bildet sich hier zur Familie der Cousine (und besten Freundin) von Flora Lewis, Lady Mary Warren Ewart. Sie wohnt mit ihrem Mann, dem Großfabrikanten Sir William Quartus Ewart, und ihren drei (etwas älteren) Töchtern in Glenmachan House, nur eine knappe Meile von Little Lea entfernt.

Dort sind die Brüder Lewis jederzeit willkommen – auch zu den Mahlzeiten –, und das Haus wird für die beiden zur zweiten Heimat. Sie können sich im Haus und auf dem Grundstück frei bewegen; das Einzige, was von ihnen erwartet wird, ist ein halbwegs gesittetes Benehmen. Lewis erklärt, die geringen Kenntnisse über soziale Benimmregeln, die er habe, verdanke er den in Glenmachan House gepflegten Umgangsformen.

Seinen ersten Unterricht in Französisch und Latein erhält der junge Jack von seiner Mutter, der Rest seiner Ausbildung liegt in den Händen einer Hauslehrerin. Da Warren im Mai 1905 (also unmittelbar nach dem Umzug ins neue Haus) auf ein englisches Internat geschickt wird, verbringt Lewis nun viel Zeit allein im Haus und ums Haus herum. Er liest und liest und liest, und zwar nicht nur phantastische Kinderbücher wie die Geschichten von Edith Nesbit, sondern auch Bücher, die keineswegs für Kinder seines Alters gedacht (und geeignet) sind.

Ein anatomischer Defekt – ihm fehlt an beiden Daumen ein Gelenk – hat zur Folge, dass Lewis bei körperlichen Aktivitäten kein großes Geschick an den Tag legt. Er interessiert sich deshalb nicht für Sport (außer fürs Fahrradfahren und Schwimmen) und kann sich auch nicht für handwerkliche Tätigkeiten begeistern. Lewis beginnt daher, eigene Geschichten zu schreiben und zu zeichnen. Zu diesem Zweck richtet er sich eine der Dachkammern von Little Lea als sein «Arbeitszimmer» ein; dort entstehen die ersten Geschichten von *Animal Land,* einem Phantasieland, in dem personifizierte Tiere (Mäuse, Frösche, Katzen usw.) leben und Handel und Politik treiben. Später wird Lewis seinem Land eine ganze Historie andichten und es mit *Indien*, dem Phantasieland seines Bruders, zu einer gemeinsamen Welt verbinden.

Lewis bemerkt im Rückblick auf diese Zeit seines Lebens (nach dem Wegfall seines Bruders als Spielgefährte und vor dem Beginn seiner eigenen Internatszeit), er habe in diesen drei Jahren nahezu vollkommen in seiner Imagination gelebt. Um zu erklären, was er damit meint, unterscheidet er drei Bedeutungen des Wortes «Imagination», die er alle in gewissem Maß für zutreffend erachtet:

a) Imagination im *psychologischen* Sinn. Lewis lebte in einer Welt voller Tagträume und Wunschvorstellungen, in denen er selbst im Mittelpunkt stand, gefährliche Abenteuer bestand, seiner Hauslehrerin entwischte oder generell eine gute Figur abgab.

b) Imagination im *literarischen* Sinn. Er schrieb seine eigenen Geschichten, die jedoch ihrerseits keine Wunscherfüllungen im psychologischen Sinn waren. Das heißt, er war zwar der Schöpfer und Chronist, aber kein Bewohner (und auch nicht der Held) der von ihm erdachten Welt. Und diese Welt war auch keine Fantasy-Welt voller mythischer Gestalten oder Fabelwesen wie später die Narnia-Geschichten; die Geschehnisse in *Animal Land* waren durch und durch prosaisch.

c) Imagination im *spirituellen* Sinn. Lewis wurden einige Momente von überwältigender Intensität und emotionaler Tiefe zuteil. Diese kurzen Augenblicke erschienen ihm so viel wertvoller als seine übrigen Erfahrungen, dass sie sich jedem Vergleich mit ihnen entzogen: Es war, als würde durch sie der Welt eine völlig neue, ihm bisher nicht bekannte Dimension der Erfahrung hinzugefügt.

Kapitel 2
Erste Erfahrungen von Joy

Lewis bemerkt in *Surprised by Joy,* wer seinen imaginativen Erfahrungen im dritten, spirituellen Sinn nichts abgewinnen könne, der brauche gar nicht weiterzulesen, denn in gewissem Sinn handele die zentrale Geschichte seines Lebens von nichts anderem. Insofern sollten wir sehr genau hinschauen und zu verstehen versuchen, welche Art von Erfahrung er meint. Lewis versucht, den Charakter dieser Erfahrungen an drei Beispielen zu verdeutlichen, die allesamt stattfanden, bevor er im September 1908 nach England ins Internat kam.

Die erste Erfahrung dieser Art nennt er eine «Erinnerung an eine Erinnerung». Er stand im Alter von sechs Jahren im Garten des neuen Hauses neben einem blühenden Johannisbeerstrauch, als plötzlich, ohne jede Vorwarnung, eine Erinnerung in ihm hochkam.[4] Es war die Erinnerung an den Moment, in dem sein Bruder den im Deckel einer alten Keksdose angelegten Spielzeuggarten ins Kinderzimmer mitgebracht hatte. In diesem Augenblick stieg ein Gefühl enormer Freude in ihm auf, das zugleich ein tiefes Verlangen war. Das Gefühl war nur ein einziges, es beinhaltete aber zwei wesentliche Aspekte.

Der erste Aspekt war eine unermessliche Freude an der Schönheit des Spielzeuggartens. Diese Freude war so groß, dass Lewis später Miltons Wort von der «gewaltigen Seligkeit» Edens als die passendste Beschreibung erschien. Auch meint er, dieses Empfinden von Schönheit

[4] Lewis schreibt in EPJ und SbJ, das Ereignis habe im Sommer stattgefunden. Da der Busch, unter dem er stand, jedoch ein blühender Johannisbeerstrauch war, dürfte es April oder Mai gewesen sein. In SbJ schreibt er von dem Erlebnis, nachdem er vom Umzug der Familie nach Little Lea (21. April 1905) berichtet hat, und fügt hinzu, es sei noch im alten Haus gewesen, dass sein Bruder den Spielzeuggarten mit ins Kinderzimmer brachte.

sei so stark gewesen, dass seine Vorstellung vom Paradies für immer etwas vom Spielzeuggarten seines Bruders behalten werde.

Der zweite Aspekt war ein Verlangen beziehungsweise das Bedauern über einen enormen Verlust. Er hatte das Empfinden, einst etwas besessen zu haben, das er nun nicht mehr hatte und von dem er sich schmerzlich wünschte, es wieder zu erlangen. Doch das Objekt seines Verlangens war weder der mit Moos gefüllte Deckel seines Bruders noch die eigene Vergangenheit. Es schien, als sei durch sie etwas in ihm wachgerufen worden – nicht über die Entfernung von Jahren, sondern von Jahrhunderten; eine Erinnerung an etwas, das selbst keine Erfahrung war, noch auch nur als möglicher Bestandteil einer Erfahrung in Betracht kam.

Dieses Verlangen, für das er keine Worte fand, um ihm Ausdruck zu verleihen, war nicht mehr als ein schmerzlicher, flüchtiger Blick, ein Echo, das in dem Moment dahinstarb, in dem es das Ohr erreichte:

> [B]evor ich wusste, wonach ich mich sehnte, war das Verlangen selbst verschwunden: Der ganze flüchtige Blick hatte sich entzogen, die Welt war wieder alltäglich geworden, oder lediglich bewegt durch eine Sehnsucht nach der Sehnsucht, die gerade aufgehört hatte. Es hatte bloß einen Augenblick gedauert, und in einer gewissen Weise war alles, was mir je passiert war, unbedeutend im Vergleich zu ihm. (SbJ 11)

Lewis meint, man könne sein Empfinden insofern auch als eine Art von Trauer bezeichnen, aber eine Trauer in einem ganz speziellen Sinn. Das Gefühl des Verlusts, das damit einherging, war ein völlig anderes als seine Trauer über den Tod seines Großvaters, der sich etwa zur gleichen Zeit ereignete (Thomas Hamilton starb am 19. Mai 1905). Im Falle seines Großvaters wusste er, was er vermisste und sich zurücksehnte, und hätte es jemand anderem (zum Beispiel seinen Eltern) auch erklären können. Bei der Erinnerung an den Spielzeuggarten seines Bruders war das nicht so. Auch schien ihm das durch diese Erinnerung ausgelöste Verlangen unvergleichlich bedeutsamer zu sein als der Tod seines Großvaters.

Ein ähnlich geartetes Erlebnis löste der Blick in Beatrix Potters Kinderbuch *Squirrel Nutkin* (1903) aus. Lewis erinnert sich, dass zu dieser Zeit die Straße vor dem Haus mit Blättern in allen Farben übersät war; das Ereignis fand also offenbar im Herbst statt. Ob die Illustrationen von Eichhörnchen in herbstlichen Wäldern im Buch ihn an die echten Blätter vor der Haustür erinnerten oder umgekehrt, vermochte er später nicht mehr zu sagen. Doch im Zusammenspiel dieser beiden Eindrücke kam es zu einer weiteren intensiven Erfahrung von Sehnsucht und Freude. Lewis verspürte ein Verlangen, das ihn mit etwas ansteckte oder beunruhigte, das er nur als die «Idee des Herbstes» bezeichnen konnte.

Diesmal war das Erlebnis kein einmaliges. Über einen Zeitraum von etwa einem Monat blätterte er immer wieder im Buch oder ging auf die Straße, jedoch nicht in der Hoffnung, sein Verlangen befriedigt zu bekommen, sondern es *erneut zu verspüren.* Das, was ihn erfreute, war nie in seinem Besitz: Es war stets «dort drüben», dort, wo er gerade *nicht* war – vielleicht draußen auf der Straße, während er im Buch blätterte, vielleicht drinnen im Buch, während er auf der Straße unterwegs war. Lewis meint, die Erfahrung ließe sich daher nur in der Form eines Paradoxes beschreiben: «Man könnte sie mit gleichem Recht eine Freude an etwas nennen, das ich nicht hatte, wie ein Verlangen nach etwas, das ich hatte.» (EPJ 15)

Die «Idee des Herbstes», die sich durch diese wiederholten Erlebnisse bildete, war so stark, dass sie Lewis sein ganzes weiteres Leben begleiten sollte. Im Oktober 1929 berichtet er (nachdem ihm die Beobachtung eines Eichhörnchens auf dem herbstlichen Addison's Walk in Oxford erneut eine solche Erfahrung beschert hat), dieses Empfinden hole ihn eigentlich in jedem Herbst ein. Und er fragt sich, ob es wohl Zufall ist, dass ihn gerade der Herbst so bewegt, oder ob es nicht vielmehr so ist, dass der Tod des Natürlichen immer mit einer Geburt des Spirituellen einhergeht.

Noch in seinem letzten Werk *Letters to Malcolm* (1964 postum veröffentlicht; dt. *Du fragst mich, wie ich bete*) betont Lewis, seine tiefsten und gewiss auch seine frühesten Erfahrungen seien allesamt nicht gegenständlich, sondern von rein *qualitativer* Natur gewesen. Er folgert daraus, dass Platon vielleicht doch nicht so falsch lag, als er in seiner

Ideenlehre abstrakten Nomen, das heißt als Substantive verkleideten Qualitäten wie dem Schönen oder dem Guten den Status höchster Realitäten zuschrieb.

Lewis berichtet von einem dritten Auftauchen dieser besonderen Form des Verlangens, um daran das diesen Erfahrungen gemeinsame Element zu verdeutlichen. In einer Ausgabe der Werke von Henry Wadsworth Longfellow stieß er auf ein (nicht gereimtes) Gedicht namens «Tegnér's Drapa», das mit den Zeilen begann:

Ich hörte eine Stimme, die rief,
Balder der Herrliche
Ist tot, ist tot –[5]

Obwohl er zu diesem Zeitpunkt gar nicht wusste, wer dieser Balder war, tauchte er sofort in die unermessliche Weite nördlicher Himmel ein – eine Empfindung, über die er in ihrer überwältigenden Intensität nur sagen konnte, dass sie etwas mit Kälte, Weite, Strenge, Blässe und Entfernung zu tun hatte. Ganz so spontan, wie Lewis diese Assoziationen im Rückblick erschienen, waren sie allerdings nicht: Bereits die nächsten Zeilen von «Tegnér's Drapa» handeln von Kranichen, die durch die Himmel des Nordens der von Dunst und Nebel verschleierten Abendsonne entgegen segeln.

Die den drei genannten Erfahrungen gemeinsame Qualität macht Lewis in einem unstillbaren Verlangen aus, das in sich selbst begehrenswerter ist als jede denkbare Erfüllung. Er nennt die Erfahrung «Joy», um sie sowohl gegen andere Freuden als auch gegen andere Verlangen abzugrenzen.[6]

---

[5] «I heard a voice that cried, / Balder the beautiful / Is dead, is dead –» (Longfellow, «Tegnér's Drapa», Zeile 1–3).

[6] Diese Bezeichnung findet sich bereits in den 1920er Jahren in Lewis' Tagebüchern. In *The Pilgrim's Regress* und «Early Prose Joy» kommt sie nicht vor, dort schreibt Lewis von «sweet Desire» bzw. Erfahrungen des «having and wanting» oder «wanting and having». In seinen Briefen spricht er manchmal auch einfach von «It».

Von anderen Freuden wie Glück oder Vergnügen unterscheidet sich Joy, da sie von etwas begleitet ist, das man auch eine Art Schmerz oder Trauer (oder sogar eine Todessehnsucht) nennen könnte. Sie trägt den Charakter einer Sehnsucht oder eines Verlangens und zeigt somit einen *Mangel* an.

Dennoch wird sie als begehrenswerter erfahren – als von einem tieferen Sinn erfüllt – als jede andere der möglichen Freuden, die die Welt zu bieten hat. Nachdem man sie einmal verspürt hat, würde man sie daher nie mehr gegen irgendetwas anderes eintauschen wollen, selbst wenn keine Hoffnung besteht, dass man sie jemals erfüllt bekommt. Lewis formuliert wiederum bewusst paradox: «Dieser Hunger ist besser als jede andere Fülle; diese Armut ist besser als jeder andere Reichtum.» (PR 210)

Der Unterschied zu anderen Verlangen besteht darin, dass der Gegenstand oder das Objekt, dem dieses Verlangen gilt, schwer zu fassen ist. Dies eint Joy mit der Sehnsucht der Romantiker, wie sie im Symbol der blauen Blume zusammengefasst ist: Während man bei anderen Verlangen (z.B. Hunger, Durst, erotischem Verlangen oder intellektueller Neugier) genau sagen kann, worauf sie sich richten, ist das bei Joy unmöglich. Deshalb vertut man sich leicht und glaubt, dasjenige, das die Sehnsucht auslöst, müsse auch ihr Objekt sein, was aber nicht der Fall ist.

Im Unterschied zur Sehnsucht der Romantiker ist Joy jedoch zugleich eine Freude, ja geradezu ein Entzücken. Dieses Entzücken ist bei Lewis so stark ausgeprägt, dass er meint, eine Sekunde Joy wiege problemlos zwölf Stunden bloßes Vergnügen auf. Das aber heißt: Wir strecken uns nicht nur nach etwas aus, das wir *nicht* haben, sondern im Verlangen selbst ist das, was der Erfahrung ihren Wert gibt, in einer mysteriösen Weise «da». Das Verlangen, das eine Freude ist, macht unsere gewohnte Unterscheidung zwischen Haben und Verlangen zunichte: «Es zu haben ist per definitionem ein Verlangen; danach zu verlangen heißt, zu entdecken, dass wir es haben.» (PR 210)

Dieser letzte Punkt ist insofern wichtig, als er in den bisherigen Analysen von Lewis' Erfahrung unberücksichtigt bleibt. Sowohl seine Biografen als auch die Verfechter und Kritiker des sogenannten «Argument from Desire» nennen Joy ein auf Erden unstillbares Verlangen, übersehen aber den Aspekt des «Habens». Das hat zur Folge, dass ihre Überlegungen, inwieweit Joy als Beleg für die Existenz Gottes taugt, durchweg in der Luft hängen. Ob positiv oder negativ: ihr Bezugspunkt ist einfach nicht das, was Lewis «Joy» nennt. Wir werden später auf diesen Punkt zurückkommen, wenn es um die Frage geht, welche Rolle die Erfahrung von Joy bei seiner Anerkennung Gottes spielen sollte.

Und noch ein Punkt ist von Belang: Lewis' Erfahrung war keine rein *literarische* Erfahrung. Joy war ihm bereits zwei Mal zuteil geworden, bevor sie zum ersten Mal durch ein Gedicht ausgelöst wurde. Was immer Joy hervorruft oder worauf sich die Sehnsucht richtet, ist also keine rein poetische Angelegenheit. Dies blieb auch später so: Manchmal waren es literarische Werke, die zum Auslöser von Joy wurden, manchmal aber auch Musik oder die Natur.

Lewis wusste zudem (obwohl er es offenbar selbst nicht erlebte), dass Joy auch durch die Begegnung mit Menschen ausgelöst werden kann, nicht zuletzt durch Erfahrungen romantischer Liebe. Charakteristisch für eine Erfahrung von Joy ist nicht, wodurch sie ausgelöst wird, sondern die Kombination aus unstillbarer Sehnsucht und überwältigender Freude, die sie als wertvoller erscheinen lässt als jede nur denkbare irdische Erfüllung.

Bemerkenswert ist zudem, dass bereits eine der drei frühen Erfahrungen, die Lewis schildert, von einem Bericht über das Sterben einer Gottheit ausgelöst wurde. Balder ist ein Gott der nordischen Mythologie (nach der Prosa-*Edda* ist er der Sohn des Odin und der Frigg); er wird in «Tegnér's Drapa» als der Gott der Sommersonne bezeichnet. In Longfellows Gedicht heißt es, die ganze Welt sei durch einen Zauber gehindert gewesen, ihm Schaden zuzufügen – bis auf die scheinbar unbedeutende Mistel. Der blinde Hödur wirft (getäuscht durch den neidischen Loki) einen zum Speer geformten Mistelzweig auf Balder und tötet diesen dadurch aus Versehen. Damit vergeht die alte Götterwelt und ein neues Reich entsteht, das nicht mehr auf das Gesetz der Macht, sondern auf das Gesetz der Liebe gegründet ist.

Anderen Quellen ist zu entnehmen (bei Longfellow ist davon nicht die Rede), dass es Balder selbst ist, der vom Totenreich zurückkehrt und mit seinem Glanz das neue Zeitalter einleitet. Dieses Thema, das hier erstmals in Lewis' Leben anklingt, sollte später von enormer Bedeutung für ihn werden – lange, bevor er zum Glauben an den Tod und die Auferstehung Jesu Christi kam.

Die drei bisher genannten Erlebnisse fanden wie gesagt allesamt statt, bevor Lewis im September 1908 nach England ins Internat kam. Sie fanden auch statt, bevor jenes einschneidende Ereignis geschah, das dazu führen sollte, dass ein überforderter Albert Lewis seinen Sohn Jack ins Internat schickte: Flora Lewis stirbt am 23. August 1908 an Krebs (am 45. Geburtstag ihres Mannes Albert). Da sie zuhause gepflegt und dort auch operiert wurde, erfolgte der Abschied von ihren Söhnen nach und nach. Diese empfanden daher einen Großteil ihrer Trauer auch bereits vor dem tatsächlichen Tod der Mutter.

Als Lewis von der Schwere der Krankheit seiner Mutter erfuhr, erinnerte er sich an das, was man ihm über die Kraft des Betens gesagt hatte, und er betete mit aller Kraft um ihre Genęsung. Diese Gebete beschreibt er später als das Bemühen, in sich das Gefühl der Gewissheit zu erzeugen, dass seine Mutter durch die Intensität seiner Bitten geheilt werden würde. Als sie trotzdem starb, änderte er die Strategie und betete um ein Wunder, um dann enttäuscht festzustellen, dass auch dies nicht geschah.

Im Rückblick stuft Lewis diese Gebetsversuche als durch und durch irreligiös ein. Sie waren weder von Liebe noch von Ehrfurcht getragen (und auch nicht von Furcht). Das heißt, sie waren kein Ausdruck einer lebendigen Beziehung zu Gott, sondern das Ergebnis seines nackten, egoistischen Wunsches, dieser möge wie ein Zauberer den alten Status Quo wieder herstellen. Als das nicht passierte, hakte er das Thema ab: Es hatte nicht funktioniert; mehr gab es dazu nicht zu sagen. Lewis vermutet, dass der Glaube vieler Kinder auf dieser Stufe verbleibt, weshalb sein Verlust auch keine negativen Folgen für die spätere religiöse Entwicklung einer Person hat.

Die enorme Bedeutung des Todes seiner Mutter bringt Lewis dadurch zum Ausdruck, dass er ihn als das Ende aller Geborgenheit, ja in gewissem Sinn als das Ende seiner Kindheit beschreibt: «Mit dem Tod meiner Mutter verschwand alles gefestigte Glück, alles Friedvolle und Verlässliche aus meinem Leben.» (SbJ 15) Des ruhenden Ankerpunktes in seinem Leben beraubt, musste er von nun an selbst für sein Wohlergehen sorgen. Es gab auch weiterhin Spaß und Vergnügen, und dazu viele Momente von Joy, doch nichts mehr von der alten Sicherheit und Geborgenheit.

Was zurückblieb, waren vereinzelte Inseln im rauen Meer des Lebens; der Kontinent, den er bisher seine Heimat genannt hatte, war jedoch versunken wie das Atlantis der Legende.

Kapitel 3
Schlechte Schulerfahrungen und erste Glaubensversuche

Das Empfinden des jungen Jack, mit dem Tod seiner Mutter sei alles gefestigte Glück aus seinem Leben geschwunden, hatte im Wesentlichen zwei Gründe. Ein Grund war die Unfähigkeit seines hoch emotionalen Vaters, die Trauer über den Tod seiner Frau mit seinen Söhnen zu teilen. Albert war weder imstande, auf die Trauer seiner Söhne einzugehen, noch diesen sein eigenes Inneres zu offenbaren. Seine Trauer (die er nie ganz überwinden sollte) entlud sich daher nicht selten in unkontrollierten und von seinen Söhnen als ungerecht empfundenen Gefühlsausbrüchen. Das Ausmaß der rhetorisch oftmals geradezu grotesk überzeichneten Vorwürfe, die die Brüder aus dem kleinsten Anlass treffen konnten, war so groß, dass Lewis sogar zeitweise fürchtete, sein Vater könne ihn sich selbst überlassen und nach Amerika auswandern.

Dass Albert Lewis seine Söhne in seiner Einsamkeit zu seiner hauptsächlichen Gesellschaft erkor – kam er abends von der Arbeit nach Hause, so erwartete er, dass man von da an die Zeit gemeinsam verbrachte –, machte die Situation nicht besser. Es schränkte die Jungen erheblich in ihrer Bewegungsfreiheit ein und bescherte ihnen viele als Qual empfundene Stunden erzwungener Konversation. Die Brüder versuchten, sich vor diesen Übergriffen so gut es ging zu schützen; Lewis vermutet, dass er zu dieser Zeit auch begann, seinen Vater zu belügen. Das Ergebnis: Mit dem Tod der Mutter verloren die Jungen in gewisser Weise auch ihren Vater.

Als weitere unnötige Belastung empfand Lewis die Tanzpartys, die von Zeit zu Zeit in der Nachbarschaft stattfanden und an denen er nach dem Willen des Vaters teilzunehmen hatte. Er war zu jung, um Interesse an Alkohol oder dem anderen Geschlecht zu haben, und konnte auch dem Smalltalk der Gäste nichts abgewinnen; umgekehrt erschien es ihm unmöglich, Gespräche über Themen zu führen, die ihn wirklich interessierten. Das löste bei ihm eine herzliche Abneigung gegen jegliche Form von «gesellschaftlichen Anlässen» aus, die er auch als Erwachsener nie ganz ablegte. Als Albert sich in den folgenden Jahren bemüßigt fühlte, selbst solche Tanzpartys für die Nachbarschaft durchzuführen, kämpfte sein Sohn Jack mit allen ihm zur Verfügung stehenden (rhetorischen) Mitteln gegen diese Zeitverschwendung.

Der zweite Grund für das Schwinden allen gefestigten Glücks aus seinem Leben ist das Internat, in das der neunjährige Jack nur wenige Wochen nach dem Tod seiner Mutter geschickt wird. Der Vater hielt es dabei nicht für erforderlich, seinen Sohn selbst zur Schule zu bringen oder ihm einen anderen Begleiter für die Reise nach England an die Seite zu stellen als seinen dreizehnjährigen Bruder Warnie. Aus heutiger Perspektive erscheint dieses Versäumnis vermutlich größer, als es damals empfunden wurde, es dürfte aber dazu beigetragen haben, dass Lewis den Abschied vom heimischen Belfast als den Verlust seiner bisherigen Sicherheit empfand.

Die Wynyard School in Watford, Hertfordshire war eine kleine Privatschule. Nur etwa 15 Schüler wurden dort unterrichtet, davon die Hälfte Internatsschüler und die andere Hälfte Tagesschüler. Neben dem Schulleiter Robert Capron, einem anglikanischen Geistlichen, waren noch sein erwachsener Sohn Wyn und ein ständig wechselnder Hilfslehrer für den Unterricht zuständig.

Die Schule war zu dieser Zeit nur noch ein Schatten ihrer selbst; äußerlich wie innerlich war das Internat stark heruntergekommen. Das größte Problem war die Grausamkeit Caprons gegenüber seinen Schülern. Als Jack an die Schule kommt, ist körperliche Züchtigung das einzige noch verbliebene pädagogische Mittel. Warnie, der schon seit drei Jahren die Schule besucht, ist bereits ein Veteran im Umgang mit den Zuständen vor Ort. Er hilft seinem jüngeren Bruder, sich in den widrigen Verhältnissen zurechtzufinden, kann diesem seine Unterstützung aber nur für ein Jahr gewähren, da er dann nach Worcestershire aufs Malvern College wechselt.

Die Brüder bitten ihren Vater mehrfach, sie von der Schule zu nehmen, ihr Appell verhallt aber ungehört. Unfähig, wirklich zuzuhören, und getäuscht durch die scheinheiligen Briefe Caprons, weigert Albert sich, zu glauben, dass die Zustände an der Schule tatsächlich so schlimm sind wie von seinen Söhnen geschildert. Dass Albert Lewis die Berichte seiner Söhne für übertrieben hält, hat auch damit zu tun, dass er Robert Capron in seiner Jugend selbst als Lehrer gehabt hatte und aus dieser Zeit einen ganz anderen, viel positiveren Eindruck von ihm zurückbehalten hat.

Man mag sich wundern, weshalb Lewis in *Surprised by Joy* so viele Seiten auf die Darstellung der Verhältnisse in Watford verwendet. Der Grund hierfür ist seine Überzeugung, dass die Prägungen, die wir in der Kindheit erhalten, enormen Einfluss auf unser weiteres Leben haben. Es geht ihm nicht darum, Rache an seinem ehemaligen Schulleiter zu nehmen, sondern darum, die langfristigen Auswirkungen zu beschreiben, die seine beiden Jahre unter Capron auf ihn hatten. Dabei hält Lewis es durchaus für möglich, dass ursprünglich negative Erfahrungen auch positive Folgen haben können, die jedoch erst im Nachhinein als solche erkennbar werden. Sie können uns Einsichten vermitteln, die wir sonst erst viel später (wenn überhaupt je) erlangt hätten.

Das Ausmaß, in dem Robert Capron seine Machtposition gegenüber seinen Schülern missbrauchte, bezeichnet Lewis als eine Wurzel seiner lebenslangen Abneigung gegen jegliche Form der Autorität, die sich aus dem bloßen Recht des Stärkeren herleitet. Diese Abneigung wurde noch durch die Privilegien (z. B. besseres, tatsächlich genießbares Essen) verstärkt, die Capron seinem stets unterwürfigen Sohn einräumte, aber seinen Schülern und seinen drei völlig verschüchterten Töchtern vorenthielt. Lewis selbst war dabei nicht einmal Caprons bevorzugtes Opfer; weitaus schlimmer erging es jenen Jungen, die durch ihre ungeschliffene Ausdrucksweise unfreiwillig ihre niedere soziale Herkunft offenbarten.

Capron gelang es aber trotz solcher Ungleichbehandlungen nicht, seine Opfer gegeneinander aufzubringen. Im Gegenteil, die mit der Zeit auf die Zahl fünf zusammengeschrumpfte Gruppe rückte unter dem Druck umso enger zusammen. Als entscheidend für das Überleben der kleinen Gruppe bezeichnet Lewis die Tatsache, dass es unter ihnen keinen *Verräter* gab: Die Jungen litten gemeinsam und freuten sich gemeinsam, sie lieferten einander aber nicht ihrem Peiniger aus.

Diese Form des gemeinschaftlichen Widerstands gegen den Missbrauch von Macht hielt Lewis später für so wichtig, dass er sie als einen Grundpfeiler von Freiheit und Demokratie bezeichnet: Gegen seinen Willen lehrte Capron seine Schüler paradoxerweise, dass *Solidarität* das beste Mittel gegen Machtmissbrauch ist. Anders gesagt und ins Politische gewendet: Den besten Nährboden für Diktaturen und Geheimpolizei bieten jene gesellschaftlichen Systeme, in denen die «Sei keine Petze-Regel» fehlt.

Lewis geht davon aus, dass das zweifache Empfinden (zuhause und in der Schule), zu zweit oder in einer kleinen Gruppe gegen eine willkürlich agierende Macht zusammenzustehen, Einfluss auf seine gesamte Haltung zum Leben hatte. In beiden Fällen sah er sich mit einer Situation konfrontiert, in der man ihn mit unberechtigten Vorwürfen überzog, in seiner Freiheit beschnitt und zwang, Dinge zu tun, die er eigentlich nicht tun wollte. Und jeweils war die einzige Hilfe sein Bruder oder eine kleine Gruppe von Kameraden an seiner Seite.

Dies ist die vielleicht tiefste Wurzel des Wunsches nach *Nichteinmischung in sein Leben*, der Lewis' späteren Glaubensweg prägen wird. Und dies ist vermutlich auch eine Wurzel seiner späteren Begeisterung für die nordische Mythologie, in der der Kampf der guten Götter (Balder, Odin) gegen eine Übermacht grausamer Gegner eine zentrale Rolle spielt.

Lewis nennt noch weitere Auswirkungen seiner beiden Jahre in Wynyard auf seine spätere Sicht auf das Leben. Eine Folge ergab sich aus dem enormen Kontrast zwischen den Schrecken der Internats-Wochen und den Freuden der Ferien. Er verabscheute die Verhältnisse an der Schule so sehr, dass er das Trimester-Ende mit geradezu körperlich spürbarer Intensität herbeisehnte: Rückte der Tag des Ferienbeginns näher, so versagte ihm vor Erregung der Appetit und Schauer freudiger Erwartung liefen ihm den Rücken hinab. Und der Tag selbst war stets noch besser, als die Erwartung ihn gezeichnet hatte. Lewis erklärt, dieser Tag habe ihm seitdem als Kriterium für Freude (im gängigen Verständnis, nicht im Sinn von Joy) gedient.[7]

Der Kontrast von Schulzeit und Ferien hatte aber noch einen weiteren Effekt. Zu Beginn des Trimesters war es nahezu unmöglich, zu glauben, das Elend werde irgendwann ein Ende haben. Dass die Ferien kommen würden, war zwar eine theoretische Überzeugung, sie hatte aber kein Gegenstück im eigenen Empfinden. Dass es irgendwo weit weg eine Welt ohne Rohrstock, kratzige Kleidung, dreckige Toiletten und ungenießbares Essen geben sollte, war für Lewis in etwa so real wie für die meisten Christen der Glaube, dass es irgendwo einen Himmel gibt, in dem alles irdische Leid vergessen sein wird. *Vorstellen* konnte er sich diese Welt nicht. Und dennoch geschah am Ende eines jeden Trimesters das Unvorstellbare: Es kam der Tag, an dem er all dies hinter sich ließ und eintauchte in die Freuden der Ferien. Die entgegengesetzte Erfahrung gab es allerdings auch: Zu Beginn der Ferien rückten die Schrecken der Schule in so weite Ferne, dass sie fast nicht mehr wahr zu sein schienen. Und doch war ihm bewusst, dass der Tag kommen würde, an dem es zurückging in die verhasste Schule.

Lewis erklärt, seit dieser Zeit habe er gewusst, was es heißt, an die Existenz *zweier Welten* zu glauben – an eine Welt voller Freude in Zeiten des Elends und an eine Welt voller Elend in Zeiten der Freude. Dass es zwei solch verschiedene Welten geben kann, war für ihn keine bloße Theorie, sondern eine Tatsache der eigenen Erfahrung. Dieses Wissen sollte ihm später helfen, die Existenz eines Himmels für möglich zu halten, in dem die Sorgen, Ängste und Nöte der Gegenwart verblassen.

In die beiden Jahre, die Lewis in Wynyard verbringt, fällt eine weitere wichtige Entwicklung: Er nimmt zum ersten Mal in seinem Leben eine Art religiöse Praxis auf. Der Ausgangspunkt sind die beiden Gottesdienste, an denen die Jungen sonntags teilzunehmen haben. Die Ästhe-

---

[7] Das heißt, dieser Tag war die Erfüllung seiner Sehnsucht nach Befreiung vom Grauen der Schule, aber nicht seinerseits eine Sehnsucht, die in sich als begehrenswerter erfahren wird als jede andere irdische Freude (die Freude dieses Tages mit eingeschlossen).

tik der anglikanisch-hochkirchlichen Liturgie mit ihren Kerzen, Ritualen und Weihrauch ist seinem protestantisch geprägten Empfinden zwar fremd, doch er erfährt etwas über die Lehren des Christentums, und dies aus dem Mund von Leuten, die sie unzweifelhaft selber glauben. Die Existenz Gottes wird für ihn dadurch so real, dass er eine starke Sorge um sein Seelenheil entwickelt. Lewis beginnt, regelmäßig zu beten und in der Bibel zu lesen, und versucht, sich an die christlichen Gebote zu halten. Der Glaube gehört auch zu den Dingen, über die er mit seinen Mitschülern diskutiert, ernsthaft und noch ohne die Scham älterer Jungen.

In intellektueller Hinsicht bezeichnet Lewis die beiden Jahre in Wynyard als verlorene Zeit. Caprons liebstes Fach war die Mathematik, das heißt jenes Fach, mit dem sich Lewis auch später am schwersten tun würde. Andere Fächer wie Geographie oder Geschichte tauchten bestenfalls am Rande des Lehrplans auf und bestanden zumeist aus stupidem Auswendiglernen. Jacks private Lektüre bestand größtenteils aus Schulgeschichten, die er im Wesentlichen als Wunscherfüllungs-Träume einstuft, sowie aus literarisch wenig gehaltvollen Romanen über die antike Welt: *Quo Vadis, Ben Hur* und so weiter.

Von nachhaltigerer Bedeutung ist die Bekanntschaft mit den phantastischen Abenteuerromanen von Henry Rider Haggard (*King Solomon's Mines, Allan Quatermain, She, Ayesha*) sowie den Science Fiction-Geschichten von H.G. Wells (*The War of the Worlds, The First Men in the Moon*). Letztere wecken in Lewis ein Interesse an fernen Welten und Planeten, das sich später in seiner *Perelandra*-Trilogie niederschlagen wird. Dies hat jedoch nichts mit dem romantischen Zauber der Ferne zu tun, wie er im Symbol der blauen Blume verkörpert ist: Joy im eigentlichen Sinn ging für ihn nie von Mars oder Mond aus. Tatsächlich ist Joy in dieser Zeit komplett aus seinem Leben geschwunden.

Im Juli 1910 endet Jacks Zeit in Wynyard: nicht, weil Albert Lewis dem Drängen seines Sohnes nachgeben und ihn von der Schule nehmen würde, sondern weil das Internat endgültig seine Tore schließt. Robert Capron stirbt nur wenig später (im November 1911) in einem Heim für Geisteskranke, Lewis erfährt aber erst Jahre danach, dass die

Gewalt, die er und seine Mitschüler in Wynyard erlebt haben, Folge einer psychischen Erkrankung ihres Schulleiters war.

Der christliche Lewis wird sich später jahrzehntelang bemühen, seinem ehemaligen Schulleiter seine Grausamkeit zu vergeben. Das gelingt ihm jedoch erst wenige Monate vor seinem Tod. Die Erleichterung, mit der er im Frühjahr 1963 feststellt, dass er nun endlich zur Vergebung fähig ist, macht ihm bewusst, wie sehr er in all diesen Jahren ein Gefangener seines Hasses auf Capron geblieben war.

Diese Erfahrung ist Lewis eine späte Lehre, lässt sie ihn doch verstehen, dass Gott unsere Bereitschaft, anderen zu vergeben, nicht *willkürlich* als Preis dafür festgelegt hat, dass uns selbst vergeben wird. Heißt es im Vaterunser «Vergib uns unsere Schuld, wie auch wir vergeben unseren Schuldigern», so ist das kein Tauschhandel, den Gott uns hier anbietet, sondern eine *Tautologie:* Anderen ihre Schuld zu vergeben und Vergebung für unsere eigene mangelnde Bereitschaft zur Versöhnung zu erlangen ist in Wahrheit ein und dasselbe.

Im September 1910 setzt Lewis seine Schullaufbahn am Belfaster Campbell College fort. Die Zeit, die er dort verbringt, ist zu kurz, um ihn nachhaltig zu prägen – bis auf eine Ausnahme: Er lernt Matthew Arnolds Gedicht *Sohrab and Rustum* kennen. Lewis beschreibt die Lektüre dieses Werkes als seine erste Erfahrung literarischer Ästhetik im eigentlichen Sinn, also von Freude an Literatur *als* Literatur. Das Gedicht begeistert ihn dermaßen, dass es eine Neugestaltung seines gesamten literarischen Empfindens zur Folge hat:

> Ich hatte nicht im Geringsten das Gefühl, in größerer Menge oder besserer Qualität eine Freude zu erhalten, die ich schon kannte. Es war mehr, als wenn ein Schrank, den man bisher als Platz geschätzt hatte, um dort Mäntel aufzuhängen, sich eines Tages, beim Öffnen der Tür, als Weg in den Garten der Hesperiden herausstellte; als wenn eine Speise, die man bisher aufgrund ihres Geschmacks geschätzt hatte, einen (wie Drachenblut) befähigte, die Sprache der Vögel zu verstehen; als wenn Wasser, davon abgesehen, dass es den eigenen Durst löscht, plötzlich zum Rauschmittel würde.[8]

Der Eindruck, den *Sohrab and Rustum* beim jungen Jack hinterlässt, hat auch damit zu tun, dass der Text ihn mit der Welt klassischer abendländischer Dichtung bekannt macht. Dies ist insofern ungewöhnlich, als das Gedicht für gewöhnlich nicht unbedingt zu den großen Werken der Weltliteratur gezählt wird. Das hält Lewis aber nicht für entscheidend. Es spielt keine Rolle, durch *welches* Werk man Zugang zum Gefüge europäischer Dichtung erhält: «Halte nur deine Ohren offen und den Mund geschlossen, und alles wird dich schließlich zu allem Übrigen führen – *ogni parte ad ogni parte splende.*»[9] (SbJ 41)

Einen Effekt hatte der Einstieg bei Matthew Arnold aber doch. Für die meisten Leser dürfte die Freude an *Sohrab and Rustum* eine Folge der zahlreichen literarischen Bezüge zum Werk Homers sein, die sie beim Lesen entdecken. Bei Lewis war es umgekehrt: Als er später Homer im Original las, bestand ein Großteil seiner Freude darin, nun all jene Stellen zu entdecken, auf die Arnold in *Sohrab and Rustum* anspielt.

Lewis betont ausdrücklich, Arnolds Gedicht, und damit seine Entdeckung literarischer Schönheit insgesamt, habe ihm keine neuen Erfahrungen von Joy beschert. So sehr ihn die Lektüre auch begeisterte: die dadurch bei ihm ausgelösten Empfindungen hatten nicht den Charakter eines unstillbaren Verlangens, das zugleich als begehrenswerter erfahren wird als jede denkbare Erfüllung.

---

[8] «Different Tastes in Literature» 121. Lewis schrieb diese Zeilen 1946, vier Jahre bevor die erste Narnia-Geschichte erschien. Diese enthält dann tatsächlich einen solchen Schrank, der als Tür zu einer an den Garten der Hesperiden erinnernden Welt fungiert, in der Wasser zum Rauschmittel wird und Tiere sprechen können.

[9] Dante, *Inferno* VII, 75: «Jeder Teil strahlt auf jeden anderen Teil aus.»

Kapitel 4
Befreiung vom Kinderglauben

Im November 1910 wird Lewis krank und kommt zur Rekonvaleszenz nach Hause. In dieser Zeit beschließt sein Vater, ihn nicht wieder aufs Campbell College zu schicken, sondern nach Cherbourg House in Malvern südwestlich von Birmingham (England). Dort wird sein Bruder Warren nebenan am Malvern College unterrichtet.

Lewis kehrt daher nicht in die Schule zurück und verbringt einige herrliche Wochen zu Hause, tagsüber allein mit seinen geliebten Büchern (er liest vor allem Märchen) und abends mit seinem Vater. Da Warnie nicht im Haus ist, können sich die Jungen nicht gegenseitig zum Unfug anstiften. Deshalb kommen Vater und Sohn in diesen Tagen sehr gut miteinander aus, vielleicht zum letzten Mal in ihrem Leben.

Ein Vorteil der neuen Schule, die Lewis ab Januar 1911 besucht, besteht darin, dass Warnie seinen Bruder Jack auf dem Weg nach Malvern und zurück begleiten kann (wie schon zuvor auf dem Weg nach Watford). Die gemeinsame Fahrt, darunter auch die Fährfahrt über den Irischen Kanal, gehört zu den Highlights des Jahres und wird von den Brüdern in maximalem Umfang zelebriert.

Über den Schulbetrieb in Cherbourg House weiß Lewis nur Positives zu berichten, und zwar nicht nur wegen der äußeren Umstände (z. B. die Schulverpflegung), die weitaus besser sind, als er sie von der Wynyard School her kennt. Auch die Lehrer sind gut und wirklich am Werdegang ihrer Schüler interessiert; Lewis erklärt, in Cherbourg House habe seine schulische Ausbildung im eigentlichen Sinn begonnen.

Diese Zeit ist aber weit mehr von einem anderen Ereignis geprägt: Jack wird zum Atheisten. Der Gottesglaube, den er in den beiden Jahren zuvor angenommen hatte, erweist sich als wenig widerstandsfähig gegenüber den Einflüssen, denen er in seiner neuen Umgebung ausgesetzt ist. Es ist ein schleichender Prozess, der nun einsetzt; Lewis ist sich aber sicher, dass er sich während der zweieinhalb Jahre vollzog, die er in

Cherbourg House verbrachte. Mit 14 hatte er den christlichen Glauben definitiv hinter sich gelassen.

Dass es zu einem solchen Abdriften in den Atheismus kam, liegt nicht zuletzt daran, dass die religiöse Praxis, die er sich in Wynyard angeeignet hatte, nicht viel mit echtem Glauben zu tun hatte. Das Christentum war für ihn zu dieser Zeit nicht mehr als «ein System von Tatsachenaussagen, das ich auf der Grundlage von Autorität akzeptierte, wie ich auch die Existenz Amerikas oder die Kugelgestalt der Erde akzeptierte». (EPJ 28)

Intellektuelle Gründe für die Existenz Gottes hatte er keine, vor allem aber erinnert Lewis sich nicht, eine einzige wahrhaft religiöse *Empfindung* gehabt zu haben. In seiner Haltung Gott gegenüber gab es weder Glaube, noch Hoffnung, noch Liebe. Das Grundempfinden seiner Religion war die Furcht, aber nicht die Gottesfurcht, sondern die Furcht vor der Hölle.

De facto, so erklärt Lewis, hing er zu jener Zeit eher dem christlichen *Aberglauben* an als dem christlichen Glauben. Er war, was Milton einen «Häretiker in der Wahrheit» nennt: formal gesehen bekannte er zwar die richtigen Dinge, es fehlten aber nahezu alle Voraussetzungen für ihr richtiges Verständnis. Daher fanden diese Glaubenslehren auch keine Übersetzung in sein Leben.

Die Drohung mit der Hölle hat heute als pädagogisches Mittel weitgehend ausgedient. Dennoch scheint es, als sei es um die Vermittlung eines richtigen Verständnisses der Grundlagen des christlichen Glaubens im heutigen Deutschland nicht viel besser bestellt als in England vor gut 100 Jahren.

Lewis ist sehr zurückhaltend, wenn es darum geht, wer die Schuld an dieser Situation trägt. Er zweifelt nicht an der guten Absicht seiner Erzieher, konstatiert aber, dass sie es (gewiss auch durch sein Zutun) nicht vermochten, ihm einen authentischen Glauben zu vermitteln. Dies lag aber nicht nur an der Gewissensnot, die die Furcht vor Gottes Strafen bei ihm auslöste. Lewis meint, in dieser Hinsicht habe seine kindliche Angst um seine Seele sogar ein positives Element beinhaltet: sie machte ihm den *Ernst* dessen deutlich, worum es beim Glauben geht.

Es waren mehrere Faktoren, die in ihrer Summe Lewis' Abgleiten in den Atheismus zur Folge hatten. Als einen ersten wichtigen Faktor nennt er Miss Cowie, die Hausmutter der etwa 20 Internatsschüler in Cherbourg House. Er betont, dieser habe nichts ferner gelegen, als den Glauben eines ihrer Schützlinge zu zerstören (schon gar nicht den von Lewis, den sie offenbar sehr mochte). Das hätte weder zu ihrem selbstlosen Verhalten gepasst noch zu ihrem mütterlichen Wesen, für das die fern ihrer eigenen Familien lebenden Jungen sie liebten und verehrten. Das Problem war, dass ihre Hausmutter selbst religiös auf der Suche war.

Miss Cowies Suche erstreckte sich über den gesamten Bereich des anglo-amerikanischen Okkultismus und umfasste Dinge wie die Theosophie, das Rosenkreuzertum oder den Spiritismus. Bisher war Lewis nicht bekannt gewesen, dass es Leute gab, die tatsächlich glaubten, es gebe noch andere geistige Wesen als Gott und Mensch; die Feenwesen, von denen er in Märchen und Fairy Stories gelesen hatte, waren für ihn reine Phantasiewesen gewesen. Die neue Möglichkeit weckte sein Interesse am Okkulten. Dieses reizte ihn jedoch nicht als eine mögliche Quelle von Macht (er hoffte nicht, der Kontakt mit Geistern oder geheimen Kräften eröffne ihm Wege einer Einflussnahme auf Mensch und Natur); was ihn interessierte, war der bloße Gedanke, es könne weitere, ihm bisher nicht bekannte Wesen und Dimensionen geben.

Ein wesentlicher Aspekt war dabei die *Unbestimmtheit* der Ideen, die Miss Cowie ihren Schützlingen vortrug. Diese Unbestimmtheit sagte Lewis weit mehr zu (und sie regte seine Phantasie auch mehr an) als die klaren, scharf in ihren Grenzen definierten Lehren des christlichen Glaubens, mit denen er es bisher zu tun gehabt hatte. Ein historischer Sündenfall, zehn Gebote, die der Prophet Mose von Gott am Berg Sinai erhielt, ein von einer Jungfrau geborener Gottessohn, die Wiederkunft Christi am Ende der Zeiten: wie viel leichter – und weniger folgenreich – war es da, an eine nicht näher fassbare Welt des Geistigen zu glauben, an deren unbeschränkten Möglichkeiten man sich berauschen konnte und die der Drohung vor dem Jüngsten Gericht ihren Schrecken nahm.

Animiert von Miss Cowies esoterischem Spiritismus driftete Lewis daher von der unbarmherzigen Taghelle der christlichen Offenbarung (und der mit ihr verbundenen Konsequenzen) in die Abenddämmerung des «Höheren Denkens». Im Zwielicht dieses «Höheren Denkens» war nichts konkret zu glauben oder gar zu tun – abgesehen von dem, was man selbst als aufregend oder beruhigend empfand.

Dass Miss Cowies Ideen einen solchen Einfluss auf ihn hatten, lag auch daran, dass Lewis seinen Glauben zu dieser Zeit als eine unerträgliche Last empfand. Die Praxis des Betens, die er in Wynyard aufgenommen hatte, war nach und nach zu einer Art religiösem Leistungssport verkommen: Man musste nicht nur seine Gebete treu verrichten, sondern dies mit der größtmöglichen Intensität tun. Ein bloßes Herunterbeten reichte nicht, man musste wirklich *meinen*, was man sagte. Je mehr Lewis sich prüfte, umso größer wurden aber seine Zweifel, dass dies auch wirklich der Fall war, und umso mehr bemühte er sich, es beim nächsten Mal besser zu machen – nur, um sich dann wieder infrage zu stellen und einem scheinbar misslungenen Gebet sofort ein «besseres» folgen zu lassen.

Lewis setzte sich folglich einen Maßstab für ein erfolgreiches Gebet. Die Forderung lautete, die «Realisierung» seiner Gebete müsse von einem intensiven Empfinden auf imaginativer und emotionaler Ebene begleitet sein. Je mehr er sich bemühte, diese «Realisierungen» zu produzieren, umso geringer wurde jedoch seine Gewissheit, sie je erreicht zu haben. Er begann daher, um erfolgreiche «Realisierungen» zu beten – um schon bald wieder vor der Frage zu landen, ob er dies mit hinreichender Intensität getan hatte: ein unendlicher Regress, der bei seinen verzweifelten nächtlichen Gebetsversuchen teilweise zur völligen Erschöpfung führte. Seine Verzweiflung war schließlich so groß, dass die Angst vor diesen nächtlichen Qualen den gesamten Abend davor überschattete (so wie bei einem chronisch Leidenden die Angst vor seinen schlaflosen Nächten). Dies war eine Last, bei der er nur zu sehr wünschte, von ihr befreit zu werden.

Erst weit später begriff Lewis, worin der Fehler seiner verzweifelten Gebetsversuche bestanden hatte, nämlich in der ständigen *Selbstbespiegelung*, die mit dem Versuch einer Kontrolle ihres Erfolgs verbunden war. Je mehr er seine Aufmerksamkeit auf seine eigene innere Verfassung richtete, umso weniger Aufmerksamkeit blieb ihm für Gott, und umso sicherer war es, dass er unter diesen Umständen kein echtes Gebet zustande brachte.

Der christliche Lewis sollte deshalb sogar so weit gehen, ganz davon abzuraten, sich Standards für ein gutes Gebet zu setzen – wegen der damit verbundenen Gefahr, sich im Gebet zu viel mit sich selbst zu beschäftigen. Für wesentlich besser hielt er es, in dem Moment, in dem man merkt, dass man abschweift, einfach seine Gedanken wieder auf Gott zu richten und die Frage nach der Qualität des eigenen Betens auf einen anderen Zeitpunkt zu verschieben.

In moralischer Hinsicht bestand Lewis' Problem darin, dass die Gebote, die Gott ihm auferlegte (und deren Übertretung nach Auskunft seiner christlichen Lehrer die schlimmsten Folgen habe würde), in zwei einander entgegengesetzte Kategorien fielen. Zum einen wurden ihm Dinge untersagt, die er gar nicht verstand und von denen er nicht im Traum vorhatte, sie jemals zu tun: Sünden Erwachsener, die für ihn als Jungen keinerlei Relevanz hatten. Zum anderen kam es ihm so vor, als seien ihm Dinge untersagt, die er den ganzen lieben Tag lang tat und von denen er sich nicht einmal vorstellen konnte, sie *nicht* zu tun. Wenn er sie trotzdem tat, so schien das allerdings niemanden zu interessieren (das machte die angedrohten Konsequenzen jedoch nicht weniger schlimm). Lewis sah sich daher einer Art kosmischer Erpressung ausgesetzt:

> Ich betete, weil ich in den Himmel kommen wollte, und ich wollte in den Himmel kommen, weil das die einzige Alternative zur Hölle war: das kleinere von zwei unerträglichen Übeln. (EPJ 28)

Als ihm Miss Cowies Spiritismus einen Ausweg aus dieser belastenden Situation bot, griff er daher bereitwillig zu. Psychologisch, so konstatiert Lewis, könnte man seinen Weg in den Atheismus somit als einen invertierten Wunscherfüllungs-Traum bezeichnen: Da er den Glauben hasste und fürchtete, hoffte er nichts mehr, als dass er sich als *unwahr* herausstellen würde. Als es ihm schließlich gelang, ihn hinter sich zu lassen, verspürte er daher nichts als die reine, pure Erleichterung.

Dazu gesellten sich nun auch intellektuelle Gründe für seine Abkehr vom Glauben. Ein wichtiger Faktor war die klassische Literatur, die Lewis zu dieser Zeit las, das heißt eigentlich nicht die Klassiker selbst, sondern die modernen Einführungen, die den ihm zugänglichen Ausgaben vorangestellt waren. So kam man zum Beispiel bei der Virgil-Lektüre mit einer Fülle von religiösen Ideen in Berührung. Sowohl die Herausgeber als auch seine Lehrer gingen mit der größten Selbstverständlichkeit davon aus, dass Virgils religiöse Ideen bloße Phantasien waren, die nichts mit der Realität zu tun hatten (und auch nichts mit der wahren christlichen Religion). Diese Einschätzung wurde allerdings weder offen ausgesprochen noch mit Argumenten untermauert; sie galt als so gewiss, dass man es nicht einmal für notwendig hielt, sie zu thematisieren oder weiter zu begründen.

Das Gleiche galt für alle Religionen, natürlich mit Ausnahme des Christentums. Man betrachtete sie als ein Sammelsurium von unwissenschaftlichen Ideen und Praktiken, die auf alte mythologische Vorstellungen und agrikulturelle Rituale zurückgingen. Dass in so vielen Religionen ähnliche Motive vorkamen (Schuld und Sühne, Tod und Wiedergeburt, Opfer und Erlösung), erklärte man mit der Vergleichbarkeit ihrer Entstehungsbedingungen: Da sich die vorindustriellen Kulturen der Welt in sozialer und agrarökonomischer Hinsicht in einer ähnlichen Lage befanden, hatten sie in Reaktion auf diese Lage auch ähnliche religiöse Ideen entwickelt. Lewis gewann somit den Eindruck,

> dass Religion im Allgemeinen, obwohl grundfalsch, ein natürliches Gewächs war, eine Art lokal auftretende Verrücktheit, in die die Menschheit immer wieder verfiel. Inmitten von tausend solcher Religionen stand unsere eigene, die tausendunderste, die als «wahr» galt. (SbJ 47)

Warum das Christentum – das ja vor knapp 2000 Jahren ebenfalls in einer primitiven Kultur irgendwo am Rande des römischen Reiches entstanden war – hier die Ausnahme bilden sollte, *das* erklärte jedoch niemand. Lewis erschien das höchst unplausibel: Waren alle übrigen Religionen bloße Einbildung, warum sollte das dann bei der Religion, die in der Schulkapelle praktiziert wurde, nicht ebenfalls der Fall sein? Waren Balder, Adonis und Jupiter bloße Produkte der menschlichen Phantasie, warum dann nicht auch Christus? Kurzum, Lewis folgte dem *anthropologischen* Weg in den Atheismus.[10] Den Gedanken, dies sei für einen Jungen von 13 Jahren eine höchst erstaunliche Leistung, weist er jedoch zurück: Er habe lediglich für sich formuliert, was ihm die Herausgeber aller Bücher, die er las, unterschwellig nahelegten.

Es gab aber auch noch andere Gründe für Jacks langsames Abdriften in den Atheismus. Da war zum einen sein grundlegender Pessimismus, der nach eigener Einschätzung mehr mit seiner körperlichen Unbeholfenheit zu tun hatte als mit dem frühen Verlust seiner Mutter. Diese Unbeholfenheit, die es ihm schwer machte, auch nur einen geraden Schnitt mit der Schere zu machen, gab ihm das Empfinden, das Sein der Dinge selbst (sogar unbelebter Objekte) sei ihm feindlich gesonnen: Nichts auf der Welt schien zu tun, was er wollte; stets blieb das Ergebnis hinter seinen Erwartungen zurück.

Dazu kam das unglückliche Temperament seines Vaters. De facto führte man im Hause Lewis zwar ein sehr komfortables Leben, nach Alberts Empfinden war es aber alles andere als gewiss, dass das auch so bleiben würde. Der Tenor seiner lang ausufernden, sich ständig wiederholenden Unheilsprophezeiungen war, die Familie werde bestimmt schon bald im Armenhaus landen. Um diesem Schicksal zu entgehen, gab es nach seiner Ansicht nur eine Möglichkeit: arbeiten, arbeiten, arbeiten. Warren Lewis ergänzt, auch wenn andere Erwachsene im Haus gewesen seien – die durchweg alle dieselbe politische Einstellung hatten wie ihr Vater –, habe das Gespräch nahezu durch-

[10] Vorgezeichnet wurde dieser Weg in der religionsgeschichtlichen Forschung des 19. Jahrhunderts, z. B. in James Frazers monumentalem Werk *The Golden Bough* (1890).

gehend aus Klagen über die aktuelle politische und wirtschaftliche Lage bestanden.

Lewis nennt noch einen letzten Faktor, der zu seinem Abgleiten in den Atheismus beitrug. Dieser verband die beiden gerade genannten emotionalen Faktoren mit grundsätzlichen Reflexionen über die Welt und das Leben. Die Geschichten von H.G. Wells und die populärwissenschaftliche Abhandlung *The Story of the Heavens* (1886) des irischen Astronomen Sir Robert Ball hatten ihm einen Eindruck von der unvorstellbaren Größe, Leere und Kälte des Universums vermittelt. In den Milliarden von unendlich weit auseinander liegenden Sonnensystemen gab es nach Ansicht der damaligen Astronomie möglicherweise nur im unsrigen Planeten, und unter den Planeten unseres Sonnensystems nur auf dem unsrigen Leben.

Angesichts dieses unermesslich großen und durch und durch lebensfeindlichen Universums erschien Lewis die Erde, und mit ihr die Belange der Menschen, wie ein bloßes Staubkorn. Der Mensch war wie ein «Zigeuner am Rande des Universums» (Jacques Monod), ein winziger Hauch von Bewusstsein in einem Universum, das taub ist für seine Musik und gleichgültig gegenüber seinen Hoffnungen, Leiden, Ängsten oder Freuden. Dass eine solche Welt von einem guten und liebenden Schöpfer ersonnen worden sein soll, konnte er sich nicht vorstellen.

Jahre bevor er den Gedanken bei dem antiken römischen Dichter Lukrez poetisch gefasst fand («Von Gott erschaffen scheint uns nicht die Welt, / sonst wär' es nicht so schlecht um sie bestellt»), formulierte Lewis daher, was er das «Argument from Undesign» nennt: Wäre Gott tatsächlich allmächtig und gut, hätte er dann nicht etwas Besseres (und Zweckmäßigeres) schaffen müssen als dieses riesige und nahezu völlig lebensfeindliche Universum – und dann inmitten dieser unermesslichen Leere einen einzigen Planeten, auf dem es Leben und Bewusstsein gibt, und damit Tod und Grausamkeit in unvorstellbarem Maß?

Dies war das zentrale Argument, das Lewis von nun an für seinen Atheismus in Anschlag bringen sollte. Später rückte er zwar wieder davon ab, doch auch der christliche Lewis nannte dieses Problem noch das stärkste Argument *für* den Atheismus und *gegen* den Glauben an einen guten und allmächtigen Gott. Es ist daher kein Zufall, dass er auch sein erstes theologisches Buch *Über den Schmerz* (1940) mit einer Reminiszenz an dieses Argument beginnt – um dann zu erläutern, was er als Christ darauf erwidern würde.

Im Mai 1912 bekommt Lewis einen neuen Lehrer, Gerald Kelsall Harris, den er in *Surprised by Joy* Pogo nennt. Harris beginnt, die Schüler für die neuesten Trends und Moden zu interessieren: Kleidung, die aktuellen Hits, berühmte Sänger, Schauspielerinnen und Schaupieler aus Film und Theater. Es wird für Jack ungemein wichtig, gut informiert zu sein, das heißt über die neuesten Entwicklungen Bescheid zu wissen und an ihnen teilzuhaben. Auch wenn diese Phase nicht allzu lange dauern sollte, legt er Wert darauf, sie nicht zu verschweigen – als Beleg dafür, dass er nicht nur die Versuchungen des Fleisches kennen lernte, sondern auch die der Welt (d.h. der Weltlichkeit), und ihnen für einige Zeit auch erlag: Lewis wurde zu einem Snob.

Was die Versuchungen des Fleisches angeht: Nicht viel später (d.h. im Alter von 14 Jahren) hatte er auch seine erste erotische Erfahrung. Lewis schweigt sich darüber aus, in welcher Form der Verlust seiner Keuschheit erfolgte, berichtet aber, er sei unbeabsichtigt von der Tanzlehrerin seiner Schule ausgelöst worden. Er verspürte dabei jedoch keinerlei Gewissensbisse, da das Thema Sexualität für ihn zu dieser Zeit nichts mit Moral oder Ethik zu tun hatte. Es sollte de facto noch sehr lange dauern, bis er hier eine Verbindung herstellen würde.

Dasselbe gilt auch für die sadomasochistischen Neigungen, die Lewis als Jugendlicher eine Zeitlang verspürte und von der einige Biografen meinen, er habe ihretwegen ein äußerst schlechtes Gewissen gehabt. Abgesehen davon, dass dieses Thema offenbar ganz im Bereich der Theorie verblieb, lassen seine Briefe an seinen Freund Arthur nicht erkennen, dass diese (von Arthur keineswegs geteilte) Neigung für ihn mit Scham behaftet war. Als Lewis später den Wert der Keuschheit für sich entdeckte, war ihm seine frühere Schamlosigkeit jedoch unangenehm, und er bat Arthur, Passagen, die auf diese Neigungen anspielen, aus seinen Briefen zu tilgen.

Kapitel 5
Wagner und die Nordische Mythologie

Dass Lewis in Cherbourg House seinen Glauben verlor, war für ihn selbst weit weniger bedeutsam, als man das bei einem so einschneidenden Ereignis erwarten würde. Das liegt daran, dass sein Abgleiten in den Atheismus von einer anderen Entwicklung von weit größerer emotionaler Intensität überlagert wurde. Lewis nennt das, was ihm im Winter 1911/12 widerfuhr, in *Surprised by Joy* eine «Renaissance», also eine Wiedergeburt von etwas, das seine Kindheit geprägt hatte, ihm dann aber abhandengekommen war. Deshalb kommt er auf dieses Ereignis auch erst zu sprechen, nachdem er den Bericht über die übrigen Entwicklungen dieser Zeit (d.h. Januar 1911 bis Sommer 1913) abgeschlossen hat – weil es einen Faden aufgreift, den er in der Zwischenzeit verloren hatte. (Dies sollte übrigens nicht die einzige Renaissance in Lewis' Leben bleiben, weitere solche Momente folgten im März 1916 und im März 1924.)

Mit dem Beginn seiner Schulzeit im September 1908 war die Erfahrung von Joy komplett aus Lewis' Leben verschwunden; nicht einmal die Erinnerung an sie oder das Verlangen nach ihr war ihm geblieben. Auch die Lektüre von *Sohrab and Rustum* hatte sie ihm nicht wieder beschert, ist doch selbst ein ästhetischer Genuss höchsten Ranges etwas anderes als Joy: ihm fehlt der Stich, der plötzliche Schmerz, das unstillbare Verlangen, das diese Erfahrung kennzeichnet.

Diese Situation veränderte sich in einem einzigen kurzen Augenblick. Der Wandel geschah – der Frühling kam so überraschend –, als schmelze das Jahrhunderte alte Eis der Arktis plötzlich hinweg und die Welt verwandle sich in eine Landschaft voller Frühlingsblumen, blühender Obstgärten, singender Vögel und murmelnder Bäche.

Die Erfahrung, die diesen Wandel bewirkte, wurde Lewis zuteil, ohne dass er etwas dafür getan oder darum gebeten hätte. Sein Blick fiel zufällig auf eine Illustration in einer Literaturzeitschrift, und er las daneben die Worte *Siegfried and The Twilight of the Gods.* Was er gesehen hatte, war eine Annonce für Band II der von Arthur Rackham illustrierten englischen Übersetzung des Textes von Richard Wagners *Ring des Nibelungen* (dt. *Siegfried und Die Götterdämmerung,* erschienen im Herbst 1911). Die Kombination aus beidem, dem Buchtitel und einer der prachtvollen Illustrationen Rackhams, bescherte ihm die erste Erfahrung von Joy seit mehr als drei Jahren.

Lewis hatte bisher noch nie etwas von Wagner oder Siegfried gehört[11]; seine Unkenntnis ging sogar so weit, dass er glaubte, die Götterdämmerung, von der der Titel spricht, müsse das Zwielicht sein, in dem die Götter lebten (während sie ihren Untergang am Ende der Welt meint). Dennoch wurde sein Geist in diesem Moment von einer gewaltigen Welle des «Nordischen» überschwemmt. Vor seinem inneren Auge entstand ein Bild von blassen Weiten, die im Zwielicht schier endloser Sommerabende über dem Atlantik hängen, durchkreist von Göttern (vermutlich mit Flügelhelmen) auf fliegenden Pferden. Sofort war ihm klar, dass ihm diese Welt schon einmal begegnet war, und zwar vor langer Zeit in «Tegnér's Drapa». Es stand für ihn außer Zweifel, dass Siegfried zur selben Welt gehörte wie Balder und die sonnwärts ziehenden Kraniche.

Lewis sagt nirgends, welche der dreißig Illustrationen des Rackham-Bandes er sah. Er meint aber, die Annonce sei vermutlich in *The Bookman* oder *The Times Literary Supplement* erschienen. Die meisten Biografien folgen der Auskunft von Green und Hooper, es müsse die Weihnachtsausgabe des *Bookman* (Dezember 1911) gewesen sein, in der Lewis diese Illustration sah.[12] Diese habe nämlich ein farbiges Supplement mit mehreren von Rackhams Illustrationen zum Ring enthalten, und dieses Supplement sei Lewis in die Hände gefallen. Das Problem ist nur: Weder die 1911er Weihnachtsausgabe selbst noch das sie

---

[11] Der erste Band *The Rhinegold and The Valkyrie* (*Das Rheingold und Die Walküre*) war im Jahr zuvor erschienen, ohne dass Lewis das mitbekommen hatte.

[12] Vgl. Green und Hooper, *C.S. Lewis* Location 551. Die Ausgaben des *Times Literary Supplement* der Jahre 1911 und 1912 enthalten keine Wagner-Illustrationen Rackhams.

begleitende *Christmas Supplement* noch das farbige Portfolio, das der Ausgabe beilag, enthalten Illustrationen Rackhams zu *Siegfried and The Twilight of the Gods.*

Recherchen für die vorliegende Biografie förderten jedoch eine Ausgabe einer Literaturzeitschrift zutage, die die gesuchte Kombination von Rackham-Illustration und den Worten *Siegfried and The Twilight of the Gods* enthält. Und diese Illustration hat es in sich. In der populären US-Zeitschrift *The Literary Digest* erschien mit dem Datum 30. Dezember 1911 eine Reproduktion von Tafel 29 aus dem Rackham-Band mit der Unterschrift *Siegfried and The Twilight of the Gods.*[13] Das Bild zeigt Brünnhilde, wie sie im Abendlicht mit ihrem Pferd Grane auf den Scheiterhaufen springt, auf dem gerade der tote Siegfried verbrannt wird.

Es ist nicht nur der Mangel an Alternativen, der es sehr wahrscheinlich macht, dass es dieses Bild war, welches Lewis sah. Das Bild erklärt auch, warum er sich sofort an «Tegnér's Drapa» erinnert fühlte. Bei Longfellow heißt es nämlich über den toten Balder:

Sie legten ihn in sein Schiff,
Mit Pferd und Sattelzeug
Wie auf einen Scheiterhaufen. [...]
Sie ließen das brennende Schiff zu Wasser!
Es trieb weit fort,
Über die neblige See,
Bis es wie die Sonne schien,
Die in den Wogen versank.
Balder kehrte nicht mehr zurück![14]

Die Ähnlichkeit dieser Szene mit Arthur Rackhams Darstellung des toten Siegfried auf dem Scheiterhaufen im Licht der untergehenden Sonne ist unverkennbar; sogar ein Pferd kommt hier vor. Das dürfte der Grund gewesen sein, weshalb Lewis' stark visuell geprägte Imagination gleich

---

[13] Die Abbildung findet sich in: N.N., «Christmas Spirit in English Illustration», 1128.

[14] Longfellow, «Tegnér's Drapa», Zeile 37–39, 43–48, Übers. N.F.

SIEGFRIED AND THE TWILIGHT OF THE GODS.

From a drawing by Arthur Rackham for this season's crop of Christmas books.

die Verbindung zwischen den beiden Szenen herstellte und er zu dem Schluss kam, Siegfried müsse zur selben Welt gehören wie Balder. Auch klingt hier, wie bereits bei Longfellow, die Thematik eines sterbenden Gottes mit an, welche später eine zentrale Bedeutung für Lewis erlangen sollte.[15]

Mit diesem Aufruhr an Bildern in seinem Inneren war sie auch wieder da: die Erinnerung an seine früheren Erfahrungen von Joy, und zugleich das Wissen um das, was er einst gehabt, dann aber aus den Augen verloren hatte. Der alte Stich süßen Verlangens kehrte zurück in sein Leben – oder vielmehr: *er* kehrte zurück zu diesem Verlangen wie ein Wanderer, der nach Jahren des Exils in der Wüste endlich in seine Heimat zurückkommt.

In Lewis' Geist verschmolzen dabei die Bilder nordischer Entrücktheit und Weite und das Gefühl der Distanz zu seinen vergangenen Erfahrungen zu einem einzigen Gefühl der Unerreichbarkeit dessen, wonach er sich sehnte. Kaum war er sich bewusst geworden, wonach er sich sehnte, verschwand die Vision auch schon wieder und verwandelte sich in eine Sehnsucht nach der Sehnsucht, die ihn gerade erfüllt hatte. Auch in dieser Hinsicht war das Erlebnis von gleicher Art wie seine früheren Erfahrungen von Joy: Es war ein Sehnen, das sich in dem Moment entzog, in dem er sich seiner bewusst wurde, dieses Sehnen war seiner Flüchtigkeit zum Trotz aber wertvoller als alle Dinge, derer er jemals würde habhaft werden können.

---

[15] Tafel 29 ist zudem das einzige Bild im Band, das eine Gottheit auf einem Pferd zeigt. Des Weiteren stellt sich die Frage, wie Lewis dazu kam, seine Götter mit geflügelten Helmen auf Pferden *fliegen* zu lassen: Bei Longfellow, bis dato seiner einzigen Quelle über nordische Mythologie, ist von fliegenden Pferden nirgends die Rede. Sie kommen aber in der *Edda* als Reittiere der Götter vor; die Walküren werden in der Kunst ebenfalls oft auf fliegenden Pferden dargestellt (so auch in Rackhams erstem Band mit Wagner-Illustrationen). Es könnte sein, dass Rackhams Illustration die Erinnerung an ein solches Bild wachrief, das Lewis mal gesehen hatte, z.B. in H.A. Guerbers *Myths of the Norsemen* (1909). Auf dem in diesem Band abgedruckten Bild des Walkürenritts von J.C. Dollman tragen die Göttinnen ebenfalls geflügelte Helme.

Die Empfindung war so stark, dass Lewis sie unbedingt *wieder haben* wollte. Die Zeiten passiven Empfangens waren vorüber; von nun an richtete sich sein ganzes Bestreben darauf, die Erfahrung von Joy erneut zu machen. Er selbst hätte damals zwar gesagt, er wolle mehr über die nordische Götterwelt erfahren – was er auch tat –, doch es ging ihm um Joy und um nichts anderes.

Seine ersten Informationen über die Welt Wagners erhielt er aus einer ganz unerwarteten Ecke. Sein Vater hatte seinem Bruder und ihm ein Grammophon geschenkt, sodass Schallplattenkataloge zu dieser Zeit bereits zu seiner regelmäßigen Lektüre gehörten. Kurz nachdem er die Annonce für den Rackham-Band gesehen hatte, entdeckte Lewis, dass ein Grammophon-Magazin namens *The Soundbox* Zusammenfassungen von Wagners *Ring*-Opern abdruckte. Dadurch erfuhr er, wer Siegfried war und in welchem Zwielicht die Götter des Nordens in Wahrheit lebten.

Er war so begeistert, dass er sogar ein Gedicht über die Nibelungen-Geschichte begann, mit den Kurztexten aus *The Soundbox* als einziger Quelle. Der Entwurf umfasst stolze 792 Zeilen (die 2001 von Don King veröffentlicht wurden), wurde allerdings nie fertig. Am Ende des *Rheingolds* angekommen, genügte es Lewis nämlich nicht mehr, bloß die Geschichte in Reimform zu bringen: Er bemühte sich, auch seiner eigenen Begeisterung für die Götter Asgards Ausdruck zu geben. Dies, so merkte er recht bald, überstieg jedoch seine dichterischen Fähigkeiten, weshalb der Prozess des Schreibens schließlich zum Stillstand kam.

Zu dieser Zeit hatte Lewis noch nicht einen Ton von Wagners Musik gehört. Der erste Ausschnitt aus dem *Ring des Nibelungen*, den er zu Gehör bekam, war der *Walkürenritt* in einem Schallplattengeschäft während der Osterferien 1912. Einen Monat später schreibt er dann bereits einen Schulaufsatz über die Entwicklung der Oper und Wagners Einfluss auf sie. Sein Taschengeld geht in dieser Zeit ebenfalls für den Erwerb von Schallplatten von Wagners Opern drauf (darunter neben dem *Ring-Zyklus* auch *Lohengrin* und *Parsifal*).

Lewis' generelles Verhältnis zur Musik veränderte sich durch die neue Leidenschaft zunächst nicht. Es gab Musik, und es gab Wagner –

zwei völlig verschiedene Dinge. Letzteren schätzte er besonders für seine heroische Qualität. Wagners Musik bescherte ihm nicht bloß ein neues Vergnügen, sondern eine *neue Art von Vergnügen* – sofern «Vergnügen» der richtige Ausdruck für etwas ist, das einen beunruhigt, in Ekstase versetzt und zahllose Empfindungen ohne Namen hervorruft.

In den Sommerferien 1912 fällt Jack dann im Haus seiner Cousine Hope zum ersten Mal das Buch in die Hände, dessen Annonce ein halbes Jahr zuvor all dies ausgelöst hatte:[16] der Band mit Arthur Rackhams Illustrationen zu Wagners *Siegfried und Die Götterdämmerung*. Das Buch verzückt ihn noch weit mehr, als er das erwartet hatte, und er ruht nicht, bis er (mit gnädiger Unterstützung seines Bruders) eine preiswerte Ausgabe sein eigen nennt. Band I mit Rackhams Illustrationen zu *Das Rheingold und Die Walküre* erbittet er sich dann im November 1913 von seinem Vater als Geburtstagsgeschenk. Da er jedoch die Neigung seines Vaters kennt, Dinge falsch zu verstehen, möchte er den Erwerb des Buches in den Weihnachtsferien lieber selbst mit dem Buchhändler seines Vertrauens besprechen (was dann offenbar auch passiert).

Nach Lewis' Auskunft versteht man seine Begeisterung für Wagner nur dann richtig, wenn man sich klar macht, dass ihm die fiktiven Götter Asgards unvergleichlich wichtiger waren als die gesamte reale Welt. Sie waren ihm wichtiger als Miss Cowie, die Tanzlehrerin oder die Frage, ob er ein Stipendium für die Universität erlangen würde, und sie waren ihm erst recht wichtiger als das Christentum, von dem er sich zu dieser Zeit bereits größtenteils entfremdet hatte.

Diese erstaunliche Wertung erklärt sich daraus, dass seine Haltung gegenüber den nordischen Göttern (an die er nicht glaubte) ein Element echter Religiosität enthielt, das seine Haltung gegenüber dem christlichen Gott (an den er offiziell noch glaubte) *nicht* enthielt: eine vorbehaltlose, uneigennützige Selbsthingabe an ein Objekt, das unsere Verehrung allein dadurch verdient, dass es ist, was es ist.

---

[16] Charlotte Hope Harding war eine Tochter von Lady Mary Warren Ewart, der Cousine von Lewis' Mutter Flora. Die Brüder Lewis nannten sie «Cousin Hope».

Lewis verweist in diesem Zusammenhang auf das anglikanische *Book of Common Prayer,* das den Betenden auffordert, «Gott für seine große Herrlichkeit zu danken». So komisch es auch klingen mag: Wir haben Gott mehr für das zu danken, was er von seinem Wesen her *ist,* als für irgendetwas, das er für uns *tun* könnte. Gott zu kennen bedeutet, zu wissen, dass dem so ist. Andernfalls ginge es in der Religion nicht in erster Linie um Gott, sondern um uns selbst (d.h. primär um unsere eigenen Wünsche und Bedürfnisse). Lewis nennt dies

> die zentrale und primäre Tatsache aller Religion. Solange wir uns noch nicht etwas bewusst sind, das allein dadurch, dass es ist, was es ist, verlangt, dass wir vor ihm auf die Knie fallen – so unvermeidlich, wenn man so will, wie die Schwerkraft verlangt, dass wir fallen, wenn wir nichts unter den Füßen haben, oder wie intensives Licht verlangt, dass wir unsere Augen schließen – so lange befinden wir uns noch gar nicht in der Sphäre der Religion. Befinden wir uns aber in ihr, so sehen wir, dass es unsinnig ist, nach dem Warum zu fragen. Warum Freude erfreut, warum Schmerz weh tut, warum das Gute zu tun ist, warum wir Gott verehren sollen – all dies sind Fragen von derselben Art.[17]

Und von derselben Art war auch Lewis' Verhältnis zur Götterwelt Asgards. Es wäre ihm nie in den Sinn gekommen, zu fragen, *warum* diese Götterwelt, die ja gemäß seiner eigenen Überzeugung nur eine Schöpfung der menschlichen Imagination war, seine vollkommene Hingabe verlangte. Sie verlangte sie; mehr gab es dazu nicht zu sagen.

Lewis hält es für eine Gnade, auf diese Weise – und ohne es damals zu ahnen – schon früh ein wesentliches Element echter Religiosität kennengelernt zu haben. Es kommt ihm so vor, als habe Gott ihn, den Abtrünnigen vom wahren Glauben, zu den falschen Göttern Asgards geschickt, um von ihnen zu lernen, was *Anbetung* bedeutet – lange, bevor

[17] *Prayer Manuscript* 24.

er bereit war, sie dem richtigen Objekt (d.h. dem wahren Gott) entgegenzubringen.

Ein weiterer Aspekt der imaginativen Renaissance, die Lewis erlebte, bestand darin, dass sie zu einer neuen Wertschätzung der externen Natur führte. Zunächst war die Natur nur eine Folie für sein Interesse an der Wagner'schen Welt: Bei seinen Ausflügen in die Umgebung von Belfast hielt er stets Ausschau nach «Szenerien», in die er die Götter Asgards platzieren konnte. Doch schon bald wurde die Natur selbst zum Medium von Joy.

Die «nordische Qualität» des Gesehenen spielte hierbei insofern auch weiterhin eine Rolle, als sie Erinnerungen an die Welt Wagners bei ihm auslöste. Lewis hält das aber für unerheblich. Joy ist *immer* eine Erinnerung: immer verweist sie auf etwas, das «weiter weg» und «länger her» ist als alles Übrige; man kann sie daher immer nur im Modus eines Verlangens «haben», das zugleich begehrenswerter ist als jedes andere auch nur denkbare Haben.

Lewis' Bezugsquellen für nordische Mythologie gingen schon bald über Wagner hinaus. Er verschlang de facto alles, was er an Literatur zu diesem Thema in die Finger bekommen konnte. Binnen eines Jahres schritt er dabei fort von Kinderbüchern wie *Heroes of Asgard* zu Paul Henri Mallets monumentalem Werk *Northern Antiquities* (1770). Dieses Buch machte ihn unter anderem mit der *Edda*, der bis heute wichtigsten mittelalterlichen Sammlung nordischer Mythen in Vers und Prosa, bekannt. Lewis meint, er habe sich recht bald zu einem für Schuljungenverhältnisse höchst kompetenten Fachmann für nordische Mythologie entwickelt.

Seine neuen Quellen bescherten ihm anfangs ebenfalls weiter Momente von Joy. Diese Momente wurden jedoch schon bald weniger, was ihm aber zunächst gar nicht auffiel. Das lag unter anderem daran, dass Lewis der Unterschied zwischen einer intellektuellen Beschäftigung mit der Welt der *Edda* und einem imaginativen Sich-Einlassen auf die Themen- und Bilderwelt der nordischen Mythologie noch nicht klar war. Doch auch das Streben nach Wissen in einem bestimmten Bereich (ob nun Wissenschaft oder Geschichte) ist etwas anderes als das spezielle Verlangen, das die Erfahrung von Joy kennzeichnet.

Die Liebe zur nordischen Mythologie, die im Winter 1911/12 begann, hatte insofern enorme Auswirkungen, als Lewis' Leben von nun an (und auf viele Jahre hinaus) in zwei völlig verschiedene Teile zerfiel. Es gab sein «normales» Leben, zum Beispiel die Schule, seine sonstige Lektüre (die ebenfalls häufig imaginativen Charakter hatte), seine erotischen Phantasien und seine eigene literarische Schöpfung *Boxen* (wie *Animal Land* nach der Vereinigung mit dem Phantasieland *Indien* seines Bruders nun hieß). Doch all das war kaum von Belang im Vergleich mit der Faszination, die Wagner und die Götter Asgards auf ihn ausübten.

Eine Verbindung zwischen diesen beiden Welten schien es nicht zu geben: In Zeiten äußerer Geschäftigkeit konnte auf imaginativer Ebene völlige Dürre herrschen; und in Zeiten innerer Ekstase verlief sein Leben äußerlich zumeist völlig unspektakulär.

Kapitel 6
Kämpfe um den sozialen Status

Im Sommer 1913 verlässt Lewis Cherbourg House und wechselt zum nicht weit entfernten Malvern College. Zu diesem Zeitpunkt ist sein Weg in den Atheismus mehr oder weniger abgeschlossen. Er kennt das College bereits durch Besuche und die Berichte seines Bruders, der die Schule vier Jahre lang besucht und sich dort sehr wohl gefühlt hatte. Warnie selbst wechselt gleichzeitig nach Great Bookham, um von W. T. Kirkpatrick als privatem Tutor auf die Aufnahmeprüfung für eine Offizierskarriere in der britischen Armee vorbereitet zu werden.

Im Unterschied zu seinem Bruder ist Lewis das College-Leben jedoch schon bald zuwider, was vor allem an der internen Hierarchie liegt, die sich dort etabliert hat und das gesamte Schulleben prägt. Er verwendet in *Surprised by Joy* ungewöhnlich viel Zeit auf die Darstellung des Systems der «Bloods», wie die im Ansehen der Mitschüler besonders hochstehenden Schüler genannt wurden. Das dürfte wohl auch ein Hinweis darauf sein, welch große Bedeutung er seinen Erfahrungen mit diesem System für seine spätere Haltung zum Leben beimisst.

Ob die Zustände an der Schule tatsächlich so schlimm waren wie von Lewis geschildert (was sowohl sein Bruder als auch seine ehemaligen Mitschüler bestreiten), ist daher unerheblich. Ihm geht es, wie schon zuvor bei seinem Wynyard-Bericht, nicht um eine objektive Darstellung der Zustände vor Ort, sondern um die Auswirkungen, die das Jahr in Malvern auf ihn selbst hatte. Was immer das College also möglicherweise für Vorzüge hatte, ein Junge seines Charakters und Temperaments war dort auf jeden Fall am falschen Ort.

Laut Lewis war die wichtigste Voraussetzung dafür, ein Blood zu werden, dass man schon einige Zeit an der Schule war und ihre Gepflogenheiten verinnerlicht hatte. Zudem musste man ein guter Sportler sein. Des Weiteren musste man die richtige Kleidung tragen, den richtigen Slang sprechen, die richtigen Leute kennen und so weiter. War man ein

Blood, so erhöhte dies wiederum enorm die Chancen, von der Schule zum Präfekten ernannt zu werden, sodass die offizielle und die inoffizielle Hierarchie am College in eins fielen.

Aufgrund seiner körperlichen Ungeschicklichkeit bestand bei Lewis keinerlei Hoffnung, im Sport zu glänzen, weshalb seine Chancen, in der Schul-Hierarchie aufzusteigen, von Anfang an sehr schlecht standen. Dazu kam, dass er bereits in den ersten Tagen (getäuscht durch einen Mitschüler) seine ersten Sporteinsätze verpasste und dadurch bei den obersten Bloods in Ungnade fiel. Lewis fehlte aber auch jegliches Interesse für die Themen, um die die meisten Gespräche an der Schule kreisten («Wer, wann, wo, was, wie oft und mit wem?»).

Die Tatsache, dass ein Blood jüngere oder sozial tiefer stehende Schüler nach Belieben für sich arbeiten lassen konnte (z. B. indem sie ihm die Stiefel putzten oder lästige schulinterne Dienste für ihn übernahmen), führte zudem zu einer enormen körperlichen Ermüdung, die ihm schon bald jegliche Freude am Schulbetrieb nahm.

Lewis macht das spirituelle Übel des Malvern-Systems darin aus, dass dies eine Gesellschaft war, die nahezu vollständig vom Kampf um den eigenen Status geprägt war, das heißt vom Wunsch nach Anerkennung durch die «richtigen», bereits im System etablierten Leute. Er meint, selbst unter Erwachsenen habe er später nie wieder eine Gruppe oder Institution erlebt, die so vollkommen auf dieses eine Ziel ausgerichtet war: Es ging nahezu ausschließlich darum, an die Spitze der sozialen Hierarchie zu gelangen und dort zu verbleiben.

Die meisten Malvern-Schüler waren offenbar bereit, dem alles Übrige unterzuordnen. Man umwarb jene, bei denen es sich lohnte, sie zu kennen, und brach die Verbindung zu jenen ab, die einem in dieser Hinsicht nicht weiterhalfen (oder die bei den Bloods in Ungnade gefallen waren). Lewis nennt die Schule folglich die «weltlichste» und somit am wenigsten freie, spontane, im positiven Sinn «kindliche» Gesellschaft, in der er je gelebt hat. Selbst die sportlichen Aktivitäten (die Cricketspiele usw.) betrieb man nicht um ihrer selbst willen, sondern allein um der Auswirkungen willen, die ein gutes Abschneiden auf den eigenen Sozialstatus hatte.

Der Vorrang, den der Kampf um den eigenen Status vor allem anderen hatte, ist auch der Grund, weshalb Lewis sich später nicht imstande sah, die an der Schule praktizierte Knabenliebe als ihr größtes Übel zu betrachten. Er hält das harte Urteil seiner Zeitgenossen über die (von ihm selbst nie praktizierte) Päderastie aus vier Gründen für unberechtigt:

1. Es ist ein billiges Urteil für jene, die nie selbst ihre Versuchungen verspürt haben. 2. Der Vorwurf, die Knabenliebe sei ein Einfallstor für sexuelle Perversionen im Erwachsenenalter, ist sachlich falsch: Das spätere Leben der Malvern-Schüler lässt nichts von einem solchen negativen Einfluss erkennen, auch hätten die allermeisten Bloods ihrem Lustknaben jederzeit ein Mädchen vorgezogen (wenn sie nur an eins herangekommen wären). 3. Das Urteil ist bedingt durch die zeitgenössische Kriminalisierung der Homosexualität, die jedoch ethisch nichts über die tatsächliche Schwere des Vergehens aussagt. 4. Die Beziehung eines Bloods zu seinem Lustknaben war quasi der einzige Bereich in seinem Leben, der *nicht* vom Kampf um den eigenen sozialen Status geprägt war, sondern Momente von Zuneigung, spontaner Freude und Selbsthingabe beinhaltete.

Diese Einschätzung ist gewiss auch ein Hinweis des christlichen Ethikers C.S. Lewis, dass es noch andere – und weit schwerere – Sünden gibt als jene gegen das sechste Gebot. Es ist ein fatales Missverständnis, zu meinen, ein im christlichen Sinn moralisches Leben zu führen bedeute lediglich, Keuschheit zu praktizieren (d.h. keinen Sex außerhalb der Ehe zu haben). Die Wurzel aller Sünden ist der *Hochmut* (bzw. *Stolz*): es ist das Sich-Erheben über andere Menschen (die in den Augen Gottes denselben Wert und dieselbe Würde haben wie man selbst) oder das Leugnen der eigenen Geschöpflichkeit (also das Sein-Wollen wie Gott).

Lewis hebt besonders hervor, dass die Schul-Hierarchie eine Gesellschaft war, in der der soziale Status nicht vom Vermögen (und auch nicht vom sozialen Status in der äußeren Welt) abhing: Geld spielte keine Rolle, da die herrschende Klasse von den Angehörigen niederer Klassen alles haben konnte, was sie wollte, ohne dafür bezahlen zu müssen. Was immer einen interessierte, bekam man entweder von dienstbaren Schmeichlern umsonst angeboten, oder man konnte es sich mit Gewalt nehmen. Diese Erfahrung ist einer der Gründe für Lewis' lebenslange Skepsis gegenüber dem Marxismus, der den Ursprung aller gesellschaftlichen Übel im Streben nach Gewinn verortet: Malvern College war eine Gesellschaft, die ohne Geld oder Kapital funktionierte und dennoch voll war von Ungleichheit und falschen Ambitionen.

Auch Lewis weiß natürlich um die verführerische Macht des Geldes, doch das System der Bloods lehrte ihn, dass Geld letztlich nur ein *Mittel zum Zweck* ist. Lassen sich die Dinge, für die man das Geld braucht, auf andere Weise bekommen, so verliert es einen großen Teil seiner Anziehungskraft. Eine weitaus stärkere Triebfeder als das Geld ist der Wunsch nach Macht und Anerkennung: Es ist der Wunsch, an den Schaltstellen der Macht zu sitzen, auf der sozialen Leiter ganz oben zu stehen, zum kleinen Kreis jener zu gehören, die wissen, was wirklich los ist (und die die wahren Entscheidungsträger sind). Um zu diesem Kreis zu gehören, sind viele Menschen nur zu gerne bereit, auf ein höheres Gehalt oder andere Annehmlichkeiten (wie z. B. Freizeit) zu verzichten.

Nach Lewis' Überzeugung ist dieses Motiv in seiner gesellschaftsprägenden Bedeutung noch zu wenig erfasst, vor allem in rein ökonomisch orientierten Gesellschaftstheorien. Zahlreiche Stellen in seinem Werk legen hiervon Zeugnis ab. Theoretisch formuliert er seine Überlegungen in «Der innere Ring» und seiner «Replik auf Professor Haldane». Literarische Darstellungen von ganz auf den Kampf um den sozialen Status geprägten Gesellschaften finden sich sowohl in der *Dienstanweisung für einen Unterteufel* als auch im Roman *Die böse Macht*.

Lewis berichtet, er selbst sei insofern nicht den Versuchungen der Welt erlegen, als ihn sein Status in der schulinternen Hierarchie nicht im geringsten interessierte (und ihn daher auch nicht verleiten konnte, unmoralische Dinge zu tun). Die Zustände an der Schule blieben aber dennoch nicht ohne Folgen für seine moralische Entwicklung: Lewis begann, sich für etwas *Besseres* zu halten als jene seiner Mitschüler, die nur an Sport, Tratsch und sozialem Aufstieg interessiert waren.

Einen Anlass hierzu boten ihm seine literarischen Neigungen. Bevor er nach Malvern kam, wäre er nie auf die Idee gekommen, sein Interesse für Literatur, Wagner oder nordische Mythologie sei etwas, worauf man stolz sein könne. Er las oder hörte, was ihn interessierte, verglich aber nicht mit dem, womit sich andere Gleichaltrige beschäftigten. Das wurde nun anders. Jack lernte Mitschüler kennen, die sich ebenfalls für Literatur begeisterten und die in Kreisen verkehrten, in denen man etwas galt, wenn man die richtigen Bücher las und sich in der Literatur gut auskannte. Was bisher sein privater Geschmack gewesen war, entpuppte sich somit als der Geschmack einer kleinen, exklusiven Gruppe von Leuten, die den «richtigen» literarischen Geschmack hatten.

Damit veränderte sich Lewis' gesamtes Verhältnis zum Malvern-System. War seine Haltung anfangs vor allem durch das Gefühl der Unterlegenheit geprägt gewesen – er konnte nach den dort offiziell geltenden Maßstäben nicht mithalten –, so lehnte er diese Maßstäbe nun ab. Er sagte sich, er selbst verfüge über *höhere* Maßstäbe, an die die gewöhnlichen Malvern-Schüler nicht heranreichten. Von dieser neuen Haltung zeugt ein Brief an seinen Freund Arthur Greeves von Juni 1914. In diesem Brief moniert Lewis einen

> absoluten Mangel an Wertschätzung von allem, was irgendwie mit Musik oder Büchern zu tun hat, der bei denjenigen vorherrscht, die ich meine Kameraden zu nennen gezwungen bin. Kannst Du Dir vorstellen, wie es ist, für zwölf Wochen unter Jungen zu leben, deren Gedanken sich nie über die tägliche dumpfe Routine von Cricket, Arbeit und Essen erheben? [...] Hätte ich nie das furchtbare Spektakel gesehen, das diese groben, hirnlosen englischen Schuljungen darbieten, bestünde vielleicht die Gefahr, dass ich eines Tages selbst so werde.[18]

Dies ist gewiss eine jener Äußerungen, die Lewis später zu dem Eingeständnis brachten, die Todsünde, zu der er seit jeher am stärksten hinneige, sei der Hochmut (bzw. Stolz).

---

[18] *Collected Letters I* 59, an Arthur Greeves, 5. Juni 1914. Ganz neu waren solche Überlegungen für Lewis allerdings offenbar nicht. Bereits im Januar 1913 war ein Essay von ihm mit dem Titel «Are Athletes Better than Scholars?» im Cherbourg School Magazine erschienen.

Kapitel 7
Der kosmische Rebell

Als eine der beiden Segnungen von Malvern College bezeichnet Lewis seinen Klassenlehrer Harry Wakelyn Smith, von dem er auch in Latein und Griechisch unterrichtet wurde. Dieser brachte ihm den *sinnlichen* Aspekt der Dichtung nahe (wie man sie spricht und ihren Rhythmus und ihre Sprachmelodie verkostet, fast schon mehr wie Musik als wie Sprache), lehrte ihn aber auch, die Forderung des Wissenschaftlers nach Exaktheit zu schätzen. Durch Smith lernte Lewis Horaz, Virgil und Euripides kennen (bzw. im Fall von Virgil schätzen), und mit ihnen eine literarische Welt, die sich in ihrem Charakter deutlich von der Welt der nordischen Mythologie unterschied.

Smith war dabei die Höflichkeit in Person; er brachte es durch seine perfekten, von allen Vorurteilen freien Umgangsformen sogar fertig, dass in seinem Klassenzimmer soziale Unterschiede keine Rolle spielten – weder jene des Malvern-Systems noch jene der äußeren Welt. Selbst wenn er sich genötigt sah, einen Schüler für seine schlechten Leistungen zu bestrafen, tat er dies stets mit vollendeter Höflichkeit. Einmal sagte er zu Lewis: «Du wirst ausgepeitscht werden müssen, wenn sich Deine griechische Grammatik bis nächste Woche nicht bessert, aber das hat natürlich nichts mit Deinem oder meinem Benehmen zu tun.» Auch wenn er sonst nichts getan hätte: Allein durch diese Haltung leistete Smith einen großen Beitrag zur Erziehung und Humanisierung seiner Schüler.

Der Lehrplan in Malvern konzentrierte sich fast ausschließlich auf die Klassiker, was Lewis als weise bezeichnet. Im begrenzten Rahmen schulischen Unterrichts lassen sich nur einige wenige Dinge richtig lernen, und das ist weit besser, als viele Dinge bloß oberflächlich anzugehen. Das zu tun zerstört unsere Standards oder verhindert, dass wir solche überhaupt erst ausbilden. Lewis ist deshalb der Ansicht, das Bildungswesen solle sich nach Möglichkeit auf die Vermittlung einiger weniger Fächer konzentrieren. Hat man diese einmal gemeistert, so ist man später in der Lage, sich mit der gleichen Gründlichkeit auch anderen Themen zuzuwenden.

Die zweite Segnung war die Schulbibliothek, die man aufgrund der an der Schule herrschenden Zwänge aber nur selten aufsuchen konnte. Gelang es einem dennoch, dorthin zu gelangen, so war man «unantastbar», das heißt, man konnte nicht von einem Blood für irgendwelche Dienste herangezogen werden. Dort fand Lewis Milton und Yeats, sowie ein Buch über keltische Mythologie, das ihn fast ebenso faszinierte wie die nordische Mythologie. Er begann, den je eigenen «Geschmack» der mythischen Welten des Nordischen, Keltischen und Griechischen zu unterscheiden und zu schätzen. Seine Begeisterung für das Nordische war aber nach wie vor unübertroffen.

Äußerlich betrachtet nennt Lewis das Jahr in Malvern eine alles in allem wenig erquickliche Zeit. Innerlich war er jedoch erfüllt von seinen geliebten Mythen, ob nun nordisch, irisch oder klassisch. Doch auch die äußere Natur war – seiner offiziellen pessimistischen Philosophie zum Trotz – ein beständiger Quell der Freude: der Duft frisch geschnittenen Grases, mit Tau überzogenes Moos, herbstliche Wälder, der Duft brennenden Holzes und so weiter. Lewis bekennt: «Die Sinne schmerzten. Ich war krank vor Verlangen, doch diese Krankheit war besser als Gesundheit.» (SbJ 91)

Sein äußeres und sein inneres Leben hatten dabei so wenig miteinander zu tun, dass es Lewis unmöglich erscheint, sie in ein gemeinsames Bild zu bringen. Blickt er auf sein äußeres Leben, so erhebt dieses den Anspruch, das Ganze zu sein, und sein inneres Leben reduziert sich auf ein kurzes Flackern einiger weniger Momente von Joy. Blickt er auf sein inneres Leben, so erscheint sein äußeres Leben wie ein grober Vorhang, der in jedem Moment beiseitegeschoben werden konnte und den Blick auf den Himmel freigab.

Das einzige eigene Werk, das er in dieser Zeit fertigstellt, ist eine Tragödie, nordisch im Inhalt (angelehnt an eine Geschichte in der *Edda*) und griechisch in der Form: *Loki Bound* (Sommer 1914). Der Titel ist eine Anspielung auf die Tragödie *Der gefesselte Prometheus* des antiken griechischen Dichters Aischylos, die der englische Dichter Percy Bysshe

Shelley 1820 in seinem lyrischen Drama *Prometheus Unbound* aufgegriffen hatte. In beiden Dramen geht es darum, dass Prometheus den Göttern das Feuer stiehlt und damit den Menschen Unabhängigkeit von den Launen der Götter ermöglicht. Zur Strafe wird er von Zeus lebenslang an einen Berg gekettet. Während es bei Aischylos dabei bleibt, kommt es bei Shelley zu Prometheus' Befreiung und zur Versöhnung mit Zeus/Jupiter.

In Lewis' nordischer Version ist Loki der Rebell, der vom Göttervater Odin an einen Felsen gekettet wird. Das Gedicht war ein Ausdruck seiner damaligen Lebenshaltung: Loki haderte mit Odin, weil dieser eine Welt geschaffen hatte, obwohl man das nur als eine vorsätzliche Grausamkeit bezeichnen konnte. Warum sollte man Geschöpfe mit der Bürde der Existenz belasten, ohne dass sie ihr hätten zustimmen oder sie ablehnen können?

Odin! und wer bist du, dass du eine Seele erschaffst
Und sie ins Dasein zwingst? Wer bist du,
Dass du Menschen hervorbringst, die in der Welt leiden,
Ohne selbst danach zu verlangen?[19]

Der eigentliche Gegensatz bestand aber zwischen Lokis Freiheitsdrang und Thors rücksichtslosem Opportunismus. Thor (er war ein Symbol der Bloods) verkörperte mit seinem Hammer und seinen Drohungen das Prinzip der Macht des Stärkeren. Er stachelte Odin immer wieder gegen Loki auf und behauptete, da Loki sich dem Diktat der obersten Götter nicht unterwerfen wolle, mangle es ihm offenbar an Respekt ihnen gegenüber. Darauf erwiderte Loki (eine Projektion von Lewis, wie er sich selbst sah): «Ich ehre Weisheit, nicht aber bloße Macht.» (SbJ 89)

Das war ein Ausdruck von Lewis' selbstgefälliger Überheblichkeit: Loki litt zwar unter Thor und Odin, war aber weit davon entfernt, sich auf deren Niveau hinabzulassen. Schließlich erkennt Odin seine Ein-

[19] «Odin! and who art thou to make a soul / And force it into being? Who art thou / To bring forth men to suffer in the world / Without their own desire?» (zitiert nach King, *C.S. Lewis, Poet* 41).

samkeit (nichts von dem, was er geschaffen hat, ist seiner ebenbürtig), und er bietet Loki die Freilassung an, wenn er sein rebellisches Tun aufgibt. Dieser lehnt jedoch ab, und die Tragödie endet.

Lewis erklärt, der Pessimismus von *Loki Bound* sei ein Ausdruck seiner damaligen (letztlich widersprüchlichen) Haltung dem Universum gegenüber gewesen: Er behauptete, Gott existiere nicht, war aber zugleich böse auf ihn, weil er nicht existierte und dennoch eine Welt geschaffen hatte.

Diese Haltung war insofern auch ein Spiegel seines eigenen Charakters, als es ihm seit jeher wichtiger gewesen war, in Ruhe gelassen zu werden, als bestimmte Dinge zu erhalten oder zu erreichen: Geprägt von den Erwartungen seines Vaters, konnte er Nichtbeachtung stets besser ertragen als die Einmischung anderer, und Monotonie besser als ständige Unterbrechungen. Sein kosmischer Pessimismus, der die eigene Nichtexistenz selbst dem geringsten Unglück vorgezogen hätte, war somit in gewisser Weise eine Generalisierung dieser tief in ihm angelegten Empfindungen.

In *Surprised by Joy* wirft Lewis selbst die Frage auf, wie ernsthaft dieser kosmische Pessimismus war; schließlich hätte er sich ja auch das Leben nehmen können. Er meint aber, dies treffe seine damalige Haltung doch nicht ganz. Er sei zwar der Meinung gewesen, dieser nicht-existente Gott hätte besser daran getan, erst gar keine Welt zu erschaffen. In der Welt, wie sie nun einmal existierte, sorgten die eigenen biologischen Bedürfnisse aber dafür, dass man dennoch am Leben hing.

Die Situation im heimischen Belfast war zu dieser Zeit ziemlich angespannt. Obwohl sein Vater hoch intelligent war, hatte er eine unvergleichliche Tendenz, Dinge misszuverstehen. Deshalb hatte Lewis schon lange aufgegeben, ihm zu erklären zu versuchen, was ihn wirklich bewegte; auch die tatsächlichen Verhältnisse in den von ihm verabscheuten Schulen konnte er ihm nicht beibringen. Von seinem Atheismus durfte der Vater erst recht nichts erfahren, weshalb Lewis nach außen hin weiter den Anschein zu erwecken versuchte, ein gläubiger Christ zu sein.

Die Lage hatte sich weiter verschärft, nachdem Warren im Juli 1913 Malvern College verlassen hatte (bevor Jack im September dort anfing). Zum ersten Mal in ihrem Leben herrschte nun keine völlige Eintracht zwischen den Brüdern Lewis. Die erste echte Trübung in ihrem Verhältnis kam dadurch zustande, dass Jack die Verhältnisse in Malvern ebenso hasste, wie Warnie sie geliebt hatte.

Erschwerend kam hinzu, dass Warnies neuer Tutor Kirkpatrick dem Vater mitteilte, dieser habe im College so gut wie nichts gelernt. Alberts eigenes Urteil über den Charakter seines Sohnes fiel allerdings nicht viel besser aus. Er beklagte, Warren habe sich von einem intelligenten, interessierten Jungen in einen oberflächlichen Kerl bar jeglicher Ambitionen verwandelt, der nur darauf aus sei, endlich sein geliebtes Motorrad zu bekommen. Dass diese Entwicklung das Ergebnis eben jener Prinzipien sein könnte, nach denen Malvern College funktionierte, kam dem Vater allerdings nicht in den Sinn. Jack war in den Auseinandersetzungen zwischen Albert und Warren hin- und hergerissen zwischen der Loyalität zu seinem Bruder und dem Wunsch, in die Kritik seines Vaters an den College-Zuständen einzustimmen.

Ab und zu unternahm er einen Versuch, mit seinem Vater über die Dinge ins Gespräch zu kommen, die ihn wirklich bewegten, jedoch ohne Erfolg. Ein Beispiel für diese Versuche findet sich in einem Brief aus dem Juni 1914. Da schreibt Jack nach der Lektüre von A.C. Bensons *Uptown Letters* seinem Vater:

> [D]ie große Offenbarung des Buches ist die irgendwo getroffene Aussage, wir «sollten nicht über unsere Taten, sondern über unsere Gedanken schreiben». Wie wundervoll wahr. Du und ich, wir begnügen uns damit, über das Wetter und die kleinen trivialen Ereignisse eines jeden Tages zu berichten. Über unsere Herzensanliegen, über die wirklich großen Erfahrungen unseres Lebens, sprechen wir aber nur selten.[20]

[20] *Collected Letters I* 61, an Albert Lewis, 22. Juni 1914.

Albert Lewis geht auf dieses Gesprächsangebot seines Sohnes allerdings nicht ein, sodass dessen nächster Brief wieder im selben beiläufigen Ton gehalten ist wie die vorherigen Briefe. Lewis bekennt, er habe deshalb zunehmend gute Miene zum bösen Spiel gemacht: Er benahm sich so, wie er annahm, dass sein Vater es erwarte, und spielte die ihm zugedachte Rolle. Solange sein Vater dabei war, war er aber innerlich nicht «er selbst». Die Folge: Der Begriff «Zuhause» wurde für ihn immer mehr zu «einem Synonym für geschäftige Trivialität, ständige Unterbrechungen und ein völliges Fehlen von Privatsphäre».[21] Als den besten Moment der Ferien bezeichnet er den Montagmorgen, wenn sein Vater wieder ins Büro musste.

Wie weit Lewis' Entfremdung von seinem Vater zu dieser Zeit tatsächlich ging, lässt sich daran ablesen, dass er seine Situation mit der des jungen Siegfried in den ersten beiden Akten von Wagners *Siegfried* verglich. Diese beiden Akte handeln davon, wie der Waisenjunge Siegfried vom Schmied Mime aufgezogen wird, der seinen Schützling nicht liebt, aber braucht, um den Drachen Fafner zu besiegen (da er in den Besitz des magischen Rings gelangen will). Siegfried wächst zu einem starken und furchtlosen Jüngling heran und erfährt schließlich, dass der Zwerg Mime nicht sein richtiger Vater ist. Er schmiedet das Schwert Nothung, das allein in der Lage ist, Fafner zu töten, und besiegt den Drachen. Das Drachenblut, das er gekostet hat, befähigt ihn, die Sprache der Vögel zu verstehen. Ein Vogel rät ihm, den Ring zu nehmen, und warnt ihn davor, Mime zu vertrauen. Siegfried erkennt, dass Mime ihn mit einem vergifteten Trank töten will, erschlägt ihn und wandert frei in die Welt hinaus.

Lewis merkt dazu an, es habe eine Zeit in seinem Leben gegeben, in der sich Siegfrieds Empfinden, in die falsche Familie hinein geboren zu sein und ihr entfliehen zu wollen, voll und ganz mit seinem eigenen Empfinden deckte.[22]

---

[21] Ebd. 471, an Leo Baker, 12. Januar 1920.

[22] Vgl. «The Psalms» 150f, «The Funeral of a Great Myth» 121 und «Preface to the 1950 Edition of *Dymer*» 3. Lewis bezieht diesen Vergleich an anderer Stelle auch auf sein Empfinden dem College gegenüber (vgl. SbJ 80).

Zum Glück besserten sich Warrens schulische Leistungen schon bald: Zwei Monate Arbeit unter Kirkpatricks Führung reichten aus, um ihn das Eingangsexamen für das Royal Military College in Sandhurst (November/Dezember 1913) mit Bravour bestehen zu lassen. Dieser Erfolg veranlasste Lewis, seinen Vater zu bitten, ihn vom verhassten College zu nehmen und ebenfalls in die Obhut Kirkpatricks zu geben. Als Albert nach anfänglichem Zögern dem Drängen seines Sohnes schließlich nachgibt, ist dieser überglücklich.

Bevor er bei Kirkpatrick anfängt, passiert aber noch eine andere wichtige Sache: Lewis schließt Freundschaft mit Arthur Greeves, einem drei Jahre älteren Jungen, der in Belfast in der Nachbarschaft wohnt. Die beiden kannten sich zwar vorher schon, hatten aber keinen näheren Kontakt miteinander gehabt. Arthur, der krank im Bett lag, ließ erkennen, dass er sich über einen Besuch von Jack freuen würde, und dieser folgte der Bitte. Bei dieser Gelegenheit entdeckten die beiden Jugendlichen ihre gemeinsame Liebe zur nordischen Mythologie. Neben Arthurs Bett liegt eine Ausgabe von H.A. Guerbers *Myths of the Norsemen,* und Jack fragt überrascht, ob er das Buch möge – was Arthur bejaht. Schnell stellen die beiden fest, dass sie nicht nur dieselben Bücher mögen, sondern dieselben Passagen in ihnen in der gleichen Weise.

Arthur kennt zudem ebenfalls den Stich der Freude, und auch bei ihm ist die nordische Mythologie der hauptsächliche Auslöser. Er wird zum ersten Freund, den Lewis außer seinem Bruder je hatte, und dies zu einer Zeit, als Warnie immer weniger zur Verfügung steht. Dieser ist nämlich seit Februar 1914 bei der britischen Armee; die Begegnung mit Arthur findet nur kurz danach im April 1914 statt.

Schnell beginnen die beiden Freunde auch gemeinsame Projekte zu planen. Arthur ist zum Beispiel ein guter Musiker, sodass Jack ihm vorschlägt, aus seinem Gedicht *Loki Bound* eine Oper zu machen. Das im Oktober 1914 begonnene Projekt kommt jedoch nie übers Planungsstadium hinaus; es sind auch keine von Arthur geschriebenen Noten überliefert.

Kapitel 8
Training in Logik und neue Freuden

Im September 1914 beginnt Lewis seine Ausbildung bei W.T. Kirkpatrick in Great Bookham (Surrey). Nach Auskunft von Albert Lewis, der als Junge selbst auf einer von Kirkpatrick geleiteten Schule gewesen war, ist dieser zwar ein fähiger Lehrer, hat aber einen Hang zur Sentimentalität. Lewis, dem aufgrund seiner Erfahrungen mit seinem hoch emotionalen Vater Gefühle bei Männern suspekt sind, ist zwar nicht begeistert, aber bereit, dies als Preis für die neu gewonnene Freiheit in Kauf zu nehmen.

Seine Überraschung ist groß, als er Kirkpatrick dann selbst kennenlernt: Sentimentalität ist so ziemlich das letzte, was man diesem zuschreiben könnte. Im Gegenteil, sein neuer Lehrer ist so sehr ein rein logisches Wesen, wie das bei einem Menschen überhaupt nur möglich ist. Die einzige Ausnahme: Obwohl Kirkpatrick Atheist ist, trägt er sonntags bei der Gartenarbeit etwas bessere Kleidung. Hätte Lewis Mr. Spock gekannt (was nicht sein kann, da die *Star Trek*-Serie erst ab 1966 ausgestrahlt wurde), so hätte er vermutlich diesen als Vergleich herangezogen.

Für Kirkpatrick besteht der einzige Zweck von Gesprächen darin, Sachverhalte zu klären und die Ansichten, die sein Gegenüber äußert, auf eine empirische, rational begründete Basis zu stellen. Und genau so verhält er sich auch als Lehrer. Er fordert seinen Schüler auf, nie eine bloße Meinung zu äußern, sondern stets nur Dinge zu sagen, über die er sich völlig im Klaren ist und deren Wahrheit er zweifelsfrei belegen kann. Jede Form bloßer Konversation ist Kirkpatrick zuwider, ja er ist überhaupt nicht in der Lage, eine solche zu führen. Das ist für Lewis insofern von Bedeutung, als er begreift, dass die Behandlung, die er erfährt, keine bloß pädagogische Maßnahme ist: sein Lehrer ist gar nicht imstande, sich auf andere Weise zu unterhalten.

Lewis, der ja selbst keinen Smalltalk mag, ist kurz irritiert, dass

Kirkpatrick so völlig anders ist, als die Erinnerung seines Vaters ihn gezeichnet hat, dann ist er aber begeistert. Die einzigen beiden Arten von Gespräch, die ihm selbst etwas bedeuten, sind der Austausch über imaginative Dinge (wie die mit seinem Bruder über *Boxen* oder mit Arthur über Walhalla) und das rationale Argumentieren. Diese Seite in ihm fördert und befriedigt Kirkpatrick nun im höchsten Maß. Lewis macht auch schnell Fortschritte: Anfangs überwiegt noch die Kritik, doch schon bald lernt er, die strengen Regeln seines Lehrers bei der Klärung von Sachverhalten aller Art selber anzuwenden.

Das Ziel von Kirkpatricks Unterricht ist die Vorbereitung seines Schülers auf die beiden Eingangsexamen für die Universität Oxford.[23] Zu einem anderen Beruf als dem eines Gelehrten taugt dieser nämlich nicht, wie Kirkpatrick seinem Vater nach recht kurzer Zeit mitteilt.

Kirkpatricks Unterricht besteht vorrangig aus der Lektüre griechischer und lateinischer Klassiker, die Jacks Sprachkenntnisse schnell verbessern. Lewis liest aber auch deutsche und italienische Literatur (und französische mit Mrs. Kirkpatrick), und zwar immer nach derselben Methode: Nach einer kurzen Einführung mithilfe von Grammatik und Wörterbuch setzt sein Lehrer ihn an die Lektüre von Werken wie Goethes *Faust* oder Dantes *Divina Comedia,* welche er sich ganz allein zu erarbeiten hat. Auf diese Weise ist er gezwungen, ein Gefühl für die jeweilige Sprache zu entwickeln und in ihr zu denken, anstatt die ganze Zeit im Kopf mit Übersetzen beschäftigt zu sein.

Obwohl Kirkpatrick Atheist ist (nach der alten religionskritisch-rationalistischen Schule des 19. Jahrhunderts), greift er die Religion im Beisein seines Schülers niemals direkt an. Er liefert Jacks Atheismus aber dennoch neue Munition: durch seine generelle Geisteshaltung wie auch durch die Bücher, die dieser in Gastons, dem Haus der Kirkpatricks, vorfindet. Als Beispiele für solche anti-religiösen Einflüsse nennt Lewis die anthropologisch orientierte Religionskritik (z.B. Fra-

[23] Um in Oxford studieren zu können, mussten sich die Kandidaten zum einen bei einem College für ein Stipendium bewerben, zum anderen mussten sie das Aufnahme-Examen der Universität Oxford (Responsions) bestehen.

zers *The Golden Bough*) und die pessimistische Philosophie Arthur Schopenhauers.

Lewis beschreibt in seinem Buch *Miracles* (dt. *Wunder*) die Grundzüge der religionskritischen Haltung seines Lehrers folgendermaßen: Ihr Angriffspunkt war der primitive (d.h. vermeintlich unaufgeklärte) Charakter der christlichen Glaubensaussagen. Der Vorwurf lautete, dem Christentum liege ein *mythologisches* Verständnis der Wirklichkeit zugrunde, das durch die moderne Wissenschaft längst überholt sei: Gott habe angeblich einen «Sohn» (als sei er eine heidnische Gottheit wie Jupiter oder Odin), und dieser «Sohn» sei wie ein Fallschirmspringer vom Himmel herab auf die Erde gekommen, in die Hölle hinabgestiegen (irgendwo im Erdinneren) und dann wie ein Ballonfahrer wieder in den Himmel aufgefahren, um sich in einem Palast zur Rechten seines Vaters zu setzen. All dies impliziere eine völlig naive Vorstellung von der Welt, die von der modernen Naturwissenschaft längst ins Reich der Phantasie verwiesen worden sei.

Die zeitgenössische Theologie bemühte sich laut Kirkpatrick, diesen mythologischen Aussagen ihre Anstößigkeit zu nehmen, indem sie sie zu rein *symbolischen* Äußerungen erklärte, die nicht wörtlich zu nehmen seien – ein verzweifelter Versuch, zu retten, was nicht zu retten ist: Es sei doch offensichtlich, dass die ersten Christen, hätten sie auch nur die geringste Idee davon gehabt, wie das Universum tatsächlich beschaffen ist, ihre kruden Thesen über die Welt erst gar nicht aufgestellt hätten.

Was sich «moderne Theologie» nennt, sei daher in Wahrheit ein einziges großes Rückzugsgefecht: Man gebe jene Ideen des Christentums als Tatsachen aus, über die sich die moderne Wissenschaft noch nicht geäußert hat; sobald eine dieser Ideen dann aber als wissenschaftlich unhaltbar entlarvt sei, schwenke man um und behaupte, sie sei nie mehr als eine poetische Metapher, Allegorie oder harmlose moralische Plattitüde gewesen.

Erst Jahre danach erkannte Lewis den Irrtum über den Charakter menschlicher Aussagen über geistige, nicht mit den Sinnen wahrnehmbare Realitäten, der dieser Kritik zugrunde liegt. Deshalb lieferte ihm diese (vermeintlich) aufgeklärte Kritik am Christentum zunächst ein weiteres Argument für seinen ohnehin schon sehr gefestigten Atheismus. Auf Lewis' spätere Kritik an dieser Form der Religionskritik werden wir noch zu sprechen kommen (Kap 18).

Lewis beschreibt die Routine des Lebens in Gastons als ein Ideal, dem er seitdem anhänge, welches er aber nur selten zu praktizieren in der Lage sei. Diese Routine war geprägt von festen Arbeits-, Essens- und Erholungszeiten, die bis auf den Abend größtenteils in Einsamkeit verbracht wurden. Er nennt diese Lebensweise egoistisch, aber nicht selbstbezogen. Sie war *egoistisch,* weil er fast ausschließlich seinen eigenen Vorlieben folgte, doch sie war nicht *selbstbezogen,* weil er geistig mit tausend anderen Dingen beschäftigt war als mit sich selbst. Lewis ist sich bewusst, dass beide Arten zu leben dem christlichen Liebesgebot widersprechen, fügt aber hinzu, ihm seien nicht ständig um sich selbst kreisende Egoisten als Gesellschaft weitaus lieber als Altruisten, die bei all dem Guten, das sie für andere tun, mit ihren Gedanken immer nur bei sich selbst sind.

Wann immer es möglich war, unternahm Lewis von Great Bookham aus Ausflüge in die Umgebung. Dabei lernte er die Landschaft Surreys fast ebenso schätzen wie das heimische County Down. Da die Schönheit dieser beiden Landschaften von ganz unterschiedlicher Art ist, kam er gar nicht erst auf die Idee, sie miteinander zu vergleichen. Dies bezeichnet er im Rückblick als ein Glück, ist doch das Werten und Vergleichen eine Vorgehensweise, die beim Umgang mit Kunst und Natur viel Schaden anrichten kann: Ist die Landschaft der Provence schöner als die der schottischen Highlands? Ist Rembrandt ein besserer Maler als van Gogh? Ist Tolkien ein besserer Autor als Dante?

Solche Fragen sind nach Lewis' Ansicht unsinnig, weil diese Landschaften und die von diesen Künstlern geschaffenen Werke in ihrer konkreten Einmaligkeit viel zu verschieden sind, als dass man hier sinnvolle Vergleiche anstellen könnte. Auch verstellen sie den Blick für das, was uns die Beschäftigung mit ihnen in ihrer je einmaligen Qualität zu bieten hat. Um echte Freude an einer Landschaft oder einem Kunstwerk entwickeln zu können, müssen wir ihnen so offen und vorurteilslos wie nur irgend möglich begegnen. Am besten verzichtet man auf *jeden* Vergleich mit anderem und lässt sich ganz auf den gegenwärtigen Augenblick ein. Nur dann ist es dem erfahrenen Objekt möglich, so in Erscheinung zu treten, wie es wirklich ist.

Dies wird später nicht nur ein Grundprinzip von Lewis' Literaturtheorie, sondern auch eine Grundhaltung seines christlichen Lebens. In unserer Beziehung zu anderen Menschen ist es nämlich kein bisschen weniger erforderlich, die eigenen Vorstellungen, Erwartungen und Wünsche beiseite zu lassen, um unserem Gegenüber die Möglichkeit zu geben, als er oder sie selbst in Erscheinung zu treten. Lewis spricht in diesem Zusammenhang auch von der Notwendigkeit eines fortwährenden *Ikonoklasmus:* Wir müssen bereit sein, das Bild, das wir uns von jemandem gemacht haben (auch von Gott!), immer wieder an der Realität des Anderen zerbrechen zu lassen.

Das Bemühen um eine solche Offenheit im Bereich der Ästhetik nennt Lewis dabei eine gute Übung für eine entsprechende Offenheit anderen Menschen gegenüber, ist doch in beiden Fällen das Ziel dasselbe, nämlich die Dinge zu sehen – und ihnen gerecht zu werden –, *wie sie sind.*

Schon zu dieser Zeit praktiziert Lewis daher eine Lesemethode, die er später als Literaturwissenschaftler immer noch empfehlen wird. Um ein altes Buch so genießen zu können, wie es ursprünglich vom Autor gedacht war, muss man sich gedanklich zurückversetzen in das Leben und die Kultur seiner Entstehungszeit. Bei der Lektüre von *Beowulf* (einem um das Jahr 1000 schriftlich festgehaltenen, wahrscheinlich aber deutlich älteren angelsächsischen Heldengedicht) muss man sich zum Beispiel in das einfache, barbarische Leben eines skandinavischen Stammesfürsten hineinversetzen, der das Gedicht in einer langen Winternacht in seiner Halle vorgesungen bekommt, während draußen vor der Tür die Wölfe mit dem Sturm um die Wette heulen. Nur dann bekommt man ein Gespür für das Gefühl des Terrors, das den Text durchzieht.

Der Hunger nach Literatur, die er auf diese Weise lesen kann, ist zu dieser Zeit so groß, dass Lewis fast sein gesamtes Taschengeld für Bücher ausgibt. Antike, mittelalterliche und moderne Literatur – alles Mögliche ist dabei, von Apuleius über Beowulf, Sidney (*Arcadia*), Spenser (*Faerie Queene*), Milton (*Paradise Lost*), Boswell (*The Life of*

Samuel Johnson) bis zum gesamten William Morris. Lewis entdeckt in Gastons auch seine Liebe zur romantischen Dichtung, insbesondere zu Keats und Shelley. Er meint, eine Wanderung an einem kühlen Samstagnachmittag durch die Landschaft Surreys mit der Aussicht auf einen warmen Tee am Feuer und einen Abend, den er mit freiem Lesen verbringen kann – dies sei die nahezu vollkommenste Freude, die ein Mensch auf Erden erlangen könne.

Seine Zeit in Great Bookham (ab September 1914) fällt mit dem Wechsel von seinem Bruder Warren zu Arthur Greeves als seinem engsten Vertrauten zusammen. Warnie ist aufgrund seines Militärdienstes kaum noch greifbar, die seltenen Momente der Begegnung sind aber stets Highlights in Lewis' Leben (auch deshalb, weil sein Bruder nun über finanzielle Mittel verfügt, von denen beide zuvor nur träumen konnten).

Mit Arthur nimmt Jack einen regelmäßigen wöchentlichen Briefwechsel auf, in dem sie sich ihrer Begeisterung für Mythologie erfreuen, sich über ihre literarischen Erfahrungen austauschen und Lektürevorschläge machen. Die Freunde sind aber auch verschieden genug, um beim anderen ein Interesse an Dingen zu wecken, die er noch nicht für sich entdeckt hat.

Lewis gibt zu, dass sein Einfluss auf Arthur vermutlich geringer war als Arthurs Einfluss auf ihn (dies gilt übrigens für alle engen Freunde von Lewis, auch für Owen Barfield, J.R.R. Tolkien und Charles Williams). Es gelang ihm nur in geringem Maß, bei Arthur ein Interesse für strophische (= gereimte) Dichtung zu wecken, Arthur hingegen brachte ihm mit Erfolg die klassischen englischen Romane (Scott, Dickens, Jane Austen, die Brontë-Schwestern) nahe.

Was Arthur in diesen Romanen besonders ansprach, war ihre «Homeliness», also ihre Erd- und Heimatverbundenheit. Er liebte die Verwurzelung dieser Bücher im normalen, schlichten, alltäglichen Leben: das Wetter in all seinen Ausprägungen, die Beschreibung gemeinsamer Mahlzeiten im Familienkreis und der Nachbarschaft der Protagonisten. Hatten Lewis' literarische Neigungen bis dahin fast ausschließlich dem Mythischen oder Phantastischen gegolten, so ließ er sich nun von Arthurs Begeisterung für das Häuslich-Vertraute anstecken.

Diese Erweiterung seines Geschmacks betraf jedoch nicht nur den Bereich der Literatur, sondern auch den der Natur. Seit er als Kind durchs Kinderzimmerfenster die Castlereagh Hills gesehen hatte, und dann später von Little Lea aus die Holywood Hills, waren auch seine Empfindungen der Natur gegenüber romantisch verklärt gewesen. Sie richteten sich stets auf das Weite, Unerreichbare, Ehrfurchtgebietende. Das änderte sich nun.

Die Bedeutung dieses Wandels zeigt sich daran, dass Lewis in *Surprised by Joy* mehrere Seiten darauf verwendet, Arthurs diesbezüglichen Einfluss auf ihn zu beschreiben. Als charakteristisch für sein bisheriges Empfinden nennt er einen Kontrast, der sich tief in sein Bewusstsein eingrub und der ihn sein Leben lang begleiten sollte. Er beschreibt diesen Kontrast anhand einer Wanderung in die Holywood Hills oberhalb von Little Lea. In der einen Richtung sah man am fernen Horizont die romantische Schönheit der in ein dunstiges Blau getauchten Berge von Antrim. Diese Schönheit korrespondierte mit der ganz anders gearteten Schönheit des sonnenbeschienenen, von taudurchtränkten Wiesen durchzogenen und mit Vögeln bevölkerten Hügels, auf dem er gerade stand.

Im Tal dazwischen blickte Lewis auf das geschäftige Leben der Industriestadt Belfast mit ihren rauchenden Fabrikschloten, dem heraufschallenden Verkehrslärm, den Hammerschlägen aus den Werften im Hafen und dem verhassten Büro, in das Arthur am Montagmorgen würde zurückkehren müssen. Dieser Kontrast erschien ihm wie ein Symbol eines ewigen Gegensatzes: Niflheim und Asgard, Britannien und Logres, Handramit und Harandra, Luft und Äther, das Niedrige und das Hohe.[24]

---

[24] Niflheim und Asgard sind Orte in der nordischen Mythologie, denen Wagner seine eigene Bedeutung gab. Niflheim ist die Heimat der Zwerge und steht symbolisch für die an ökonomischen Prinzipien und dem Streben nach Macht orientierte moderne Industriegesellschaft. Asgard ist die wahre Heimat der Götter und der Ort aller Sehnsucht. Britannien und Logres ist der zentrale Gegensatz in der Artus-Dichtung von Lewis' Freund Charles Williams. Harandra und Handramit sind in Lewis' Roman *Out of the Silent Planet* Namen für die lebensunfreundliche Marsoberfläche und die fruchtbaren Marstäler (oder -kanäle), in denen die Hrossa leben.

Nur ein paar Schritte weiter in Richtung Süden blickte man auf das grüne, von unzähligen kleinen Wegen und weißen Cottages durchzogene Hügelland des County Down, mit den felsigen Mourne Mountains am Horizont. Da sein Vater kein Auto hatte, durchstreifte Lewis diese Landschaft zu Fuß, verbunden mit den Freuden der Entdeckung unzähliger Schönheiten am Wegesrand, an denen man im Wagen unbemerkt vorbeigefahren wäre. Zu Jacks romantischer Freude am Weiten und Entfernten fügte Arthur dabei die Freude am Häuslich-Vertrauten hinzu: am runzligen Gesicht einer alten Frau, die ihren Weg kreuzt, einer Katze, die sich unter der Tür eines Stalls hindurchzwängt, eines Küchengartens voller wohlriechender Kräuter, der Zubereitung von einfachem Gemüse im Kochtopf.

Kurz bevor Lewis zu Kirkpatrick nach Great Bookham gekommen war, hatte auf dem Kontinent der Erste Weltkrieg begonnen. Lewis begann langsam zu ahnen, dass er noch nicht zu Ende sein würde, wenn er alt genug war, um selbst zum Dienst an der Waffe gerufen zu werden. Für britische Staatsbürger mit Wohnsitz in Irland gab es zu diesem Zeitpunkt zwar keine formale Verpflichtung, Militärdienst zu leisten, es war aber ungewiss, ob dies im weiteren Kriegsverlauf so bleiben würde. Lewis entschied sich daher bereits im Herbst 1914, einer möglichen Einberufung Folge zu leisten.

Mit dieser Entscheidung verband er jedoch den Entschluss, so lange keine Notiz vom Krieg zu nehmen, bis die Einberufung kam. Es war eine Art «Vertrag mit der Realität», den er schloss, die Festlegung einer Grenzlinie. Er sagte im Prinzip zu seinem Land: «Du kannst mich haben, wenn es sein muss. Aber nicht früher. Wenn es nötig ist, so werde ich im Krieg sterben. Aber bis dahin lässt Du mich mein Leben leben; bis zu diesem Tag werde ich mich nicht mit diesem Krieg befassen.»

Lewis erklärt, diese Haltung sei in gewisser Weise eine Fortsetzung seiner Haltung gegenüber den verhassten Schulen gewesen: Man lernte, die Beschäftigung mit dem Unausweichlichen (wie die Rückkehr in die Schule nach den Ferien) auf den Moment zu verschieben, in dem es tatsächlich so weit war, doch die Freuden der Zeit davor sollten davon nicht auch noch überschattet werden.

Die häusliche Situation verbesserte sich in dieser Zeit nicht wesentlich. Die Ferien waren zwar nach wie vor herrliche Zeiten (umso mehr, als sein Vater nicht länger darauf bestand, dass Jack die verhassten Tanzveranstaltungen besuchte), doch in ihrer Beziehung gab es keine echten Fortschritte. Auch seinen Atheismus verheimlichte Lewis weiter vor seinem Vater, da er davon ausging, dass dieser ihn nie verstehen würde. Das Ergebnis: Lewis lässt sich am 6. Dezember 1914 in der St. Mark's Church in Belfast konfirmieren, seinem völligen Unglauben zum Trotz. Er bemüht sich zwar im November 1914 noch, seinen Vater dazu zu bewegen, den Termin zu verschieben, kann sich damit aber nicht durchsetzen.

Im Rückblick bezeichnet Lewis seine Konfirmation als eine der schändlichsten Taten (und die vermutlich größte Heuchelei) seines Lebens. Er relativiert dieses harsche Urteil insofern etwas, als er betont, nicht wirklich gewusst zu haben, was er da tat, das heißt sich nach der Lehre der Kirche durch die Teilnahme am Abendmahl im Zustand des Unglaubens die ewige Verdammnis einzuhandeln. Er gibt aber zu, sehr wohl gewusst zu haben, dass er unter dem Anschein größter Ernsthaftigkeit in Wahrheit eine Lüge vollzog.

Lewis vergleicht seine Tat mit der des syrischen Hauptmanns im 2. Buch der Könige (2. Kön 5,18). Dieser erbittet – und erhält – vom Propheten Elischa die Erlaubnis, als gläubiger Jude den syrischen König bei seinen Besuchen im Tempel von Rimmon (= Baal) zu begleiten und sich vor dessen Statue zu verneigen: Gott schenkt dem Hauptmann durch Elischa Vergebung dafür, dass er, der an den wahren Gott Jahwe glaubt, sich vor dem falschen Gott Rimmon verneigt. Lewis verhielt sich bei seiner Konfirmation genau umgekehrt: Er verneigte sich vor dem wahren Gott, obwohl er ihn für nicht mehr als Rimmon hielt – ganz so, wie viele Konfirmanden (oder Firmlinge) das heute immer noch tun.

Kapitel 9
Irrtümer über das Wesen von Joy

Als Lewis im Herbst 1914 zu Kirkpatrick nach Great Bookham kam, war Joy ein rares Ereignis geworden. Sein Studium der Welt der *Edda* hatte ihn zwar zu einem hervorragenden Kenner nordischer Mythen gemacht, öfter hatten sich die Momente von Joy dadurch aber nicht eingestellt. Im Gegenteil, sie waren immer seltener geworden: Je mehr Bücher über nordische Mythologie er las, je intensiver er die Götter Asgards studierte, umso weniger gaben sie ihm den erhofften «Thrill». Schließlich, so erklärt Lewis, erwachte er von der Arbeit am Bau des Tempels in der Erkenntnis, dass der Gott entflohen war.

Lewis hält die Umstände, unter denen sich ihm die ersehnte Erfahrung nun entzog, für äußerst bedeutsam. Er ist aber auch der Meinung, das, was ihm passierte, sei kein Einzelfall: seine Erfahrung sei deshalb von Belang, weil sie in gewisser Weise die Erfahrung aller sei – weil er an dieser Stelle auf ein grundlegendes Prinzip der geistigen Welt stieß. Entsprechend ausführlich beschreibt er die Lehren, die er aus dem erneuten Schwinden von Joy zog.

Lewis berichtet in «Early Prose Joy» wie auch in *Surprised by Joy* von dem Moment, in dem ihm bewusst wurde, dass er nun schon seit Monaten kein Erlebnis von Joy mehr gehabt hatte. Im selben Augenblick kam ihm die Erinnerung an einen Morgenspaziergang durch die nebligen Hügel oberhalb von Belfast, den er ein Jahr zuvor (d. h. im Januar 1914) unternommen hatte. Der an Weihnachten bestellte Band mit Arthur Rackhams Illustrationen zu *The Rhinegold and The Valkyrie* (Kap. 5) war gerade eingetroffen, und die Vorfreude auf die Lektüre hatte, in Verbindung mit der morgendlichen Schönheit um ihn herum, zu einer besonders intensiven Erfahrung von Joy geführt. Das Gefühl einer Sehnsucht, die zugleich eine Erfüllung ist, war so stark gewesen, dass es in den ganzen Körper überfloss.

Nun, ein Jahr später, erinnerte sich Lewis an diesen Spaziergang, und es schien ihm, als hätte er damals den Himmel geschmeckt. Er wünschte sich deshalb mit geradezu schmerzlicher Intensität, dieser Moment möge wiederkehren. Was er jedoch nicht bemerkte, war, dass seine gegenwärtige Sehnsucht nach dem damals Erlebten ein Erlebnis von exakt gleicher Art war: ein Verlangen, das zugleich ein Haben war, welches ihm aber im Moment seiner Bewusstwerdung zwischen den Fingern zerrann und im Akt des Bedauerns über den Verlust eben jene Qualität bezeugte, die er verloren zu haben glaubte.

Dies blieb ihm jedoch verborgen, weil es nun nicht die Götter Asgards waren, die das Erlebnis in ihm auslösten, sondern ein Moment in seiner eigenen Vergangenheit. Er bestand darauf, dass die Gottheit in dem Tempel zu erscheinen habe, den er für sie gebaut hatte, ebendies machte ihn aber blind für ihr Erscheinen an einem anderen Ort. Lewis vermutet, dass Wordsworth diesen Fehler sein ganzes Leben lang beging: nicht zu erkennen, dass die Momente, in denen er den Verlust seiner Kindheitsvisionen am heftigsten betrauerte, selbst Momente von genau derselben Qualität waren wie diese.

Lewis vergleicht seinen damaligen Fehler mit dem Fehler, den die Frauen am Grab Jesu begingen. Gefangen in der Trauer über den Verlust ihres vergangenen Glücks waren sie nicht in der Lage, die Botschaft des leeren Grabes zu verstehen: «Was sucht ihr den Lebenden bei den Toten? Er ist nicht hier, sondern er ist auferstanden» (Lk 24,5b–6). Auch wenn sein imaginatives Erlebnis natürlich nicht so bedeutend war wie das Erlebnis der Frauen am Grab, so war der Fehler doch derselbe: Er wollte selbst bestimmen, in welcher Form sein Glück zu ihm kommen sollte. Deshalb erkannte er nicht, dass es tatsächlich in anderer Form zu ihm zurückgekehrt war. Lewis fragt sich, ob sich nicht viele Christen auch heute noch Gott gegenüber so verhalten – im Grunde genommen wie ein Kind, das darauf besteht, Erdbeereis zu bekommen, wo seine Mutter ihm Zitroneneis anbietet.

Das war aber nicht der einzige Fehler, den er beging. Lewis erklärt, er habe noch zwei weitere eng miteinander verknüpfte Fehler gemacht; auch dies Fehler, die man auf verschiedenen Ebenen des Lebens, geistig und geistlich, machen kann. Der erste Fehler war ihm schon einmal unterlaufen, als er sein religiöses Leben dadurch zerstörte, dass er das subjektive Gefühl einer «Realisierung» seiner Gebete zu seinem Ziel machte. Als erfolgreich hatten ihm seine Gebete nur dann gegolten, wenn sie ihm das subjektive Gefühl bescherten, besonders gut oder intensiv gebetet zu haben. Dabei war seine Aufmerksamkeit aber ganz auf sein eigenes Inneres gerichtet, anstatt auf Gott, dem seine Gebete doch eigentlich hätten gelten sollen.

Denselben Fehler wiederholte Lewis nun auf imaginativer Ebene. Indem er den Verlust der alten «Thrills» beklagte, unterstellte er, es seien diese Thrills, auf die es ankam, und damit eine subjektive Empfindung, ein Zustand seines eigenen Bewusstseins. Doch das konnte unmöglich der Fall sein: Die Thrills waren in Wahrheit seine *Reaktion* auf das Erfahrene; sie waren eine Folge der Begegnung mit ihrem eigentlichen Objekt. Um sie wieder zu erleben, hätte er sich daher auf etwas anderes konzentrieren müssen als sich selbst, seien dies nun die Götter Asgards, eine entfernte Bergkette oder die eigene Vergangenheit.

Dieser Punkt ist Lewis so wichtig, dass er noch einmal an einem Beispiel verdeutlicht werden soll. Hören wir ein Musikstück wie zum Beispiel «Ich weiß, dass mein Erlöser lebt» aus Händels *Messias,* dann kann es passieren, dass uns der Vortrag so sehr berührt, dass wir ein «Flattern» in der Magengegend verspüren und uns die Tränen kommen. Dasselbe kann uns aber auch passieren, wenn wir eine schlechte Nachricht erhalten, etwa dass ein Freund unerwartet gestorben ist. Der Auslöser ist völlig verschieden (und im einen Fall hochwillkommen, im anderen Fall aber gerade nicht), doch unsere körperliche und zum Teil auch emotionale Reaktion auf das Geschehen ist in beiden Fällen dieselbe.

Es sind also nicht unsere Tränen oder das flaue Gefühl in der Magengegend, die unsere Freude oder unseren Schmerz ausmachen: Diese sind in Wahrheit die Antwort unserer menschlichen Natur auf das, was in der Erfahrung selbst geschieht. Genauso verhielt es sich auch mit den Thrills, die Lewis in seinen Momenten von Joy verspürte. So sehr er sie auch begrüßte, wenn sie kamen, seine Sehnsucht und Freude galt nicht *ihnen.* Diese Thrills waren ein Ausdruck seiner Freude an etwas anderem, das insoweit von ihm selbst verschieden sein musste, als er sich nach ihm sehnen und an ihm erfreuen konnte.

Lewis ist überzeugt, dass es sich hierbei um einen weit verbreiteten Fehler handelt: Es passiert nur zu leicht, dass man die eigene körperliche und emotionale Reaktion auf eine Erfahrung für das Entscheidende hält, während sie doch in Wahrheit nur eine Folge- oder Begleiterscheinung des eigentlichen Geschehens ist. Ist einem das nicht bewusst, so besteht die Gefahr, dass Religion zur Selbstbespiegelung verkommt, und Liebe zur Auto-Erotik.

Es sollte noch sehr lange dauern (exakt bis März 1924), dass Lewis verstand, warum das so war. Es war Samuel Alexanders Unterscheidung von «enjoyment» und «contemplation», die ihm schließlich klarmachte, dass die Introspektion (d.h. der Versuch, zu beobachten, was während einer Erfahrung in einem vorgeht) eine äußerst fehlbare Angelegenheit ist (Kap. 15).

Lewis' zweiter Fehler bestand in der Annahme, es stünde in seiner Macht, die als Geschehen in seinem Inneren missverstandene Erfahrung selber zu produzieren. Es «wieder zu haben» wurde zu seinem beständigen Bestreben: Er las jedes Buch, hörte jede Schallplatte, unternahm jeden Spaziergang allein zu dem Zweck, die ersehnten Thrills wieder zu erleben. Dabei horchte er ständig in sich hinein und wartete auf die ersten Anzeichen von Joy – die sicherste Methode, zu verhindern, dass sich eben diese einstellten. Echte, authentische Erfahrung lässt sich niemals *erzwingen:* Die Erwartung, eine Wiederholung der Dinge, die uns beim ersten Mal überwältigt haben, müsse uns beim nächsten Mal wieder genauso überwältigen, nimmt uns unweigerlich die Offenheit für das, was dann tatsächlich passiert.

Diese Erfahrung prägte sich Lewis so tief ein, dass er noch in seinem letzten Buch *Letters to Malcolm* schreibt: «Es wäre voreilig zu sagen, dass es irgendein Gebet gibt, das Gott niemals erhört. Aber der stärkste Kandidat ist das Gebet, das wir in dem einen Wort *encore* ausdrücken könnten.»[25] Doch auch schon früher bringt er diese Erkenntnis in seinen literarischen Werken zum Ausdruck. So wundert sich der Protagonist Ransom in *Perelandra* zum Beispiel über sein eigenes Zögern, die enorme Erfrischung zu wiederholen, die ihm durch eine der wunderbaren Früchte des Planeten zuteil wurde. Doch dann erinnert er sich daran, dass er

> schon immer eine Abneigung gegen Leute hatte, die zum Ende einer Oper ihre Lieblingsmelodie unbedingt noch einmal hören wollten. «Das verdirbt sie nur», war sein Kommentar gewesen. Doch nun erschien ihm dies als ein Prinzip von weit größerer Tragweite und tieferer Bedeutung. Dieses Verlangen, alles noch einmal zu erleben, als wäre das Leben ein Film, den man zweimal abspulen oder sogar rückwärts ablaufen lassen könnte ... war das vielleicht die Wurzel allen Übels?[26]

In die Zeit, die Lewis in Great Bookham verbringt, fällt eine weitere Phase seiner Suche nach dem Ursprung von Joy. Lewis findet mit Morris und Yeats zwei «romantische» Autoren, die ihn mit der Tatsache bekannt machen, dass andere ebenfalls erlebt haben, was er erlebt hat. Ihre Werke erwecken bei ihm zwar nicht unmittelbar das Gefühl von Joy, er stellt aber fest, dass sie von Leuten handeln, die dieselbe Sehnsucht umtreibt wie ihn. Die Helden dieser Bücher sind allesamt auf der Suche nach etwas, das sich außerhalb ihres Zugriffsbereiches befindet – ein Garten, eine Insel, ein Wald oder Brunnen jenseits der Welt. Was die nordische Mythologie in ihm wachgerufen hatte, drückten diese Bücher also aus.

Diese Entdeckung bescherte Lewis das Vergnügen, Literatur als Ausdruck von Emotion kennen und schätzen zu lernen – ein Vergnügen, das (so war ihm von Anfang an klar) allerdings nicht mit Joy zu verwechseln ist. Am stärksten faszinieren ihn die Prosa-Romane von Morris, zum Beispiel *The Well at the World's End*. Seine Begeisterung geht so weit, dass der bloße Name «William Morris» zeitweise fast

---

25 *Letter to Malcolm* 41.

26 *Perelandra* 45f.

dieselbe magische Anziehungskraft auf ihn ausübt wie der Name «Wagner» zuvor.

Natürlich dauerte es nicht lange, bis die Lektüre seiner neuen Favoriten ihm auch Momente von Joy bescherte. Das Verlangen, das er dabei verspürte, war jedoch kein Verlangen nach mehr Morris oder Yeats: es galt den *Orten*, von denen ihre Bücher handelten. Das war ein wichtiger Unterschied zu seinem bisherigen Umgang mit Joy. In seiner «nordischen Phase» war der Gegenstand oder das Objekt von Joy *absolut unerreichbar* gewesen; Lewis hatte nicht gehofft, er könne jemals nach Asgard gelangen (er ging ja nicht einmal davon aus, dass dieser Ort überhaupt existierte). Nun wurden ihm die Orte, von denen seine neuen Autoren berichteten, selbst zum Ziel seiner Sehnsucht: Sollte es ihm gelingen, sie zu erreichen (so nahm er an), dann würde sein Verlangen *dort* gestillt werden.

Dass ihm dies nicht mehr völlig unmöglich erschien, war eine Folge der Erweiterung seiner literarischen Kenntnisse. Die Werke Platons und die Prosaschriften von Yeats hatten ihn mit der Tatsache bekannt gemacht, dass es hoch gebildete Leute gab (und nicht nur Kinder, alte Weiber und spirituell Suchende wie Miss Cowie), die an die Existenz einer «anderen Welt» glaubten: an eine Welt voller Schönheit und Majestät, die sich hinter der uns durch unsere Sinne zugänglichen Welt verbirgt. Das schwächte den Materialismus, zu dem er sich offiziell bekannte, zumindest so weit ab, dass ein leises «vielleicht» in ihm erwachte: *Vielleicht* gibt es eine solche Welt ja wirklich, und vielleicht gibt es ja auch Wege und Möglichkeiten, mit ihr in Kontakt zu treten.

Beeinflusst durch Yeats und Maeterlinck hielt er diese andere Welt für eine Welt okkulter Geistwesen, bemerkte aber nicht, wie sehr sich diese von der Platonischen Konzeption nicht sinnlich wahrnehmbarer geistiger Realitäten (= Ideen oder universaler Wahrheiten) unterschied. Das heißt, Lewis erschien es nun möglich, dass es Wesen gibt – Engel, Geister, Dämonen oder was auch immer –, die für uns Menschen unsichtbar sind, welche aber dennoch Einfluss auf unser Schicksal hier auf Erden nehmen können. Die Wissenschaft, die den Kontakt mit ihnen ermöglichte, konnte nur die Magie sein.

In Lewis wuchs daher das Verlangen, zu jener Gruppe Eingeweihter zu gehören, die von der Existenz dieser Geister wissen und daraus den entsprechenden Nutzen zu ziehen vermögen: er erging sich in Phantasien von esoterischen Zirkeln und okkulter Macht. Er betont jedoch, es sei bei dieser theoretischen Möglichkeit geblieben; in der Praxis erprobte er seine neuen Ideen nicht.

Die hauptsächliche Wirkung seines Spiels mit einem solchen «vielleicht» bestand deshalb darin, ihm von Zeit zu Zeit einige Nächte voller Albträume zu bescheren. Denn sollte es tatsächlich Wege geben, mit diesen Geistern in Verbindung zu treten – wer garantierte einem dann, dass die Geister diese Wege nicht ebenfalls kannten und zu nutzen wussten? Ein paar schlaflose Nächte genügten aber stets, um ihn wieder in den sicheren Schoß seines angestammten Materialismus zurückzutreiben.

Morris sprach Lewis nicht nur deshalb an, weil seine Protagonisten allesamt auf der Suche nach dem Ursprung ihrer mysteriösen Sehnsucht waren: auch seine Sinnlichkeit blieb dem pubertierenden Jack nicht verborgen. Die erotischen Szenen seiner Romane erweckten bei Lewis eine höchst unmysteriöse Art von Verlangen (und hier blieb es auch nicht bei der Theorie). Das hatte den unerwarteten Effekt, dass ihm schnell klar wurde, dass sexuelle Befriedigung etwas völlig anderes ist als die Erfahrung von Joy. Die beiden Erfahrungen sind in der Tat so sehr verschieden, dass die eine bestenfalls als ein schwacher Ersatz für die andere in Betracht kommt.

Bei beiden, Magie und Erotik, kam Lewis schließlich zu dem Ergebnis, dass das Verlangen, das sie antrieb, ein ganz anderes war als die Sehnsucht, die in seinen Erfahrungen von Joy am Werk war. Und die Art von Befriedigung, die sie versprachen, war im Vergleich mit dem echten Erlebnis von Joy so völlig belanglos, dass er nur fragen konnte: «Wie, *das* soll es jetzt gewesen sein?» Im Hinblick auf seine erotischen Erfahrungen erklärt Lewis: «Joy ist kein Ersatz für Sex; Sex ist sehr oft ein Ersatz für Joy.» (SbJ 132) Trotzdem waren beide Verlockungen so stark, dass er ihnen immer wieder nachgab, zwar nicht mit einem schlechten Gewissen, wohl aber im Bewusstsein, dass dies nichts mit dem zu tun hatte, wonach es ihn eigentlich verlangte.

Lewis meint, man könne den Gewinn dieser Phase seines Lebens darin zusammenfassen, dass Magie und Erotik, auch wenn sie weiter Versuchungen für ihn darstellten, nicht mehr die Kraft hatten, ihm den höchsten aller Köder zu bieten: Es war unmöglich, das, was sie versprachen, für das wahre Objekt von Joy zu halten; dies stand einfach nicht in ihrer Macht. Und die Verlockungen der Welt hatten nie auch nur so getan, als könnten sie das.

Diesem reichhaltigen imaginativen Leben stand bei Lewis auf intellektueller Seite ein theoretischer Materialismus gegenüber, der durch seine Exkursionen in die Magie erstaunlich wenig berührt wurde. Dazu waren diese Ausflüge aber auch zu kurz, und sie gingen auch nie bis zu dem Punkt, an dem er eine systematische Kritik des Materialismus versucht hätte. Sie waren ein Produkt des *Willens,* nicht aber des Denkens, und erhielten daher auch nie mehr als die Duldung seiner Vernunft.

Im Hinblick auf seine Gesamtsituation zu dieser Zeit erklärt Lewis, die beiden Seiten seines Geistes hätten in denkbar stärkstem Kontrast zueinander gestanden. Nahezu alles, was er liebte, hielt er für imaginär, nahezu alles, was er für wirklich hielt, erschien ihm sinnlos und grausam. Zwei Ausnahmen gab es allerdings: einige Menschen, denen er sehr zugetan war, und die Natur, wie er sie bei seinen Ausflügen tatsächlich erlebte. Er kaute endlos an der Frage herum, wie die Natur so schön sein kann und gleichzeitig so sinnlos, grausam und verschwenderisch.

Aufgrund dieses Problems ist Lewis sich auch sicher, dass er in Great Bookham so weit von einem Wunscherfüllungs-Traum entfernt war, wie das überhaupt möglich ist: Er ging in seinem Glauben an die Sinnlosigkeit der Welt fast so weit, anzunehmen, etwas könne nur dann wahr (bzw. real) sein, wenn es seinen Wünschen *widersprach.*

Eine Ausnahme von dieser Regel gab es allerdings, und zwar genau im Zentrum seiner Weltanschauung. Kirkpatricks Rationalismus hatte den Nachteil, das ganze Universum für wertlos erklären zu müssen, er hatte aber auch einen entscheidenden Vorteil: Es gab keinen christlichen Gott, und damit auch keine Verantwortung diesem gegenüber. In «Early Prose Joy» meint Lewis deshalb, es sei an der Zeit, der Religion zuliebe die Freuden des Atheismus zu besingen. Als deren Kern bezeichnet er die Überzeugung, es gebe einen Bereich der Wirklichkeit,

> in dem ich unbehelligt blieb und allein das Sagen hatte. Und dies, da bin ich mir sicher, macht die bleibende Attraktivität des Unglaubens aus. Die Seele des Atheisten ist ein feiner und privater Ort; dort hat niemand das Recht auf Einlass außer man selbst: dort ist man ganz *für sich.* (EPJ 29)

Im schlimmsten Fall – wenn das Leben ganz unerträglich werden sollte – gab es zudem jederzeit einen Ausweg: Man konnte sich das Leben nehmen. Das christliche Universum hatte hingegen keine solche Tür mit der Aufschrift «Exit». Das war für Lewis' anti-autoritäre, ganz auf Freiheit von jeglicher Einmischung ausgerichtete Persönlichkeit das Furchtbare am Christentum: Ein «Vertrag mit der Realität», bei dem er selbst die Bedingungen hätte festsetzen können, wäre im Falle seiner Wahrheit auf ewig unmöglich gewesen.

Abgesehen von diesem einen großen Vorteil entsprach das materialistische Universum jedoch ganz und gar nicht seinen Wünschen. Motiviert durch Kirkpatricks Appell an die intellektuelle Redlichkeit, versuchte er, diesen Preis loyal zu zahlen. Dies brachte ihn jedoch wiederum in Gefahr, sich etwas auf seine geistige Überlegenheit einzubilden.

Beispiele für diese Überheblichkeit finden sich in seinen Spitzen gegen Arthurs Glauben, etwa wenn er herablassend erklärt, dessen geschätzter Jesus sei bloß ein alter hebräischer Donnergott. Von Arthur gebeten, seine Ansichten zur Religion zu erläutern, betont Lewis im Oktober 1916, er glaube an keine Religion: Es gebe keinerlei Beweis für irgendeine von ihnen, und in philosophischer Hinsicht sei das Christentum noch nicht einmal die beste. Letztlich seien aber alle Religionen von Menschen erfundene Mythologien – Christus nicht weniger als seine eigene Schöpfung Loki.

Die Entstehung der Religion erklärt Lewis Arthur gegenüber wie folgt: Der urzeitliche Mensch sah sich von allerlei Naturphänomenen umgeben, die bei ihm Schauder und Entsetzen auslösten (Blitz und

Donner, Epidemien usw.). Was hätte da näher gelegen, als anzunehmen, dass die Welt von bösen Geistern bevölkert war, die die Menschheit quälen wollten? Die Leute versuchten daher, diese Geister zu besänftigen, indem sie sich vor ihnen verneigten, ihnen Lieder sangen und Opfer darbrachten. Nach und nach wurden aus diesen primitiven Ritualen elaboriertere und zivilisiertere Formen der Religion, und man schrieb seinen Göttern Eigenschaften wie Macht und Güte zu. Nach dem Tod großer Menschen kam es vor, dass diese zu Göttern erklärt wurden (so z. B. Herakles und Odin), und so geschah es auch im Fall eines hebräischen Philosophen namens Yeshua, dessen Name später zu Jesus verzerrt wurde: Man begann, ihn als eine Gottheit zu verehren, dichtete ihm eine jungfräuliche Geburt, Wunder, magische Heilungen und eine Auferstehung an und verband seinen Kult mit dem alten hebräischen Jahwe-Kult. Damit war eine neue Religion (d. h. eine neue Mythologie) entstanden – das Christentum. Dieses war zwar nur eine weitere Erfindung der Menschen, aber zufällig jene Mythologie, in der Arthur und er groß geworden waren.

Lewis betont dabei, dies sei nicht seine private Meinung, sondern die anerkannte wissenschaftliche Erklärung für die Entstehung der Religion. Zu allen Zeiten sei das gewöhnliche Volk diesem Aberglauben gefolgt, die Gebildeten und Selberdenkenden aber nicht, auch wenn sie dies oft der Einfachheit halber für sich behielten – ganz so, wie Jack seinem Vater gegenüber. Diesem gegenüber lässt er sich nur zu der Äußerung hinreißen, die Tendenz in der Wissenschaft gehe im Moment dahin, zu dem zurückzukehren, was Christus tatsächlich gelehrt habe, und all jene Zufügungen beiseitezuräumen, die seine Anhänger ihm in den vergangenen 1900 Jahren angedichtet haben.

Des Weiteren weist Lewis Arthurs Verdacht zurück, er müsse doch sehr betrübt sein ob seines fehlenden Glaubens an die himmlischen Freuden. Er erwidert, er sei durchaus zufrieden damit, nicht an einen kosmischen Schreckensherrscher zu glauben, der bereit sei, ihn für immer zu quälen, sofern es ihm nicht gelinge, einem nahezu unmöglich zu erreichenden Ideal zu entsprechen (was Teil der christlichen Mythologie sei, wie immer man das wegzuerklären versuche). *Wirklich* schrecklich wäre es, aus Angst vor einem grausamen Geist nicht wagen zu können, diesem Leben zu entfliehen, wenn das Leben unerträglich werden sollte. Auf Arthurs Frage, warum er sich dann nicht das Leben nehme, antwortet er, abgesehen von seltenen Momenten der Depression führe er insgesamt ein recht glückliches und zufriedenes Leben.

Liest man seine Briefe aus dieser Zeit, so hat man in der Tat nicht den Eindruck, es mit einem traurigen oder gar depressiven Menschen zu tun zu haben. Wieder und wieder berichtet Jack Arthur von seiner Begeisterung für seine literarischen Entdeckungen, die ihn für Tage und Wochen faszinieren und glücklich machen können. Es kann sein, dass auch dies eine Folge des «Vertrags mit der Realität» ist, den er im Herbst 1914 geschlossen hatte, als er sich entschied, vom Grauen des Krieges so lange keine Notiz zu nehmen, bis es tatsächlich zu seiner Einberufung käme.

In seinen Jahren bei Kirkpatrick schreibt Lewis auch zahlreiche Gedichte, von denen er 52 unter dem Titel «The Metrical Meditations of a Cod» in einem Notizbuch zusammenfasst. Sie bilden später den Grundstock zu seiner ersten Publikation, dem Gedichtband *Spirits in Bondage* (erschienen 1919). «The Roads», das älteste Gedicht in *Spirits in Bondage*, entstand Ostern 1915; es beschreibt die Empfindungen, die die Ausflüge (u.a. mit seinem Freund Arthur) in die Hügellandschaft des County Down bei ihm auslösten.

Andere Gedichte wie «Dungeon Grates» und «Hesperus» sind frühe Versuche, seiner Erfahrung von Joy Ausdruck zu verleihen. Lewis ringt dabei allerdings immer wieder mit der Frage, welche Bedeutung die Momente der Schönheit und Ergriffenheit, die er erlebt, in einer Welt haben können, die nach seiner Überzeugung aus einer Abfolge blinder, rein mechanischer Naturprozesse besteht.

Kapitel 10
Joy offenbart ihren wahren Charakter: MacDonalds *Phantastes*

Das Problem einer Einordnung seiner imaginativen Erlebnisse in seine theoretische Weltsicht wurde für Lewis zum Ende seiner Zeit in Gastons immer drängender. Das lag nicht zuletzt an einer weiteren Erfahrung, die er später als einen Wendepunkt in seinem Leben bezeichnen sollte: Lewis kaufte sich am 4. März 1916 am Bahnhofskiosk von Leatherhead (einer kleinen Stadt in der Nähe von Great Bookham) eine Everyman-Ausgabe von George MacDonalds *Phantastes: A Faerie Romance for Men and Women* (1858). Noch am gleichen Abend beginnt er mit der Lektüre und ist sofort überwältigt:

> Das Buch rief die alte, unverwechselbare Erfahrung hervor, und zwar in einem solchen Glanz, dass sie meine jüngsten [magischen und erotischen] Regungen für immer verblassen ließ. Doch dies war der geringste Teil meines Gewinns. Der Gott kehrte zurück, aber so verändert und zugleich so erkennbar, dass die Einladung mein gesamtes Denken und Fühlen neu ausrichtete. *Hic incipit vita nova.*[27] (EPJ 21)

Das Zitat («Hier beginnt das neue Leben») belegt die enorme Bedeutung, die Lewis diesem Ereignis zuschreibt: Der Wandel, den die Lektüre von MacDonalds Buch bei ihm bewirkte, war für ihn nicht weniger einschneidend als Dantes erste Begegnung mit Beatrice. In «Early Prose Joy» nennt er fünf Aspekte, in denen *Phantastes* zu einer Neuausrichtung seines Denkens und Fühlens führte. Sie alle werden auch in *Surprised by Joy* genannt, dort allerdings nicht als separate Punkte.

---

[27] Das Zitat ist aus Dante, *Vita Nuova* I.3.

Bevor wir auf diese Punkte eingehen, ist es erforderlich, ein paar Worte zum Inhalt dieses wenig bekannten und in seiner Symbolik nicht leicht zu entschlüsselnden Werkes zu sagen. Anodos (sein Name kann sowohl «weglos» als auch «aufwärts», «auf dem Weg zur Erleuchtung» bedeuten) hat gerade seinen einundzwanzigsten Geburtstag gefeiert. Er hat damit die Volljährigkeit erreicht und soll nun die Verantwortung für das Schloss und die Ländereien der Familie übernehmen. Obwohl er von adligem Blut ist und große Vorstellungen von Galanterie hat, sind seine Gedanken in Wahrheit wenig edel, und seine Taten noch viel weniger.

Wenige Stunden, bevor er sein Amt als Gutsherr antreten soll, wird Anodos von einer Fee aufgesucht, die sich ihm als seine Großmutter vorstellt. Die Fee berichtet ihm von seiner Abstammung aus dem Feenreich, woraufhin er eine bisher nicht gekannte Sehnsucht in sich verspürt und prophezeit bekommt, er werde im Feenland finden, was er suche. Als Anodos am nächsten Morgen erwacht, verwandelt sich sein Schlafgemach von einem Zimmer mit floraler Dekoration in eine reale Landschaft, und er folgt dem Weg, der aus dem Zimmer hinaus ins Feenland führt. Die Episoden seines Weges sind gespickt mit Anspielungen auf die Artus-Legenden (so begegnet er zum Beispiel mehrfach einem Ritter, der an Sir Percival erinnert), es gibt aber auch Ereignisse mit Bezügen zu deutschen Märchen und keltischen Mythen.

Anodos' Suche nach seinem Feenerbe wird zu einem Weg der Selbsterkenntnis, auf dem er nach und nach lernt, seine Selbstbezogenheit zu überwinden und anderen zu dienen. Ein Teil seiner charakterlichen Bildung erfolgt über die Bücher, die er zwischendurch zu lesen bekommt (unter anderem in einem großen Feenpalast), er muss jedoch erkennen, dass das Wissen, das er aus ihnen bezieht, sich nicht automatisch in richtiges Handeln übersetzt.

Entscheidend für seine Wandlung ist, dass die Figuren, denen er auf seinen Wanderungen begegnet – unter ihnen böse Geister, aber auch Frauen und Kinder –, ihm durch ihr Tun die Falschheit seiner Vorstellungen von Galanterie und Ritterlichkeit vor Augen führen. Er, der sich für einen Gentleman hält, hat keinen Begriff davon, was echte Ritterlichkeit bedeutet, nämlich nicht seinen eigenen Wünschen und Vorlieben zu folgen, sondern sich ganz in den Dienst anderer zu stellen.

Schließlich ist Anodos nach vielen Rückschlägen bereit, eine wahrhaft ritterliche Tat zu vollbringen, von der er weiß, dass sie ihn sein Leben kosten wird: Er kämpft gegen ein Monster, um dadurch andere zu retten. Dieses Selbstopfer bedeutet auf spiritueller Ebene sein Erwachsenwerden: Anodos stirbt in diesem Akt sich selbst und erwacht dadurch zu wahrem Leben.

Es wird ihm gestattet, für einen Moment die klare Bergluft des Landes des Todes zu atmen und über seine Abenteuer im Feenland nachzudenken. In dem Moment, in dem er verspricht, von nun an ein Leben selbstlosen Dienens zu führen, ist seine Zeit im Feenland zu Ende, und er findet sich in der Nähe seines heimischen Schlosses wieder. Seine Schwestern empfangen ihn freudig und nehmen sofort den Wandel wahr, der sich an ihm vollzogen hat. Daraufhin übernimmt Anodos seine Aufgaben als Gutsverwalter und Vormund seiner Schwestern.

Lewis erklärt, er habe in *Phantastes* etwas wiedergefunden, das ihn zuvor schon sehr angesprochen hatte, zum Beispiel in den Artus-Erzählungen Malorys (*Le Morte d'Arthur*), Spensers *Faerie Queene*, den Fantasy-Romanen und Gedichten von Morris (*The Wood Beyond the World, The Well at the World's End, The Earthly Paradise*) oder den von der irischen Mythologie beeinflussten frühen Gedichten von Yeats. All diese Geschichten handeln von einer *spirituellen Suche*, und sie greifen dabei auf alte Mythen und Legenden zurück, nicht zuletzt auf die Artus-Sage. Gleichzeitig sei das Buch aber von einer neuen, ihm bisher nicht bekannten Qualität erfüllt gewesen, der er erst weit später einen Namen zu geben vermochte.

Die Lektüre überwältigt Lewis so sehr, dass es ihm vorkommt, als sei er (nicht anders als Anodos in *Phantastes*) in einem Land gestorben und in einem anderen zu neuem Leben erwacht. Er macht diesen Wandel an den folgenden fünf Punkten fest:

1. Die Stimme, mit der Joy ihn nun lockt, ist ihm zwar vertraut, sie kommt aber weder vom Ende der Welt wie bei Morris, noch gilt sie

dem Okkulten wie bei Yeats. Stattdessen spricht sie die schlichte Sprache seines Kindermädchens oder seiner Mutter: Anodos lernt auf seinem Weg durchs Feenland, dass die einfachen Leute, denen er sich aufgrund seiner Abstammung überlegen fühlt, ihm in Wahrheit spirituell weit überlegen sind. Sie haben ein *tieferes* Verständnis der wahren Verhältnisse (was er vor allem dann schmerzlich zu spüren bekommt, wenn er ihre Ratschläge in den Wind schlägt). Erst spät erkennt er, dass ihr demütiges Leben des Dienstes und der Hingabe von größerer Noblesse zeugt als sein eigenes adliges Gehabe. Die Schlichtheit dieser Figuren und ihrer bescheidenen Lebensumstände spricht in Lewis auch das Gefühl für «Homeliness» an, das er von seinem Freund Arthur übernommen hatte.

2. Die Bilder, die Morris und Yeats in ihren Geschichten verwenden, hatten bei Lewis den Eindruck hinterlassen, das Ziel seiner Sehnsucht müsse ein *realer Ort* sein. Sein neues Buch weckt in ihm die Sehnsucht in noch größerem Maß, doch es verleitet ihn nicht, die verwendeten Bilder mit dem Objekt seiner Sehnsucht zu verwechseln. Diese Bilder präsentieren sich ihm ebenso wenig als Tatsachen wie die Götter der nordischen Mythologie, sie nötigen ihn aber auch nicht, sich von ihnen weg- und etwas anderem zuzuwenden. Es ist eher so, als würde er *durch sie hindurch* auf das Objekt seiner Sehnsucht schauen.

3. Es war Lewis, als bescheine das Licht der Sehnsucht, das auf den Wäldern und Hütten der Geschichte ruht, nach und nach auch sein eigenes vergangenes Leben, genauso wie den Raum, in dem er saß, und seinen alten Lehrer, der neben ihm über seinem Tacitus eingenickt war. Wann immer er bisher das Gefühl gehabt hatte, jene andere Welt sei gerade an ihm vorbeigezogen, war ihm die reale Welt wie eine staubige Wüste vorgekommen. Nun trat das Licht aus der Geschichte heraus und ruhte auf den gewöhnlichen Dingen im Raum: das Unbekannte, Ferne, lang Ersehnte breitete seine Arme aus, um die Welt des täglichen Lebens zu umarmen und in ihrem wahren Licht erstrahlen zu lassen. *Phantastes* ließ seine vergangenen Ausflüge in Magie und Erotik als Nichtigkeiten erscheinen, das Buch hatte aber keine solche entzaubernde Macht über den Laib Brot auf dem Tisch oder die Kohlen auf dem Rost vor ihm.

4. Lewis erkannte, dass das Ersehnte sich ihm nicht durch Entfernung entzog, sondern durch *Nähe*. Es verbarg sich nicht am Ende der Welt, sondern war zu nah, um es zu sehen, sozusagen «diesseits» des Wissens. Es war immer an seiner Seite: Könnte er sich nur schnell genug umdrehen, so würde er es fassen können. Und er musste auch gar nichts tun, um es zu erreichen, ganz im Gegenteil: Könnte er nur *aufhören*, etwas zu tun, so wäre es da.

5. Das, wonach er sich sehnte, war *gut*. Immer schon war es das Objekt seines Verlangens gewesen; nun erkannte Lewis, dass man nach ihm verlangen *sollte* – dass das Objekt von solcher Art war, dass Verehrung die angemessene Reaktion auf seinen Charakter war. Dies gab ihm eine Ahnung oder erste Idee von *Heiligkeit*. Das ganze Buch strahlte eine Art kühle, morgendliche Unschuld aus, und ebenso unverkennbar einen Hauch von Tod, *gutem* Tod. In der Nacht, in der Lewis begann, *Phantastes* zu lesen, wurde somit in gewisser Weise seine Imagination getauft; der Rest von ihm (d.h. Intellekt und Gewissen) brauchte verständlicherweise länger.

Lewis bekennt, es hätte ihn gewiss geschockt, wenn ihm damals jemand gesagt hätte, das, was er an MacDonald schätze, sei Güte oder Heiligkeit. Und doch ist er sich sicher, dass es genau das war. Er selbst hätte damals vermutlich gesagt, *Phantastes* sei großartig *trotz* der religiösen Voreingenommenheit seines Autors; im Nachhinein stellte er jedoch fest, dass seine Erfahrung zutreffender war, als er das damals zugeben konnte. Betrachten wir die Welt nur mit den richtigen Augen, so besitzt sie tatsächlich die Qualität, die ihm erstmals aus MacDonalds Buch entgegentrat.

Dass Lewis in der Lage war, diese Qualität wahrzunehmen, lag an seiner Bereitschaft, im Bereich der Imagination jene Offenheit walten zu lassen, die er im Bereich von Metaphysik und Ethik noch vermissen ließ. Indem er sich selbst bei der Lektüre von *Phantastes* «aus dem Weg räumte», konnten die Dinge zu ihm sprechen, wie sie wirklich waren. Dadurch nahm er die Güte und Heiligkeit zwar wahr, sein bewusstes Ich verweigerte ihnen aber – beeinflusst durch seine Wünsche – die

Zustimmung. Es sollte noch viele Jahre dauern, bis ihm die unbewussten Motive für seine Ablehnung des Heiligen klar wurden und er sich imstande sah, sie aus dem Weg zu räumen.

Im Sommer 1916 arbeitet Lewis an einem allegorischen Roman namens *The Quest of Bleheris,* geschrieben in einem altertümlichen, an William Morris angelehnten Englisch, das sich schon bald als ein Fehler erweist. Er erklärt seinem Freund Arthur, die Geschichte sei «etwas anti-christlich», es sei aber eigentlich nicht das Christentum, das er verspotte, sondern das Christentum, wie es von einem förmlichen alten Priester wie Ulfin gelehrt und von einem eingebildeten jungen Mann wie Bleheris akzeptiert werde. Der Text wird nie fertig, das Manuskript ist aber erhalten geblieben und wurde 2020 publiziert.

Die restlichen Monate in Great Bookham sind von Kirkpatricks Bemühen geprägt, Jack auf das Stipendiaten-Examen an der Universität Oxford vorzubereiten. Das Ziel besteht darin, diesen zu befähigen, ein Studium in *Literae Humaniores* (Classics) aufzunehmen. Obwohl Lewis um Kirkpatricks Einschätzung weiß, dass er zu kaum etwas anderem taugt als zu einem Gelehrten-Leben, sieht er dem Aufnahme-Examen mit großer Indifferenz entgegen. Er vollendet nämlich im November 1916 sein 18. Lebensjahr und rechnet damit, bald zum Militärdienst einberufen zu werden.

Anfang Dezember 1916 fährt Lewis nach Oxford, um das Stipendiaten-Examen zu absolvieren. Im Rückblick erscheint ihm sein erster Besuch in Oxford wie eine Allegorie auf sein gesamtes frühes Leben: Aus Unkenntnis über die örtlichen Gegebenheiten verlässt er den Bahnhof auf der falschen Seite und stößt auf schäbige Vorortstraßen, wo er die herrlichen Gemäuer der alten Universitätsstadt erwartet hatte. Am Stadtrand angekommen, fragt er sich, ob dies das berühmte Oxford sein kann, wendet sich enttäuscht um – und sieht die Silhouette von Oxford in all ihrer Schönheit. Lewis meint, genau so sei es ihm auch mit dem Christentum ergangen: Als Kind bekam er nur ein hässliches Zerrbild des Glaubens zu sehen, wandte sich enttäuscht ab und entdeckte erst später, als er sich umwandte, die wahre Schönheit der christlichen Botschaft.

Noch vor Weihnachten bekommt Lewis mitgeteilt, University College habe ihm ein Stipendium zugesprochen. Er kehrt deshalb im Januar 1917 für ein letztes Trimester zu Kirkpatrick zurück, um für «Responsions», das Eingangsexamen der Universität, zu lernen. Es geht vor allem darum, seine Defizite in Mathematik aufzuarbeiten, was nicht leicht ist, da dies das Fach ist, in dem sich Lewis seit jeher am schwersten tat. Die Prüfungen finden am 21. März statt, er fällt jedoch wie befürchtet in Algebra durch. Dennoch wird ihm gestattet, in Erwartung seiner bevorstehenden Ausbildung zum Militärdienst das Studium formell aufzunehmen.

Kapitel 11
In den Krieg und zurück

Am 29. April 1917 schreibt Lewis sich bei der Universität Oxford ein, bezieht seine Räume im University College und beginnt am Tag darauf ein fünfmonatiges Programm zur Vorbereitung auf seinen Dienst als Infanterie-Offizier der britischen Armee. Er lernt parallel dazu weiter Mathematik, erfährt aber im Juni, dass ein Kriegseinsatz von einem halben Jahr ihn von einer Wiederholung des Eingangsexamens befreien würde (was dann nachher auch der Fall sein wird).

Im Juni wird Jack im Zug seiner militärischen Ausbildung ins Keble College verlegt. Dort freundet er sich mit seinem Zimmernachbarn Paddy Moore an und lernt auch dessen Mutter Janie kennen. Mrs. Moore, die ebenfalls aus Irland stammt, lebt seit 1907 von ihrem Ehemann getrennt (ihre Tochter Maureen kam 1906 zur Welt) und kümmert sich seitdem allein um die Erziehung ihrer beiden Kinder. Lewis ist von Mrs. Moores gastfreundlichem, mütterlichem Wesen sehr angetan und bezeichnet sie in Briefen schon bald als eine Freundin.

Am 25. September 1917 legt Lewis das Offiziers-Examen ab und wird am Tag darauf zum 2. Leutnant der britischen Armee ernannt. Von dem knappen Monat Urlaub, den die jungen Kadetten nach der Ausbildung und vor ihrem Kriegseinsatz erhalten, verbringt er zwei Wochen mit Paddy und seiner Familie und nur eine bei seinem Vater im heimischen Belfast. In den beiden Wochen kommt es offenbar zu einer großen Annäherung zwischen ihm und Mrs. Moore. Bei seinem anschließenden Belfast-Besuch vertraut Lewis seinem Freund Arthur auch seine Gefühle für sie an.

Lewis tritt am 16. Oktober dem 3. Bataillon der Somerset Light Infantry bei. Paddy kommt jedoch nicht wie erhofft in dasselbe Bataillon, weshalb die beiden nicht gemeinsam ihren Armeedienst versehen können. Die Freunde versprechen sich (bezeugt in Briefen von Mrs. Moore an Albert Lewis und von Maureen Moore an A. N. Wilson), dass sie sich um den jeweils verbliebenen Elternteil des anderen kümmern werden, falls einer von ihnen nicht aus dem Krieg zurückkehren sollte – ein Versprechen, das Lewis dann später tatsächlich einlösen wird. Das ist möglich, weil Mrs. Moore seine Zuneigung erwidert. Ab diesem Zeitpunkt lässt er auch seine Korrespondenz über sie laufen.

Anfang November 1917 sieht es zunächst so aus, als käme Lewis mit seinem Bataillon nach Irland, um dort den Aufstand der Nationalisten von der *Sinn Féin*-Partei niederzuschlagen. Am 15. November erfährt er jedoch, dass er in zwei Tagen über den Kanal nach Frankreich an die Front muss. Er schickt seinem Vater zwei Telegramme mit der dringenden Bitte, nach England zu kommen, um ihn noch einmal zu sehen. Dieser ist jedoch zu unflexibel, um dem Wunsch seines Sohnes zu entsprechen. Dieses Versäumnis vertieft den ohnehin schon bestehenden Graben zwischen Lewis und seinem Vater und trägt dazu bei, dass Jack sich umso mehr Mrs. Moore zuwendet.

Lewis kommt am 29. November 1917, seinem 19. Geburtstag, in den Schützengräben Frankreichs an. Das 1. Bataillon der Somerset Light Infantry, in das er inzwischen versetzt wurde, ist bei Monchy-le-Preux nahe der belgischen Grenze stationiert. Es verbringt im Dezember/Januar eine relativ ruhige Zeit – so ruhig, dass Lewis sogar die Muße hat, seinem Freund Arthur über die Bücher zu berichten, die er dort liest. Die Briefe, die er in dieser Zeit an Arthur schreibt, zeigen, dass er sich auch an der Front noch darum bemühte, den «Vertrag mit der Realität» zu halten, den er vor dem Krieg geschlossen hatte. Er sagte sinngemäß zu seinem Land: «Meinen Körper kannst du haben, und wenn es sein muss, auch mein Leben, aber meine Seele behalte ich für mich.»

Die Kameradschaft, die Lewis in seinem Bataillon erlebt, hebt sich äußerst positiv von seinen bisherigen Erfahrungen mit Gruppen ab, vor allem vom System der Bloods am Malvern College mit seinem Konkurrenzdenken und seinem Streben nach sozialem Aufstieg. Das liegt auch daran, dass niemand in der Armee auch nur so tut, als würde ihm der Kriegsdienst gefallen, und das macht einen großen Unterschied. Im Winter sind Nässe und Müdigkeit die größten Herausforderungen;

Lewis berichtet, er sei teilweise beim Marschieren eingeschlafen und habe beim Erwachen festgestellt, dass er immer noch marschierte.

Er bezeichnet es als ein Glück, dass er im Februar 1918 vom Schützengrabenfieber befallen wird und drei ruhige Wochen in Le Tréport im Lazarett verbringen kann. Dort liest er zum ersten Mal einen Band mit Essays des britischen Essayisten und Journalisten Gilbert Keith Chesterton. Die Texte begeistern ihn, und das, obwohl G.K. Chestertons gläubige, die Welt bejahende Lebenshaltung so ziemlich das Gegenteil von seiner eigenen pessimistischen Philosophie darstellt. Es ist zum einen der Humor Chestertons, der ihn anspricht (stets im Dienst der Sache und nie bloß darauf aus, einen Witz zu reißen), und zum anderen seine Güte. Lewis legt jedoch Wert auf die Feststellung, seine Wertschätzung dieser Güte (die ihn ja bereits bei MacDonald angesprochen hatte) habe nichts mit seinen eigenen Versuchen zu tun gehabt, ein moralisches Leben zu führen: Seine Bewunderung von Chestertons Güte sei in etwa so gewesen wie die eines Mannes, der zwar den Charme einer Frau verspürt, sie aber deshalb noch lange nicht heiraten will.

In dieser Hinsicht völlig anders war die Freundschaft mit Laurence Johnson, einem anderen 2. Leutnant seines Bataillons, der wie er selbst die Aufnahmeprüfung für die Universität Oxford absolviert hatte und dann gleich zum Militär einberufen worden war. Bei diesem fand Lewis nicht nur ähnlich gelagerte literarische (und musikalische) Interessen, sondern auch eine Präzision im Denken und Argumentieren, die er bisher nur von Kirkpatrick kannte. Johnson war dabei, sich dem Theismus anzunähern, was zu schier endlosen intellektuellen Debatten zwischen den beiden führte. Entscheidend war jedoch, dass Johnson ein Mann des *Gewissens* war. Das heißt, er war von der Existenz allgemein gültiger, nicht religiös begründeter ethischer Prinzipien überzeugt und versuchte, ihnen gemäß zu leben.

Es wurde ja bereits erwähnt, dass Lewis den moralischen Status seiner Jugendjahre als äußerst niedrig einstuft. In *The Problem of Pain* bekennt er, als er nach Oxford an die Universität kam, sei er so nahezu vollkommen ohne moralische Prinzipien gewesen, wie dies bei einem jungen Mann seiner Herkunft überhaupt nur möglich gewesen sei. Die

Leitlinien seines Handelns beschränkten sich auf einen freundlichen Umgangston, Treue gegenüber Freunden und eine vage Abneigung gegen Grausamkeit und Geiz in finanziellen Dingen (und auch das nur, solange eine entsprechende Praxis keine großen Nachteile mit sich brachte). Ethische Prinzipien wie Wahrhaftigkeit, Keuschheit, Pflichterfüllung oder gar Opferbereitschaft begeisterten ihn zwar, wenn er in der Literatur von ihnen las, eine Relevanz für sein eigenes Leben hatten sie aber nicht.

Die Selbstverständlichkeit, mit der Johnson diese Dinge als Normen seines Handelns anerkannte, erstaunte und beschämte Lewis. Er war entsetzt über die eigene Oberflächlichkeit, traute sich aber nicht, das zuzugeben, und versuchte daher, den Anschein zu erwecken, dies seien auch seine eigenen Prinzipien. Auf die Frage, ob das nicht geheuchelt gewesen sei, erwidert er, er habe Johnsons Prinzipien sofort als gültig anerkannt und versucht, ihnen durch Nachahmung zu entsprechen: Wenn das Heuchelei gewesen sei, so könne man daraus lernen, dass nicht jede Art von Heuchelei durch und durch schlecht sein müsse.

Anfang März 1918 kehrt Lewis aus dem Lazarett in Le Tréport zu seiner Einheit zurück, wenige Tage vor Beginn der Frühjahrsoffensive der Deutschen. Dort ist es vorbei mit der Ruhe des Lazaretts; das 1. Bataillon der Somerset Light Infantry wird schon bald in heftige Gefechte mit den Deutschen verwickelt. Auf die Frage seines Studienfreundes Leo Baker, ob er im Schützengraben keine Angst gehabt habe, antwortet Lewis kurz nach dem Krieg: «Die ganze Zeit, ich bin aber nie so tief gesunken, zu beten.»

Lewis wird in der Schlacht von Hazebrouck am 15. April 1918 auf dem Mont Bernanchon durch Splitter einer fehlgeleiteten britischen Granate verwundet. Die Granate tötet seinen Sergeant; auch sein Freund Johnson stirbt am gleichen Tag. Die Splitter treffen Lewis in Bein, Arm und Rücken, sind aber nicht lebensbedrohlich. Im Lazarett entfernt man ihm die größten Granatsplitter, einige Teile verbleiben jedoch im Körper und verursachen ihm auch in späteren Jahren noch Beschwerden. Ein Splitter wird Lewis erst im Juli 1944 aus der Achselhöhle entfernt werden.

Als das vielleicht einschneidendste Kriegserlebnis bezeichnet Lewis den Moment, in dem er, von der Granate verwundet, auf dem Bauch liegt und feststellt, dass er aufgehört hat, zu atmen. Er ringt nicht nach Luft: die Atemfunktion hat einfach aufgehört, zu existieren. In diesem Moment stellte etwas in ihm, das er nur als sein «Ich» bezeichnen kann, fest: «Hier liegt ein Mensch im Sterben.»

Diese Erfahrung hatte enorme Folgen für Lewis' Verhältnis zum eigenen Ich. Was ihn so verblüffte, war die Tatsache, dass er diese Feststellung völlig unemotional traf – so nüchtern und sachlich (und frei von jeder Todesangst), als betreffe sie nicht ihn, sondern eine andere Person. Er ist sich sicher, dass «ein Mensch» sich auf die ganze Person bezog, Körper *und* Seele. Es war also nicht so, als habe seine Seele geschlossen, sein Körper sei im Begriff zu sterben, sondern das Ich, das diese Feststellung traf, war von der sterbenden Person verschieden und interessierte sich nicht im geringsten für deren Schicksal.

Lewis erklärt, seit diesem Moment sei er nicht mehr imstande gewesen, seinem «Ich» oder «Selbst» jene überragende Bedeutung zuzuerkennen, die man ihm gemeinhin zuerkennt. Er hatte *bewiesen* (und zwar empirisch, durch Erfahrung), dass es ein voll bewusstes «Ich» in ihm gab, das nicht identisch war mit dem «mich», das die von den Granatsplittern verursachten Schmerzen verspürte, das den Lärm der detonierenden Granaten hörte, um dessen Schicksal er sich bisher immer gesorgt hatte und über dessen Erlebnisse und Erfahrungen er seinen Freunden zu berichten pflegte.

Die Verbindung zwischen dem «Ich», das er gerade in sich entdeckt hatte, und dem «mich» seines Alltagsbewusstseins war ihm völlig unklar (und das noch auf viele Jahre hinaus). Es bestand aber kein Zweifel, dass das «mich» *nicht* der Kern des eigenen Selbst oder auch nur seines Bewusstseins war.

Jahre später fand Lewis heraus, dass das Phänomen eines «zweifachen Ichs» in der Philosophie schon lange bekannt ist. Die Doppelung ist eine Folge dessen, dass wir Menschen nicht nur über Bewusstsein verfügen, das heißt über die Fähigkeit zu Wahrnehmung und Erleben, sondern über ein *Bewusstsein unserer selbst.* Ich sehe zum Beispiel nicht nur den

Kirschbaum in meinem Garten, sondern *ich weiß*, dass ich ihn sehe, und ich weiß auch, dass ich ihn gestern bereits gesehen habe. Und mir kommen in Momenten überwältigender Freude nicht nur die Tränen, sondern *ich weiß*, dass sie mir übers Gesicht laufen und dass sie etwas völlig anderes bedeuten, als wenn ich gerade Zwiebeln geschnitten oder eine schwerwiegende Krebsdiagnose erhalten habe.

Im Nachdenken über uns selbst, wie auch in unseren Äußerungen anderen gegenüber, taucht unser Ich daher stets in doppelter Form auf: als *Subjekt* und als *Objekt*, als derjenige, der hier nachdenkt und sich äußert, und als derjenige, über den wir nachdenken und uns äußern. Die Tatsache, dass wir gar nicht anders können, als bei der Reflexion auf uns selbst so zu tun, als seien wir zwei Personen (von denen die eine die andere zum Objekt eigener Betrachtung macht), hält Lewis für so zentral, dass man den Menschen als ein mit der Fähigkeit zur Selbst-Reflexion ausgestattetes Tier definieren könnte: Das Bewusstsein teilen wir mit den (höheren) Tieren, die Fähigkeit zur Selbst-Reflexion ist nur uns Menschen eigen.

So weit kam Lewis 1918 in der Analyse seiner Kriegserfahrung noch nicht. Er fragte sich aber, was denn dieses Ich wohl sein möge, das die Feststellung «Hier liegt ein Mensch im Sterben» getroffen hatte, und was die Tatsache seiner Existenz zu bedeuten habe. Als er 1921/1922 beim Philosophie-Studium Immanuel Kants Unterscheidung zwischen dem transzendentalen (noumenalen) und dem empirischen (phänomenalen) Ich kennen lernte, erkannte er in ihr eine Analyse seiner eigenen Erfahrung (Kap. 13). Für ihn war diese Unterscheidung jedoch «nicht so sehr eine Frage der Metaphysik als ein Faktum». (EPJ 24) Lewis übernahm diese Unterscheidung daher sofort und hielt zeitlebens an ihr fest. Auf die Folgerungen, die er daraus für seine Weltsicht zog, werden wir noch zu sprechen kommen.

Mit seiner Verwundung war für Lewis der Fronteinsatz beendet. Sobald sein Gesundheitszustand es erlaubte, kehrte er nach England zurück, im Mai 1918 zunächst in ein Krankenhaus in London und dann im Juni in ein Erholungsheim in Bristol. Sein Vater sieht sich, den wiederholten Bitten seines Sohnes zum Trotz, während der Zeit seiner Rekonvaleszenz nicht in der Lage, diesem auch nur einen einzigen Besuch abzustatten. Die beiden sehen sich erst Weihnachten 1918 wieder, als Lewis nach seinem Ausscheiden aus der Armee ins heimische Belfast reist.

Ganz anders verhält sich Mrs. Moore: Sie besucht Lewis bereits im Juni 1918 in London, und dann später wiederholt in Bristol, wo sie zu dieser Zeit selbst wohnt. Ihr Sohn Paddy gilt bereits seit März als vermisst, er wird im September 1918 offiziell für tot erklärt.

Im Erholungsheim in Bristol geschieht etwas, dem Lewis auch später noch große Bedeutung beimisst: Er liest Henri Bergsons philosophisches Hauptwerk *L'Évolution créatrice* (1907) und ist geradezu «trunken vor Begeisterung» (wie er dreißig Jahre später schreibt). Sein Interesse für Philosophie war bereits im Jahr zuvor erwacht, als er während seiner Kadetten-Zeit in Oxford zwei Bücher des irischen Philosophen (und Bischofs) George Berkeley gelesen hatte, und die Diskussionen mit seinem Kameraden Johnson hatten dieses Interesse noch einmal verstärkt.

Die Bergson-Lektüre stimulierte ihn zum einen intellektuell, was jedoch erst zwei Jahre später Früchte tragen sollte, als er *L'Évolution créatrice* erneut las (Kap. 12). Bergsons unmittelbare Wirkung auf Lewis war von *imaginativer* Art. Sie gab ihm, der bisher vor allem für das Blasse, Flüchtige, Entfernte geschwärmt hatte (wie zum Beispiel die «Wasserfarben-Welt» von Morris oder das Dämmerlicht der nordischen Mythologie), einen Geschmack für das Kräftige, Handfeste, Fruchtbare, welches Künstlern wie Beethoven, Tizian oder Goethe eigen ist.

Diese Erweiterung seines ästhetischen Empfindens sollte sich erheblich auf Lewis' literarische Tätigkeit auswirken. Die in Tönen von blassem Rosa und pastellenem Blau gehaltene Welt von *Out of the Silent Planet* (dt. *Jenseits des schweigenden Sterns*) – er nennt sie im Buch selbst eine «Wasserfarben-Welt» – hätte er auch ohne die Bekanntschaft mit Bergson zeichnen können, die in Tönen von kräftigem Grün, Rot, Violett und Gold leuchtende, vor Fruchtbarkeit und sinnlichen Genüssen überschäumende Welt von *Perelandra* wohl kaum.

Tatsächlich war es bei Lewis oft die Imagination, die von dem Gelesenen zuerst angesprochen wurde – lange, bevor er den betreffenden Autoren auch intellektuell zustimmen konnte. Das war bereits bei

MacDonald und Chesterton so gewesen, und nun auch bei Bergson. Alle drei liest er in späteren Jahren noch mehrfach und kann ihnen dann auch philosophisch mehr abgewinnen.

Das ist ein starkes Argument dafür, ein Buch nicht nur einmal zu lesen, sondern sich ihm später mit geweitetem Horizont erneut zuzuwenden. Dazu gesellt sich noch die Freude, zu erleben, wie all jene Gedanken und Empfindungen wiederkehren, die man bei der ersten Lektüre hatte (wie er Arthur nach dem Wieder-Lesen von William Morris' *The Well at the World's End* schreibt). Lewis ist deshalb ein Mehrfach-Leser aus Überzeugung; er meint, man könne ein gutes Buch geradezu dadurch definieren, dass es dazu einlädt, es mehr als einmal zu lesen.

Vor seinem Fronteinsatz hatte Jack die Gedichte, die er in den Jahren zuvor geschrieben hatte, in Notizbücher übertragen und seinem Freund Arthur übergeben – für den Fall, dass er nicht aus dem Krieg zurückkehren sollte. Sein Bruder Warnie war selbst im Krieg, und die Gedichte waren zu persönlich, als dass er sie seinem Vater hätte anvertrauten wollen. In Frankreich trug Lewis auch weiterhin stets ein Notizbuch bei sich, in dem er Gedichte notierte, die seine Erlebnisse an der Front verarbeiteten. Das Gedicht «French Nocturne» zum Beispiel trägt den Untertitel «Monchy-le-Preux» und beschreibt seine Empfindungen bei einer nächtlichen Wache im Schützengraben.

Im Juni 1918 nutzte Lewis die Zeit seiner Rekonvaleszenz und stellte vierzig der Gedichte, die er in den vergangenen drei Jahren (d. h. seit Ostern 1915) geschrieben hatte, zu einem Gedichtband zusammen. Diesen Band sandte er zunächst an Macmillan in London und dann, nach deren Absage, an den Verlag William Heinemann. Mr. Heinemann stimmte im September 1918 einer Veröffentlichung zu, er bat aber darum, einige Gedichte, die er als nicht ganz so gelungen einstufte, durch andere Gedichte zu ersetzen – was Lewis dann auch tat.

Als Titel für den Band wählte er *Spirits in Prison*, eine Anspielung auf den 1. Petrusbrief, in dem es heißt, Christus habe den Geistern im Gefängnis der Hölle gepredigt (1. Petr. 3,19). Als sein Vater ihn darauf hinwies, dass es bereits einen Roman von Robert Hitchens mit diesem Titel gebe, änderte Lewis den Titel zu *Spirits in Bondage*. Das ist ein Zitat aus dem ersten Buch von John Miltons epischem Gedicht *Paradise Lost,* wo es heißt, die Hölle solle niemals himmlische Geister in Gefangenschaft halten (I, 657f).

Den Untertitel «A Cycle of Lyrics» wählte Lewis, um deutlich zu machen, dass der scheinbar losen Sammlung von Gedichten eine gemeinsame Idee zugrunde liegt. Das Buch erschien im März 1919 unter dem Pseudonym Clive Hamilton (nach dem Mädchennamen seiner Mutter).

Die Grundidee von *Spirits in Bondage* beschreibt Lewis in einem Brief selbst so: Es ist die Annahme, «dass die Natur durch und durch grausam und diabolisch ist und dass Gott, sollte er existieren, außerhalb und im Widerspruch zu den kosmischen Verhältnissen steht.»[28] Dies ist natürlich eine Fortschreibung jener Überzeugung, die er bereits 1914 seinem nordisch angehauchten Gedicht *Loki Bound* zugrunde gelegt hatte (Kap. 7).

Im ersten Gedicht des Bandes, «Satan speaks», stellt sich Satan selbst als Schöpfer und Herr einer Welt vor, deren Grausamkeit alle menschliche Hoffnung auf Leben und Glück zunichtemacht. An kosmischen Maßstäben gemessen ist die Erde ein winziges Staubkorn in einem endlosen Meer von Nichts, und das Leben ein niemals endender Kreislauf vom Tod in den Tod, aus dem es kein Entrinnen gibt: «the hopeless life that ran / For ever in a circling path / From death to death since all began» («In Prison»). Auch das menschliche Leben ist den ehernen Gesetzen der Natur unterworfen: Unser ganzes Leben ist vom evolutionären Kampf ums Überleben geprägt; von Natur aus ist der Mensch dem Menschen ein Wolf (*homo homini lupus*). Wer das versteht, und wem diese Situation nicht egal ist, der kann gar nicht anders, als gegen diese Welt zu rebellieren.

Zwanzig Jahre später beschreibt Lewis in *The Problem of Pain* seine damalige Haltung so: Das Leben auf unserem Planeten ist so eingerichtet, dass Lebewesen einzig dadurch existieren, dass sie Jagd aufeinander machen. Der Schmerz, der damit für die Tiere verbunden ist, steigert

[28] *Collected Letters I* 397, an Arthur Greeves, 12. September 1918.

sich bei uns Menschen durch unser bewusstes Empfinden, und eben diese Tatsache nutzen wir aus, um anderen Menschen noch mehr Schmerzen zuzufügen. Die Geschichte der Menschheit ist eine endlose Folge von Grausamkeit und Krieg, und die in sie eingesprengten kurzen Momente von Glück reichen so eben aus, um in uns die Angst vor ihrem Verlust auszulösen (und, sobald sie vorbei sind, den brennenden Schmerz der Erinnerung an das Verlorene).

Auf kosmischer Ebene besteht dabei keinerlei Hoffnung, dass das jemals anders werden wird:

> Alle Geschichten werden im Nichts enden. Letztlich wird alles Leben darauf hinauslaufen, eine flüchtige und sinnlose Grimasse gewesen zu sein auf dem Idiotenantlitz der endlosen Materie. Verlangst du von mir, ich solle glauben, dies sei das Werk eines wohlwollenden und allmächtigen Geistes, so antworte ich: Alle Indizien weisen in die entgegengesetzte Richtung. Entweder steckt überhaupt kein Geist hinter dem Universum, oder einer, dem Gut und Böse egal sind, oder sogar ein böser Geist.[29]

Deshalb verflucht Lewis in *Spirits in Bondage* den Gott, an den er nicht glaubt, weil er taub ist für unsere Hoffnungen und Ängste, und weil es ihn nicht berührt, dass das Gute, nach dem wir streben, ein bloßes Phantom ist («De Profundis»; «Ode for New Year's Day»). Sollte ein solcher Gott tatsächlich existieren, so wäre er auf keinen Fall ein Freund der Menschen.

Lewis deutet aber auch den Grund für seine Ablehnung Gottes an, nämlich sein Streben nach *Autonomie,* nach Freiheit von göttlicher Einmischung: Er wünscht sich, es gebe einen Bereich der Wirklichkeit, zu dem Gott keinen Zutritt hat, der also seinem Zugriff entzogen ist.

Dennoch, so heißt es in weiteren Gedichten, können wir nicht anders, als zu hoffen, dass die Schönheit, die die Welt ebenfalls für uns

---

[29] *The Problem of Pain* 12.

bereithält, *mehr* ist als ein bloßes Phantom. Dafür ist die Sehnsucht nach dem Garten der Hesperiden oder einem Land östlich der Sonne und westlich des Mondes einfach zu stark.

Lassen sich die kurzen Momente in unserem Leben, in denen diese Schönheit aufblitzt, um sofort wieder zu verschwinden, also als Hinweis darauf lesen, dass wir *nicht* bloß aus sterblicher Materie gemacht sind? Es scheint, ja («Dungeon Grates»). Lewis verwendet hierfür die *Fairies*, die *Feen*, als Chiffre (sie kommen in *Spirits in Bondage* ganze zwölf Mal vor): Es *muss* Feen in den Wäldern geben; das heißt, die Schönheit, die wir in Momenten der Ergriffenheit wahrnehmen, muss der Abglanz einer ewigen Schönheit sein: wie sonst könnte sie uns so berühren? Leblose Atome allein wären dazu niemals in der Lage («Song»).

Lewis löst die Spannung zwischen diesen beiden Visionen – der nihilistischen und der spirituellen – in *Spirits in Bondage* nicht auf; dazu sieht er sich zu dieser Zeit nicht in der Lage. Die Ambivalenz der Texte hat den Vorteil, dass er sich seinem Vater gegenüber nicht zu seinem Atheismus bekennen muss. Es gelingt ihm aber trotzdem nicht, der Familie Sand in die Augen zu streuen; sowohl sein Vater als auch sein Bruder lesen *Spirits in Bondage* als einen Ausdruck von Jacks Atheismus.

Sein Bruder Warren meint, dieser Atheismus sei «rein akademischer» Natur gewesen. Das ist aber wohl zu wenig; Lewis selbst bekennt gegenüber Arthur, er glaube an keinen Gott. Und er stellt die kurze, prägnante Gleichung auf: Materie = Natur = Satan. Er sagt aber auch, Schönheit sei die einzige spirituelle (und somit nicht-materielle) Sache, die er bisher gefunden habe. Er glaube deshalb, dass er einen kleinen Funken eines universalen Geistes in sich trage, und da alle guten Dinge spirituell seien, müsse er sich darum bemühen, diesen Funken nicht durch materielle (und somit letztlich diabolische) Dinge zum Erlöschen zu bringen.

Wie das mit seinem offiziellen Atheismus zusammenpassen soll, erklärt er allerdings nicht. Und er erklärt auch nicht, in welchem Verhältnis dieses nicht-materielle Spirituelle, das einen durch das Schöne ruft, zu jenem Gott steht, an den er nicht glaubt (dessen Existenz er aber auch nicht ausschließen will).

Wie ist diese ungelöste Spannung zu bewerten? Es scheint, als sei die Evidenz des Erfahrenen so stark gewesen, dass Lewis an ihr festhielt, obwohl sie seinen theoretischen Überzeugungen vollkommen zuwiderlief. Das dürfte auch damit zu tun haben, dass die «Taufe» seiner Imagination durch MacDonalds *Phantastes* gerade einmal zwei Jahre her war (Kap. 10) und daher auch in den Gedichten von *Spirits in Bondage* ihren Niederschlag fand. Lewis war daher lieber bereit, Widersprüche in seinem Denken in Kauf zu nehmen, als einen Teil des Erfahrenen zu leugnen. Eben dies forderte ihn aber heraus, weiter zu gehen und nach einer Weltsicht zu suchen, in der diese Widersprüche keine Widersprüche mehr sein würden.

In «Early Prose Joy» wird Lewis später schreiben, er sei «ein empirischer Theist» (EPJ 13): Er sei nicht allein durch Reflexion zur Anerkennung eines personalen Gottes gelangt, sondern durch Reflexion auf eine bestimmte wiederkehrende Erfahrung. So weit war er im Herbst 1918 aber noch nicht. Bisher war allerdings jeder seiner Versuche gescheitert, die Erfahrung von Joy in seinem materialistischen Universum unterzubringen. Was daraus folgen würde – wie die Welt also beschaffen sein musste, damit Joy darin Platz fand –, das wusste er noch nicht. Das herauszufinden sollte viele weitere Jahre dauern.

Kapitel 12
Studienbeginn in Oxford und der «New Look»

Lewis wird im Dezember 1918 demobilisiert und nimmt im Januar 1919 in Oxford sein Studium der *Literae Humaniores* (umgangssprachlich: «Greats») auf. Der vierjährige Studiengang umfasst die klassischen Altertumswissenschaften (griechische und römische Sprache, Literatur und Geschichte) sowie die antike und moderne Philosophie. Das Studium ist in zwei Abschnitte eingeteilt. Die ersten fünf Trimester sind vor allem den Sprachen und der klassischen Literatur gewidmet und werden mit dem «Honours Moderations»-Examen (Mods) abgeschlossen. Nach sieben weiteren Trimestern, in denen Philosophie und Geschichte im Mittelpunkt stehen, absolviert man das Greats-Examen.

Oxfords akademisches Jahr erstreckt sich über die drei Trimester Michaelmas Term (Oktober–Dezember), Hilary Term (Januar–März) und Trinity Term (April–Juni). Lewis hatte somit bei der Aufnahme seines Studiums das erste Trimester des akademischen Jahres 1918–19 verpasst, er wurde aber als Kriegsrückkehrer als normaler Student des 2. Trimesters eingestuft. Es wäre ihm sogar möglich gewesen, «Honours Moderations» ganz zu überspringen, wovon er aber Abstand nahm, da man ihm versicherte, ein guter Abschluss in Mods würde später seine Chancen auf eine Anstellung im universitären Bereich verbessern. Die Examina absolvierte er somit gemeinsam mit den anderen Kandidaten seines Studienjahrs im März 1920 (Mods) und im Juni/Juli 1922 (Greats).

Lewis bezieht mit Studienbeginn wieder seine Räume im University College, Mrs. Moore zieht zur gleichen Zeit mit Maureen von Bristol nach Oxford, um näher an Lewis zu sein. Seitdem pendelt dieser mehrmals die Woche – in Term-Zeiten zumeist sogar täglich – zwischen dem College und dem Haus der Moores hin und her. Während der ersten beiden Jahre seines Studiums schläft Lewis normalerweise im College, im Sommer 1921 gründet er jedoch einen gemeinsamen Hausstand mit den Moores, der bis zum Tod von Mrs. Moore im Januar 1951 bestehen bleiben wird (Maureen heiratet 1940 und zieht zu ihrem Mann).

Dieses Arrangement lässt sich als Einlösung des Versprechens verstehen, das Jack und Paddy einander vor ihrem Kriegseinsatz gegeben hatten. Lewis, dessen eigenes Familienleben in gewisser Weise mit dem Tod seiner Mutter ein Ende gefunden hatte, genoss das gemeinsame Leben mit den Moores aber offenbar auch sehr. Sonst hätte er sich sicher nicht die Mühe gemacht, jeden Nachmittag den Weg nach Headington und zurück auf sich zu nehmen, um Mrs. Moore in Haus und Garten zur Hand zu gehen, sich mit den vielen dort ein- und ausgehenden Gästen zu unterhalten (Mrs. Moore war sehr gastfreundlich), Maureen bei den Hausaufgaben zu helfen oder mit ihr und ihren Freundinnen Badminton oder Cricket zu spielen.

Warnies Behauptung, Mrs. Moore habe seinen Bruder Jack mit ihrem fordernden Verhalten (und ihren ständigen Klagen) geradezu tyrannisiert, trifft daher nach der Ansicht von Lewis' Freunden und Biografen ganz sicher nicht auf die ersten Jahre ihrer Verbindung zu. Durch die allmählich bei ihr einsetzende Demenz wurde ihr Verhalten allerdings im Laufe der Zeit immer schwieriger. Es steht daher zu vermuten, dass Warnie, der sich dem gemeinsamen Haushalt erst 1930 nach dem Erwerb von The Kilns anschloss (und auch dann nicht unbedingt gut mit Mrs. Moore auskam), hier eine spätere Entwicklung in die Frühzeit des Verhältnisses seines Bruders zu Mrs. Moore hineinprojizierte.

Vor seinem Vater verheimlicht Lewis den wahren Charakter seiner Beziehung zu Mrs. Moore. Als dieser 1921 einen seiner seltenen Besuche in Oxford ankündigt, versucht er sogar, ihm weiszumachen, er habe nur zusammen mit einem Kommilitonen ein Studentenzimmer in ihrem Haus. Das Geld, das er von seinem Vater fürs Studium erhält, verwendet er dennoch, um den gemeinsamen Haushalt mit den Moores zu finanzieren. Dass Lewis sich gezwungen sieht, hier heimlich auf Mittel seines Vaters zurückzugreifen, liegt auch daran, dass er – anders als erhofft – trotz seiner Kriegsverwundung keine Pension vom britischen War Office (Kriegsamt) erhält.

Über Lewis' Verhältnis zu Mrs. Moore ist viel spekuliert worden. Er selbst schweigt sich in *Surprised by Joy* völlig darüber aus (er beteuert, in dieser Angelegenheit keine Wahl zu haben). Diese Auslassung erscheint insofern nicht völlig unberechtigt, als Mrs. Moore kaum Einfluss auf seinen Glaubensweg gehabt haben dürfte – und wenn, dann eher als Hindernis denn als Hilfe: Sie war zwar die Tochter eines anglikanischen Geistlichen, hatte einen Bruder, der Geistlicher war, und heiratete den Sohn eines Geistlichen, verlor ihren eigenen Glauben jedoch spätestens mit dem Tod ihres Sohnes Paddy.

Mrs. Moore stand Lewis' allmählicher Annäherung an das Christentum daher auch ablehnend gegenüber. Diese Annäherung war, nicht anders als bei der Mutter des jungen Mannes in den *Screwtape Letters* (dt. *Dienstanweisung für einen Unterteufel*) oder bei Orual in *Till We Have Faces* (dt. *Du selbst bist die Antwort*), offenbar auch von einer gewissen Eifersucht auf ihrer Seite geprägt. Das war eine Herausforderung für Lewis, brachte ihn aber nicht von seinem Weg ab. Er betrachtete Mrs. Moores Unfähigkeit zu glauben eher mit Mitleid als mit Ärger oder Wut.

Die Frage, ob Lewis mit der gut 25 Jahre älteren, aber durchaus nicht unattraktiven Mrs. Moore eine sexuelle Affäre hatte, bewegt bis heute die Gemüter. Viele Forscher gehen davon aus, dass dies eine Zeitlang so war, es gibt aber auch Autoren, die der Meinung sind, der seinem Vater seit langem entfremdete Halbwaise Lewis habe in Mrs. Moore einen Mutter-Ersatz gesucht (und gefunden). Erst seit kurzem gibt es einen Beleg, dass die Beziehung zwischen Lewis und Mrs. Moore anfangs tatsächlich erotischer Natur war.[30]

Dass Lewis sich im Herbst 1918 in Mrs. Moore verliebt hat, lässt sich aufgrund seiner Äußerungen gegenüber seinem Freund Arthur ohnehin nicht bestreiten. Ihre Beziehung war aber, wenn überhaupt, dann nur für die kürzeste Zeit ihrer über 30-jährigen Dauer ein erotisches

---

[30] Die Information stammt von Lewis' Sekretär und literarischem Nachlassverwalter Walter Hooper, der sie von Lewis' Freund Barfield erhielt, welcher sie wiederum von Lewis selbst hatte. Auf Hoopers Wunsch hin wurde diese von ihm 2009 in einem Interview getätigte Aussage erst nach seinem Tod im Dezember 2020 veröffentlicht, https://wadecenterblog.wordpress.com/2021/12/08/walter-hooper-interview/

Verhältnis: Je näher Lewis dem christlichen Glauben kam, umso stärker bemühte er sich, ein tugendhaftes Leben zu führen. Das war absolut unvereinbar mit einer sexuellen Beziehung zu einer immer noch verheirateten Frau (die Moores wurden nie geschieden). Es ist also davon auszugehen, dass sein Verhältnis zu Mrs. Moore spätestens gegen Ende der 1920er Jahre kein sexuelles mehr war. In späteren Briefen an ihm nicht näher bekannte Personen nennt er Mrs. Moore bisweilen auch seine Mutter.

Da sein Kamerad Johnson den Ersten Weltkrieg nicht überlebte, dauerte die Freundschaft mit diesem nur kurz. Dennoch fand Lewis' moralische Entwicklung schon bald nach dem Krieg eine Fortsetzung. Beim Studium lernte er Leute wie A.K. Hamilton Jenkin, Owen Barfield und Cecil Harwood kennen, die – obwohl allesamt keine Christen – ebenfalls versuchten, ihr Leben an ethischen Prinzipien auszurichten. Dabei unterschieden sich die Prinzipien seiner neuen Freunde zwar von den seinen, er nahm aber wahr, dass sie seinen eigenen rudimentären Vorstellungen vom Guten auch nicht zuwider liefen. Es war eher so, als hätten seine Freunde *mehr* von jenem umfassenden Guten erkannt, von dem er bisher nur ein paar Fetzen erhascht hatte.

Lewis erklärt, es sei vor allem das Empfinden von *Schuld* und *Scham* in der Gegenwart seiner neuen Freunde gewesen, das ihn davon überzeugte, dass ihre Ethik der seinen überlegen war. Er sah, dass seine moralischen Vorstellungen einer Revision bedurften, aber in einer Richtung, die er selbst als grundsätzlich richtig anerkannte: Seine Ethik unterschied sich von der Ethik seiner Freunde nicht wie Schwarz von Weiß, sondern wie der erste krakelige Versuch eines Kindes, einen Kreis zu zeichnen, vom Kreis eines geübten Zeichners.

Bei seinen strauchelnden Versuchen, in dieser Hinsicht zu seinen Freunden aufzuschließen, gingen dabei Theorie und Praxis Hand in Hand. Motiviert durch die Erinnerung an Johnson und das Vorbild seiner Freunde begann er, seine ethischen Überzeugungen weit ernster zu nehmen, als er das bisher je getan hatte: Er bemühte sich, zu tun, was er als geboten erkannte, und nicht (mehr) zu tun, was er als zu unterlassen erkannte. Dies schärfte seinen Blick für weitere Pflichten und Verbote, die er bis dahin noch nicht als solche erkannt hatte.

Lewis vermutet, er sei hier, ohne es zu ahnen, auf ein grundlegendes Prinzip der moralischen Sphäre gestoßen. So paradox das klingen mag: Der beste Weg, ein unterentwickeltes Gewissen zu schulen, besteht darin, *es zu befolgen.* Wir müssen unsere moralischen Standards nicht gleich erhöhen, sondern können mit dem Versuch beginnen, den Standards gerecht zu werden, *die wir bereits haben.* Dann wird es nicht lange dauern, bis sich unsere Standards von selbst heben.

Platon hatte daher zwar recht, als er meinte, richtiges Handeln setze richtige Erkenntnis voraus, er übersah aber, dass die richtige Erkenntnis wiederum davon abhängt, dass wir *praktizieren,* was wir als richtig erkannt haben: Eine fortgesetzte Missachtung unseres Gewissens trübt unser ethisches Urteilsvermögen, während seine Beachtung unseren Blick für das Gute schärft. Am besten schult man sein ethisches Urteilsvermögen deshalb, indem man zu tun versucht, was man bereits als richtig erkannt hat, und sich dabei an jenen orientiert, die einem auf dem Weg der ethischen Praxis voraus sind (und sei es auch nur ein Stück weit).

Das ist der Grund, weshalb Lewis auch später als Christ stets bereit war, seine ethischen Urteile dem Urteil jener zu unterwerfen, die er als bessere (bzw. heiligere) Menschen als sich selbst wahrnahm. So erklärt er zum Beispiel in *The Four Loves* (dt. *Die Vier Arten der Liebe*) ausdrücklich, seine Überlegungen zum Eros seien «offen für Korrektur durch bessere Menschen, bessere Liebhaber und bessere Christen».[31]

Auf intellektueller Ebene arbeitete Lewis in seinen ersten beiden Studienjahren daran, sich einen «New Look» zuzulegen, der zu seiner neuen Umgebung passte. Von nun an, so beschloss er, wollte er jegliches Selbstmitleid hinter sich lassen, sich von allen Empfindsamkeiten und romantischen Illusionen fernhalten und den «Tatsachen ins Auge blicken». Er nennt vier Kernelemente dieser intellektuellen Haltung,

---

[31] *The Four Loves* 92.

die er auch in den Debatten mit Arthur und seinen Studienfreunden vertrat:

1. Der Glaube an die Unsterblichkeit der menschlichen Seele und ein persönliches Weiterleben nach dem Tod war strikt abzulehnen. Ein Auslöser für diese vehemente Ablehnung war Lewis' Bekanntschaft mit einem alten irischen Geistlichen, der, obwohl längst zum Atheisten geworden, diese Frage zu seinem einzigen Lebensinhalt gemacht hatte.[32] Dieser Mann interessierte sich weder für Gott noch für andere Menschen, er hoffte auch nicht auf eine Versöhnung oder Wiedervereinigung mit bereits verstorbenen Freunden oder Verwandten: sein alleiniges Interesse galt der nackten Weiterexistenz dessen, was er sein eigenes «Selbst» nannte.

Lewis konnte sich nichts Absurderes (und in seiner vollkommenen Selbstbezogenheit Abstoßenderes) vorstellen als den Gedanken einer ewigen Weiterexistenz eines Bewusstseins, das nichts, aber auch gar nichts mit diesem Zustand anfangen kann. In seiner damaligen Unkenntnis unterstellte er diese Vorstellung vom Leben nach dem Tod auch dem Christentum, welches ihm dadurch noch weniger attraktiv erschien als ohnehin schon.

2. Lewis beschloss, jeden Gedanken an die Existenz einer Welt des Übernatürlichen, das in die Natur hineinwirken kann (ob nun in der Form okkulter Geister und Kräfte oder eines personalen Schöpfergottes), aus seinem Geist zu verbannen. Als einen Hauptgrund für diesen Entschluss nennt er in *Surprised by Joy* die Erfahrung, miterleben zu müssen, wie ein Mann, der sich intensiv mit allen Arten von Spiritismus befasst hatte (Mrs. Moores Bruder Dr. John Askins), dem Wahnsinn verfiel und kurz darauf unter größten seelischen Qualen verstarb.

Tatsächlich fand dieses Ereignis jedoch erst im Februar/März 1923 statt (Jack sorgte, wie er in seinem Tagebuch notiert, selbst drei Wochen lang für Dr. Askins, vgl. Kap. 14). Es kann somit nicht der Auslöser für diesen Entschluss gewesen sein. Im Februar 1920 berichtet Lewis aber

[32] Laut Walter Hooper war dieser Geistliche Dr. Frederick Walker Macran («Cranny»), ein Freund von Mrs. Moore und ihrem Bruder Dr. John Askins.

seinem Freund Arthur von einem Treffen mit seinem frühen (vielleicht sogar ersten) Oxforder Freund Leo Baker, bei dem dieser von seinen okkulten Erfahrungen erzählt hatte. Dies führte bei ihm zu einem Wiederaufflammen der Albträume seiner Jugend, gegen die er sich nun wappnen wollte.

Eine weitere Bestärkung dieses Entschlusses dürften auch seine zwei Besuche im Oxforder Haus des irischen Dichters William Butler Yeats im März 1921 gewesen sein. Nach dem ersten Besuch berichtet Lewis seinem Vater und seinem Bruder von der merkwürdigen Atmosphäre bei diesen Besuchen: Er und die anderen Gäste saßen «bei Kerzenlicht in einem orientalisch anmutenden Raum auf harten antiken Stühlen und hörten schweigend zu, wie der große Mann über Magie und Geister und Mystiker sprach.»[33]

Lewis' Berichte legen nahe, dass er selbst nicht ein Wort von dem glaubte, was Yeats erzählte; das zeigt, wie fest dieser Aspekt seines New Look zu diesem Zeitpunkt in ihm verankert war. Wenig später nahm er sich sogar die Freiheit, in seinem Gedicht *Dymer* das äußere Erscheinungsbild der Figur des Magiers nach dem Vorbild von Yeats zu gestalten (ja eigentlich die gesamte Szenerie im Haus des Magiers nach dem Vorbild seiner Besuche bei Yeats). Dafür entschuldigte er sich jedoch später, weil er es für unangebracht hielt, Yeats' Gastfreundschaft mit einer solchen Karikatur seiner Person zu beantworten.

3. Lewis wollte endlich Schluss machen mit seinen romantischen Träumen vom Garten der Hesperiden oder einem Land östlich der Sonne und westlich des Mondes. Eine intellektuelle Rechtfertigung hierfür bot ihm die Tiefenpsychologie Sigmund Freuds, die zu Beginn der 1920er Jahre in Oxford zunehmend Anhänger fand.

Freud behauptete, der Mensch sei nicht einmal Herr im Haus seines eigenen Bewusstseins; auch sei es möglich, die menschliche Psyche ebenso wissenschaftlich zu erklären wie seinen Körper. Den Glauben an eine jenseitige Welt voller Schönheit und Güte erklärte er zu einem

---

[33] *Collected Letters I* 524, an Albert Lewis, 19. März 1921.

Produkt unbewusster Wünsche oder Ängste: Dieser Glaube sei ein Fall von *Projektion*, das heißt eine rein imaginäre Kompensation für Dinge, die Menschen hier auf Erden entgangen waren.

Zwar übernahmen nur wenige Leute den Freudianismus in Gänze, Lewis gibt aber zu, dass er und seine Freunde sich stark von ihm beeinflussen ließen. Er selbst stufte nun die Hoffnung seiner Tage in Great Bookham, seine Sehnsucht ließe sich erfüllen, wenn es ihm nur gelänge, den Wald am Ende der Welt zu erreichen, als Wunschdenken ein, das einer reifen, erwachsenen Persönlichkeit unwürdig war.

Sein eigener Name für solche Wunschträume war, in Anlehnung an die Figur der Christina Pontifex in Samuel Butlers Roman *The Way of All Flesh*, «Christina dreams». Christina Pontifex ist in der Tat ein hervorragendes Beispiel für solche Wunschphantasien. Sie

> stellte sich vor, sie und [ihr Verlobter] Theobald würden der Verachtung fast aller Menschen trotzen, um eine gewaltige Aufgabe zu erfüllen, die ihrem Erlöser zur Ehre gereichte. Dafür konnte sie alles auf sich nehmen. Aber immer kam es gegen Ende ihrer Vision zu einer kleinen Krönungsszene hoch oben in den goldenen Gefilden des Himmels, und der Menschensohn selbst setzte ihr ein Diadem auf das Haupt, inmitten einer Schar von Engeln und Erzengeln, die mit Neid und Bewunderung zusahen – und hier blieb sogar Theobald außen vor.[34]

Was aber war dann mit Joy: Waren seine romantischen Träume vom Garten der Hesperiden bloße «Christina dreams» gewesen, wie konnte ihn diese Erfahrung dann dennoch so faszinieren und bewegen? In «Early Prose Joy» beschreibt Lewis seine damalige Gemütsverfassung wie folgt. Die gesamte bisherige Geschichte seiner Beschäftigung mit Joy war eine lange Liste seiner gescheiterten Versuche, das Objekt ausfindig zu machen, dem seine Sehnsucht und Freude galt:

---

[34] Butler, *The Way of All Flesh* Kapitel 12, Übers. N.F.

Zuerst hatte er gemeint, es seien die «Thrills», die die Götter Asgards (bzw. die nordischen Mythen insgesamt) bei ihm auslösten, nach denen er verlangte. Doch das konnte unmöglich der Fall sein: Diese Thrills waren nur seine körperliche und emotionale Reaktion auf das, was in der Erfahrung selbst geschah, das heißt der Begegnung mit ihrem eigentlichen Objekt.

Dann hatte er gemeint, das Objekt mit dem Wald am Ende der Welt identifizieren zu können. Er erkannte aber (negativ durch die Qualität seiner erotischen und okkulten Phantasien und positiv durch MacDonalds *Phantastes*), dass, selbst wenn er einen solchen Ort erreichen würde, er nicht das wäre, «was er wollte».

Eine Zeitlang hatte er geglaubt, das Objekt seines Verlangens mit seiner eigenen Vergangenheit identifizieren zu können. Auch das konnte aber nicht sein, waren doch die Zeiten, an die er sich in Momenten von Joy erinnerte, entweder ganz gewöhnliche Situationen gewesen oder aber ihrerseits Momente der Sehnsucht. Auch der Versuch, das Gesuchte mit der Natur um ihn herum zu identifizieren, war gescheitert. Denn kam es in der Natur zu einer Erfahrung von Joy, so befand er sich inmitten der Bäume und Felder, die sie auslösten, das Verlangen war aber immer noch da.

Es schien daher, als bleibe nur noch eine Möglichkeit: Es musste *Joy selbst* sein – als ein Zustand seines eigenen Bewusstseins –, wonach er verlangte. Es gab gar kein äußeres Objekt. Die Welt war ein Ödland nackter Materie; worauf es ankam, fand sich allein in seinem Inneren. Dieses Verständnis von Joy als eines überaus wertvollen, aber rein subjektiven *ästhetischen* Erlebnisses vertrat Lewis von nun an auch in den Debatten mit seinen literarischen Freunden.

4. Eine erneute Lektüre von Bergsons Hauptwerk *L'Évolution créatrice* im Juni 1920 überzeugte Lewis davon, dass das Nichts keine Alternative zum Sein ist. Er sah sich daher gezwungen, seine bisherige Attitüde des Revoltierens gegen eine als sinnlos und grausam empfundene Welt aufzugeben.

Bergson argumentiert wie folgt: Wie kommen wir überhaupt auf die Idee, es habe einmal nichts existiert und es werde möglicherweise auch einmal wieder nichts existieren? Er sah hierfür nur eine Möglichkeit: indem wir an alle möglichen Dinge denken, die tatsächlich existieren (seien es materielle Gegenstände oder auch nur Ideen), und *hinzu denken*, es gebe sie nicht. Was wir als «das Nichts» bezeichnen, ist also in Wahrheit der Gedanke einer *Abwesenheit von allem*, sodass die vermeintliche Idee eines absoluten Nichts von unserem Wissen abhängt, dass tatsächlich etwas existiert. Der Gedanke eines absoluten Nichts widerspricht sich selbst: indem ich ihn formuliere, setze ich bereits voraus, dass es etwas gibt. Es ist undenkbar, dass die Welt nicht existiert haben könnte: sie existiert *notwendig*.

Auf diese Weise brachte Bergson Lewis zur Wahrnehmung eines ersten göttlichen Attributes, nämlich dem der notwendigen Existenz. Noch schrieb er dieses Attribut jedoch dem falschen Objekt zu: nicht Gott, sondern dem materiellen Universum.

Bergsons Argument war ein erster Schlag gegen Lewis' jugendlichen Pessimismus: Lässt sich die Idee eines absoluten Nichts gar nicht formulieren, welchen Sinn hat es dann, sich zu wünschen, die Welt habe niemals existiert? Dann sind wir Menschen doch ebenfalls ein notwendiges Produkt dieser mit Notwendigkeit existierenden Welt und können niemanden dafür verurteilen, dass er sie geschaffen hat (auch keinen nichtexistenten Gott). Und dann hat es natürlich auch keinen Sinn, zu wünschen, man selbst habe nie existiert.

Schlimmer noch, auch die menschliche Fähigkeit, ethisch zu urteilen (und zu *verurteilen*), war damit ein Produkt dieser mit Notwendigkeit existierenden Welt. Daraus folgte: Ist das Universum als Ganzes sinnlos, dann sind es auch unsere eigenen moralischen Urteile – und damit jeglicher Protest gegen die Sinnlosigkeit der Welt. Dann war es «lediglich dasselbe Ganze, das durch dich ‹leise die Verfluchungen seiner selbst verkündet›».[35] (SbJ 159)

Eine Verdammung der Welt wäre nur dann möglich gewesen, wenn man die Geschehnisse in der Welt an einem unabhängigen

[35] Das Zitat stammt aus Matthew Arnold, *Empedocles on Etna* (1852), Akt I, Szene II, Zeile 302.

Maßstab hätte messen können – an einem Maßstab, der seinerseits kein Produkt materieller Prozesse in der Welt war. Im September 1920 bekennt Lewis deshalb gegenüber seinem Freund Baker, «dass ich nichts gegen das Universum vorbringen kann, solange ich nicht selbst etwas anzubieten habe – und in dieser Hinsicht sind wir alle bankrott.»[36]

Lewis sah sich daher genötigt, das Universum zu akzeptieren, wie es nun einmal war, «absolut, ohne Vorbehalte, loyal». (SbJ 159) Die Ethik seines New Look bezeichnet er deshalb als eine Art von «stoischem Monismus»: stoisch, weil man sein Los akzeptieren und den Zuständen in der Welt ohne falsche Leidenschaft begegnen musste, und Monismus (von Griechisch *mónos:* «allein», «einzig», «ein»), weil es letztlich nur eine Art von Seiendem gab: Alles, was ist, war ein Produkt derselben materiellen Prozesse, die in der Welt wirken.

Die Widersprüchlichkeit seines früheren Protests gegen das Universum war eine wichtige Entdeckung für Lewis. Er hielt sie für so bedeutsam, dass er im Sommer 1921 sogar sein lange zuvor begonnenes Gedicht *Foster* umarbeitete, um es diesem Thema zu widmen (*Foster* gilt heute als verloren). Auch das im Frühjahr 1922 begonnene narrative Gedicht *Dymer* enthält einen Gesang (Canto V), der sich mit diesem Thema befasst.

Und die Problematik beschäftige ihn auch weiter. Im Januar 1924 schrieb Lewis ein Paper mit dem Titel «The Promethean Fallacy in Ethics» (Der prometheische Fehlschluss in der Ethik) und reichte es beim St. John's College als Teil seiner Bewerbung für ein Fellowship ein. In seinem Tagebuch notiert er, der Text sei eine Prosa-Fassung seines *Foster*-Gedichtes und eine Replik auf Bertrand Russells berühmten Essay «The Free Man's Worship», in dem er viel von seiner eigenen früheren Haltung wiedererkannte. Bei Russell heißt es unter anderem:

---

[36] *Collected Letters I* 509, an Leo Baker, 25. September 1920.

> Dass der Mensch das Produkt von Ursachen ist, die keine Vorausschau des Zieles hatten, das sie erreichen würden; dass sein Ursprung, sein Wachstum, seine Hoffnungen und Ängste, seine Herzensangelegenheiten und seine Überzeugungen nichts als zufällige Zusammenstellungen von Atomen sind; dass kein Feuer, kein Heldentum, keine Stärke des Denkens oder Fühlens ein individuelles Leben über den Tod hinaus erlangen kann, dass all die Mühen der Zeiten, all die Hingabe, all die Eingebung, all die Mittagshelle des menschlichen Genies zur Auslöschung im unermesslichen Hitzetod des Sonnensystems bestimmt sind, und dass der gesamte Tempel der Errungenschaften des Menschen unweigerlich unter dem Schutt eines Universums in Trümmern begraben werden muss – all diese Dinge sind, wenn auch nicht völlig jenseits allen Disputes, doch so nahezu gewiss, dass keine Philosophie, die sie zurückweist, Bestand zu haben hoffen kann.[37]

Lewis nennt Russells Essay einen sehr klaren und edlen Ausdruck dessen, was er noch bis vor kurzem selbst geglaubt hatte. Er kritisiert aber, Russell weiche dem eigentlichen Problem aus: Sind unsere Ideale in der Tat ein bloßes Naturprodukt (nämlich Verkleidungen für das blinde Wirken unserer Instinkte), und ist die Natur insgesamt sinnlos, so sind diese Ideale nicht weniger sinnlos als die Natur, der sie entstammen. Lewis folgert: «Die prometheische Haltung wäre nur dann haltbar, wenn wir wirklich Teil eines anderen Ganzen außerhalb des eigentlichen Ganzen wären – was wir nicht sind.»[38]

Im Übrigen widmete Lewis sich den damaligen Gepflogenheiten des studentischen Lebens. Gleich in seiner ersten Studienwoche wurde er ein Mitglied der Martlets, einer Vereinigung an seinem College, die sich vier Mal pro Trimester traf, um Vorträge zu hören und über Literatur zu diskutieren. Die Martlets waren ein exklusiver Club mit nur 12 studentischen Mitgliedern (und die einzige Society, deren Protokolle in der

---

[37] Russell, «The Free Man's Worship» 66f, Übers. N.F.

[38] *All My Road Before Me* 281.

Bodleian, der altehrwürdigen Hauptbibliothek Oxfords, aufbewahrt wurden). Lewis erhielt sogleich den wenig beliebten, weil arbeitsaufwändigen Posten des Sekretärs, wurde aber schon im September 1919 zum Präsidenten befördert.

Er las in den mehr als 20 Jahren seiner Verbindung mit den Martlets zahlreiche Paper, erstmals bereits im März 1919 über seinen Helden William Morris, später dann auch über Edmund Spenser, James Boswell, die «Personenbezogene Häresie» und «Psychoanalyse und Literatur». Dabei erhielt er viel Zuspruch, sah sich aber auch herausgefordert, seine literarischen Auffassungen zu begründen und in der Diskussion mit den übrigen Mitgliedern der Martlets und anderen Zuhörern zu verteidigen.

Mit seinen neuen Studienfreunden A. K. Hamilton Jenkin, Owen Barfield, Cecil Harwood, Rodney Pasley und Leo Baker diskutierte Lewis ebenfalls unablässig über Literatur. Er tat aber nicht nur das: er und seine Freunde betätigten sich auch alle selbst als Dichter. Man tauschte daher die eigenen Gedichte untereinander aus, kritisierte und lobte sie und empfahl sie weiter.

Das brachte auch eine Reflexion über den Prozess des Schreibens mit sich: Nach welchen Prinzipien arbeitet die *poetische Imagination*, die einem literarischen Werk seine innere Einheit und Kohärenz verleiht? Wie ist ihr Verhältnis zur Wahrheit? Wie unterscheidet sich die Imagination von bloßen Prozessen der Assoziation (Coleridges «Fancy»)? Ist Dichtung eine Form künstlerischen Ausdrucks oder nicht doch in erster Linie ein Medium der Kommunikation? Jack diskutierte bei diesen Fragen eifrig mit und entwickelte dabei Auffassungen, die später auch seine Tätigkeit als Literaturwissenschaftler prägen sollten.

Lewis war sich durchaus bewusst, wie *konservativ* seine literarischen Ansichten im Vergleich zu denen seiner Zeitgenossen waren. Im Frühjahr 1920 stellte er deshalb mit Baker, Pasley und zwei Freundinnen eine Anthologie eigener Gedichte zusammen, die ein Gegengewicht zum literarischen Mainstream bieten sollte. Der Verlag Blackwell versprach, das Buch unter dem Titel «The Way's the Way» herauszugeben, ein Streik verzögerte jedoch den Druckprozess. In dieser Zeit kamen dem Verlagschef Basil Blackwell Bedenken bezüglich der Vermarktungsmöglichkeiten einer solchen Anthologie. Er bestand deshalb auf einer finanziellen Beteiligung der Autoren, die diese als Studenten naturgemäß nicht leisten konnten. Damit fand die Gruppe aufstrebender junger Lyriker ein Ende, bevor sie überhaupt ans Licht der Öffentlichkeit getreten war.

Im März 1920 absolvierte Lewis das Honour Moderations-Examen, welches er mit Bestnote («First Class Honours») abschloss. Das war ein erster wichtiger Teilerfolg, weil ihm klar war, dass er zu kaum etwas anderem taugen würde als zu einem Universitätsdozenten. Und um hier auf dem eng umkämpften Stellenmarkt eine Chance zu haben, musste man in allen Examina Bestnoten vorweisen können.

Kapitel 13
Philosophiestudium und die Folgen

Zum Oxforder Studiensystem gehört auch die Begleitung durch Tutoren, für die man wöchentlich eine Aufgabe bearbeitet, zum Beispiel, indem man eine Übersetzung anfertigt oder einen Essay schreibt. Das Ergebnis trägt man dann dem Tutor bei einem gemeinsamen wöchentlichen Termin vor und erhält im Gegenzug dessen Kritik.

Lewis erklärt, er habe abgesehen von Capron mit seinen Lehrern eigentlich immer Glück gehabt. Das gilt gewiss auch für seine Tutoren in Geschichte (George Stevenson) und Philosophie (Edgar F. Carritt), die er mit Aufnahme des Greats-Studiums im April 1920 zugewiesen bekam. Carritt erkannte und förderte schon früh Lewis' von Kirkpatrick geschulte Fähigkeit zu logischem Denken; offenbar war das Verhältnis von Lehrer und Schüler auch von Anfang an von einer großen gegenseitigen Wertschätzung geprägt. Es ist daher nicht allzu überraschend, dass Lewis Carritt erst einmal in seiner philosophischen Ausrichtung folgte: Ein halbes Jahr nach Beginn seines Philosophiestudiums unter Carritts Anleitung trat er in die Fußstapfen seines Lehrers und wurde *Realist.*

Der Realismus, wie er in Oxford und Cambridge zu Beginn des 20. Jahrhunderts gelehrt wurde, war eine Form des *Naturalismus.* Sein philosophischer Hauptgegner war der Idealismus, insbesondere dessen These, es gebe keine vom menschlichen Wahrnehmen und Denken unabhängige materielle Realität, die von außen auf unser Bewusstsein einwirkt und dort unsere Sinneswahrnehmungen hervorruft.

Es gab (und gibt) natürlich auch andere Formen des Naturalismus; der Materialismus, den Lewis bis zum Beginn seines Greats-Studiums vertrat, gehört hier ebenfalls dazu. Was also änderte sich nun in seiner Philosophie?

Das *gemeinsame* Element von Materialismus und Realismus ist das folgende: Alle Formen des Naturalismus gewinnen ihre Vorstellung vom Sein der Dinge aus den Erkenntnissen der Naturwissenschaften, das heißt durch systematische Beobachtung mit den Sinnen wahrnehmbarer Phänomene. Das Sein eines Objekts *ist* für einen Naturalisten, was man empirisch an ihm beobachten kann. Dabei gibt es zwar unterschiedliche Auffassungen darüber, was diese Erkenntnisse sind (und welche Wissenschaften hier einbezogen werden sollen: nur die Natur- oder auch die Sozialwissenschaften?), doch alle Formen des Naturalismus sind sich darin einig, dass physische Kausalität die grundlegende Kategorie zur Erklärung sämtlicher Phänomene in der Welt ist.

Diese Art der Erklärung von Ereignissen durch Rückführung auf ihre physischen Ursachen kennt kein Ziel (sie ist *a-teleologisch*), keinen Zweck, kein Design und kein Höher oder Niedriger, zum Beispiel im Hinblick auf evolutionäre Prozesse. Der Mensch ist also kein höheres Wesen als der Affe, und der Affe kein höheres Wesen als die Fliege. Die Prozesse in der Welt mögen unterschiedlich *komplex* sein, daraus folgen aber keine Wertunterschiede und auch keine ethischen Handlungsanweisungen.

Für einen Naturalisten ist die Natur, wie die empirischen Wissenschaften sie beschreiben, daher *das Ganze:* Das Einzige, was existiert, ist eine selbstexistente (d. h. nicht ihrerseits von etwas anderem geschaffene) Natur, in der jedes Ereignis mit allem anderen durch die Relation von Ursache und Wirkung verbunden ist. Es gibt keine geistige Welt, die unabhängig von der natürlichen Welt existiert und kausal mit ihr interagieren könnte; die Welt der Natur ist *kausal geschlossen.* Der Naturalismus ist somit eine Form des Monismus: Es gibt nur eine Art von Ding, und das ist die Natur.

Ein Materialist im eigentlichen Sinn[39] ist jemand, der behauptet, alle geistigen Phänomene seien letztlich physische (oder chemische) Phänomene, oder der die Existenz geistiger Phänomene ganz leugnet. Für einen Materialisten ist das «Selbst» oder die «Seele» des Menschen somit ein bloßes *Epiphänomen:* Unsere vermeintlich rationalen Überzeugungen

[39] Das heißt jemand, der dieses Wort nicht als Bezeichnung für den Naturalismus im Allgemeinen verwendet. Lewis schreibt in diesem Fall oft «strict materialism».

(wie der Glaube, dass 2 + 2 = 4 ist oder dass Mord falsch ist) liefern uns keine Einsichten in objektive Realitäten außerhalb unserer selbst, sie sind in Wahrheit Produkte nicht-rationaler und nicht-moralischer Prozesse in unserem Gehirn. Unsere Überzeugungen spiegeln lediglich die Art und Weise wider, wie unser Gehirn zufällig funktioniert – weil sich diese Funktionsweise im Prozess der Evolution als nützlich erwiesen hat.

Da der Materialist dennoch glaubt, seine Position sei wahr (und Positionen, die einen geistigen Urgrund der Welt annehmen, falsch), behauptet er im Grunde genommen, ein Set von physischen Ereignissen (= Prozesse im menschlichen Gehirn) könne wahre Aussagen über andere Sets von physischen Ereignissen (= die Welt) treffen oder Irrtümer über sie begehen. Dies war (mit gewissen Schwankungen) Lewis' Position von 1913 bis April 1920, als er sein Philosophiestudium begann.

Nicht alle zeitgenössischen Naturalisten waren jedoch der Ansicht, ihre Position impliziere automatisch einen solchen Materialismus. Der Realismus, den Carritt und andere Oxforder Philosophen wie H.A. Prichard und H.B.W. Joseph vertraten,[40] ging davon aus, dass geistige Phänomene *nicht* bloß physische Phänomene in Verkleidung sind. Sie nahmen zwar an, der Geist des Menschen sei ein abgeleitetes Phänomen: Veränderungen auf der Ebene unseres Bewusstseins werden nicht nur von Veränderungen auf der physischen Ebene begleitet, sondern haben ihren *Ursprung* in ihnen. Geistige Phänomene galten ihnen aber dennoch nicht als rein physikalisch erklärbar (nicht einmal im Prinzip): Die Fähigkeit zu denken ist zwar ein Produkt von Prozessen im menschlichen Gehirn, das Denken selbst folgt dann aber seinen eigenen (logischen) Gesetzmäßigkeiten.

Carritt und seine Kollegen (auch Russell) argumentierten, die grundlegenden Axiome von Mathematik und Logik seien zweifelsfrei wahr, da sie selbst-evidente rationale Intuitionen sind: Die Wahrheit logischer Prinzipien (zum Beispiel, dass zwei einander in derselben Hinsicht wi-

---

[40] Einflussreiche Vertreter des Realismus in Cambridge waren G.E. Moore und Bertrand Russell.

dersprechende Aussagen nicht zugleich zutreffen können) leuchtet jedem mit Vernunft begabten Wesen unmittelbar ein. Lewis übernahm diese Auffassung von seinen philosophischen Lehrern und behielt sie für den Rest seines Lebens bei.

Carritt und Prichard waren zudem ethische Intuitionisten; nach ihrer Ansicht sagt uns unsere Vernunft auch, was *gut* oder *böse* ist. Verhaltensnormen wie «Du sollst nicht stehlen» oder «Du sollst kein falsches Zeugnis ablegen» sind also ebenfalls selbst-evidente rationale Intuitionen; sie müssen somit nicht weiter begründet werden und *können* es auch gar nicht. Vor allem lassen sich ethische Normen als Gebote der praktischen Vernunft nicht aus Aussagen über Tatsachen ableiten (d. h. aus Aussagen im Indikativ, wie es die Ergebnisse naturwissenschaftlicher Forschung sind): *Aus dem Sein folgt kein Sollen,* wie David Hume bereits im 18. Jahrhundert betont hatte.

Die Annahme, ethische Normen seien Gebote der praktischen Vernunft, war Lewis äußerst willkommen. Sie löste nämlich ein Problem, mit dem er sich schon lange herumgeschlagen hatte: Waren ethische Normen keine der Menschheit von Gott willkürlich auferlegten, mit ewigen Sanktionen belegten Gebote (der Gedanke, sie wären es, war strikt abzulehnen), wie konnten sie dann dennoch *objektiv gültig* sein? Waren sie dann nicht bloße «Verkehrsregeln», auf die sich eine Gesellschaft verständigte – die also lediglich die in einem Staat vertretene Mehrheitsmeinung widerspiegelten? War das aber der Fall, wie konnte man dann sagen, Dinge wie Sklaverei oder Folter seien ungerecht, wenn sie doch den in einem Staat geltenden Normen entsprachen?

Dieses Problem hatte Lewis zu der Erkenntnis gebracht: Wollen wir daran festhalten, dass es möglich ist, die Taten von Menschen (und Staaten) ungerecht zu nennen, so muss es einen Maßstab geben, der von der in einem Staat geltenden Religion oder Weltanschauung unabhängig ist – der also für alle Menschen *qua Mensch* gilt. Die These seiner Oxforder Lehrer, die Grundnormen der Ethik seien jedem mit Vernunft begabten Wesen prinzipiell erkennbar, erlaubte ihm, einen solchen Maßstab für Gut und Böse anzunehmen, ohne hierfür auf einen göttlichen Gesetzgeber zurückgreifen zu müssen.

Bevor Lewis zum Realisten wurde, geschah jedoch etwas, das seine Bereitschaft, Carritts Ansichten zu folgen, enorm verstärkte. Im September 1920 fegte eine Beschäftigung mit Berkeleys Argument gegen die Existenz einer materiellen Außenwelt die intellektuellen Grundlagen seines bisherigen Materialismus im Handumdrehen hinweg. Er sah sich daher mit Erschrecken gezwungen, «eine Art von Gott als die am wenigsten zu beanstandende Theorie zu postulieren»[41] (wie er seinem Freund Baker schrieb).

Das entsprach natürlich alles andere als seinen Wünschen (vor allem nicht seinem Wunsch nach Nichteinmischung in sein Leben), sodass Lewis sich so schnell es ging eine Begründung zurechtlegte, warum Berkeley mit seinem idealistischen Theismus unmöglich recht haben konnte. Über Berkeley wird später noch mehr zu sagen sein (Kap. 18), weshalb an dieser Stelle der Hinweis genügen soll, dass Lewis schon nach einer Woche wieder von ihm abrückte und sich dem Realismus zuwandte.

Diese Philosophie erschien ihm auch deshalb attraktiv, weil sie dezidiert anti-idealistisch war und auf der Existenz einer materiellen Außenwelt beharrte. Dies entsprach Lewis' Wunsch nach einer Eigenständigkeit und Unabhängigkeit der Natur von unseren subjektiven menschlichen Vorstellungen, der ein wesentliches Element seiner Erfahrung der Schönheit der Natur war. Und ein solcher Realismus passte auch gut zu dem intellektuellen New Look, den er sich in den anderthalb Jahren zuvor zugelegt hatte.

Wie wichtig es Lewis war, den Konsequenzen von Berkeleys idealistischem Theismus zu entgehen, sieht man daran, dass er sowohl in «Early Prose Joy» als auch in *Surprised by Joy* schreibt, er habe vom Beginn seines Philosophiestudiums an all seine geistigen Kräfte darauf verwendet, den Realismus zu verteidigen. (EPJ 30 / SbJ 162)

In seiner Zeit als Realist gewann Lewis auch seinen ersten akademischen Preis. Im Dezember 1920 erhielt er die Einladung, sich für den

[41] *Collected Letters I* 509, an Leo Baker, 25. September 1920, vgl. EPJ 30.

jährlich vergebenen Essay-Preis des Vizekanzlers der Universität Oxford zu bewerben; das Thema lautete «Optimismus». Lewis beschloss, die Herausforderung anzunehmen, zumal er davon ausging, dass ein solch prestigeträchtiger Preis ihm auch bei der Jobsuche von Vorteil sein könnte. Er arbeitete in den ersten drei Monaten des Jahres 1921 intensiv an seinem Essay, hatte aber Sorge, er gerate für die Literaten zu philosophisch und für die Philosophen zu literarisch.

Die Freude war umso größer, als er im Mai die Nachricht erhielt, die siebenköpfige Jury habe den Preis tatsächlich ihm zuerkannt. Der absolute Höhepunkt war die Preisverleihung im Juni 1921 im Rahmen der *Encaenia,* dem offiziellen Festakt der Universität zum Ende des akademischen Jahres 1920/21. Bei dieser Zeremonie, die seit dem 17. Jahrhundert bezeugt ist und bis heute im altehrwürdigen Oxforder Sheldonian Theatre stattfindet, durfte Lewis auch einen Auszug aus seinem preisgekrönten Essay vortragen.

Ein Exemplar dieses (ca. 20-seitigen) Essays ist leider nicht erhalten geblieben, sodass sich über seinen Inhalt nicht viel sagen lässt. Lewis erklärt allerdings in einem Brief an seinen Bruder, eines der Themen sei die Frage der Existenz Gottes – und seine Strategie, dass es de facto keinen Unterschied mache, ob ein solches Wesen existiert oder nicht. Gottes Existenz zuzugeben hätte seinen eigenen Überzeugungen widersprochen (und zudem sein Vorhaben inhaltlich zunichte gemacht); sie zu leugnen erschien ihm aber auch nicht ratsam, da es unter den Gutachtern auch Christen hätte geben können.

Angesichts des Themas «Optimismus» lässt sich vermuten, dass der Essay in seinem zweiten, metaphysischen Teil eine Darstellung seiner von Bergson inspirierten Kritik an seiner eigenen früheren pessimistischen Weltanschauung (das heißt der «Promethean Fallacy in Ethics») enthielt.

Nur ein paar Monate später sah Lewis sich allerdings gezwungen, den Realismus doch wieder aufzugeben. In *Surprised by Joy* schreibt er dieses einschneidende Ereignis der Überzeugungskunst seines Freundes Barfield zu; in «Early Prose Joy» (geschrieben 25 Jahre vor *Surprised by Joy*) erwähnt er Barfield jedoch nirgends (andere seiner Freunde allerdings auch nicht).[42] Dort erklärt er, es sei die Lektüre von Kants *Kritik der reinen Vernunft* und F.H. Bradleys *The Principles of Logic* gewesen, die ihn dazu brachte, sich vom Realismus ab- und dem Idealismus zuzuwenden. Welche Argumente spielten hierbei eine Rolle?

Bei Kant hebt Lewis hervor, ein Kernelement seiner Philosophie habe sich auf eine solch überwältigende Weise mit einer seiner eigenen Erfahrungen gedeckt, dass es ihm unmöglich erschien, dessen Richtigkeit zu bezweifeln: die Unterscheidung zwischen dem transzendentalen und dem empirischen Ich. Diese Unterscheidung lieferte ihm die Erklärung für seine Kriegserfahrung vom April 1918, sich nach dem Granaten-Treffer quasi selbst beim Sterben zuzusehen (Kap. 11).

Worum es Kant mit seiner Unterscheidung geht, lässt sich am Phänomen der Zeit verdeutlichen. Der Mensch ist das einzige Tier, das ein *Verhältnis zur Zeit* hat: Wir schwimmen nicht nur mit im Fluss der Zeit, sondern nehmen ihr Verstreichen wahr und können über den damit verbundenen Wandel reflektieren. Wir allein unter den Tieren wissen deshalb um unsere eigene Endlichkeit: Wir nehmen den eigenen Anfang in den Blick und fragen nach unserer Herkunft, und wir nehmen das eigene Ende in den Blick und fragen mit Angst und Sorge nach unserer Zukunft. Und wir bestatten unsere Toten, beten für sie und gedenken ihrer.

Dass wir das tun, liegt daran, dass unser Leben mehr ist als eine bloße Aneinanderreihung aufeinander folgender Sinneseindrücke. Wir sind uns *bewusst*, dass diese Eindrücke in uns aufeinander folgen, und setzen sie in Relation zueinander. So erkennen wir zum Beispiel die

---

[42] Es scheint, als habe Lewis sich in *Surprised by Joy* mit seinem Lob an Barfield vertan. Das legt auch ein Brief aus den späten 1920er Jahren nahe. Dort schreibt er nämlich, wenn Barfield gewusst hätte, dass Empirismus, Psychoanalyse, Materialismus etc. «triviales Denken» sind und durch *mehr Denken* geheilt werden können, so hätte er sich gewiss nie der Anthroposophie zugewandt. Barfield wandte sich aber erst 1923 der Anthroposophie zu, sodass es äußerst unwahrscheinlich ist, dass ausgerechnet er es gewesen sein soll, der eineinhalb Jahre zuvor Lewis davon überzeugte, dass das «triviale Denken» seines bisherigen Naturalismus durch mehr Denken geheilt werden konnte.

Klänge, die wir von draußen vernehmen, als die Schläge einer Turmuhr, zählen sie und können so ermitteln, wie spät es ist. Und auch beim Hören eines Musikstücks folgt bei uns nicht nur Ton B auf Ton A und Ton C auf Ton B, sondern wir hören die Abfolge dieser Töne (d.h. ihre Länge, Tonhöhe und Lautstärke) als eine Melodie und erfreuen uns ihrer.

Lewis bringt dieses Phänomen in *The Problem of Pain* auf die prägnante Formel: Unser Leben besteht nicht nur aus einer *Abfolge von Wahrnehmungen;* wir besitzen die Fähigkeit zur *Wahrnehmung von Abfolgen.* Das aber setzt voraus, dass es etwas in uns gibt, das sich während der Abfolge von Ereignissen, die wir beobachten, selbst nicht verändert, sondern als *identisch* weiß. Es ist dieses gleichbleibende Moment in uns, das es uns ermöglicht, zu sagen: Ich habe zuerst gesehen, dass die Ampel auf Rot gesprungen ist, und dann erst habe ich gesehen, dass der Wagen die Kreuzung passiert hat; früher wollte ich mal Fußballprofi werden, nun bin ich Lehrer.

Das Ich, mit dem wir den Wandel der Zeit wahrnehmen, nennt Kant das transzendentale (noumenale, zur Welt des Geistigen gehörende) Ich; das Ich, dessen zeitlichen Wandel wir beobachten, nennt er das empirische (phänomenale, zur Welt der Objekte gehörende) Ich. Soll das transzendentale Ich in der Lage sein, das Aufeinander-Folgen von Ereignissen im Fluss der Zeit wahrzunehmen, so muss es laut Kant ein Bestandteil der intelligiblen Welt sein (d.h. der Welt des Geistigen) und nicht bloß ein Bestandteil der Welt der Objekte. Der Naturalismus, der die Existenz einer solchen geistigen Welt bestreitet, ist somit falsch (und der Realismus damit auch).

Das Argument, das Lewis in *Surprised by Joy* seinem Freund Barfield zuschreibt (welches aber wahrscheinlich von Bradley stammt), lautet: Der Realismus widerspricht sich selbst und kann deshalb unmöglich wahr sein. Der Realist *behauptet* zwar, rationales Denken führe zu unbestreitbarer Wahrheit, moralische Urteile seien objektiv gültig und unsere ästhetischen Erfahrungen «wertvoll». Wie das allerdings möglich sein soll, wenn seine eigene naturalistische Philosophie wahr ist, erklärt er jedoch nicht. Realisten sind in Wahrheit «halbherzige Materialisten»[43]: Sie erklären alles in der Welt zu «zufälligen Konstellationen von Atomen» (Russell), nehmen aber ihre eigenen Urteile davon aus. Wären sie *konsequent,* so müssten sie auch eine behavioristische Logik, Ethik und Ästhetik vertreten.

Ein solcher Behaviorismus war für Lewis im wahrsten Sinne des Wortes un-*glaub*-lich: Wie kann man annehmen, die Akte des eigenen Denkens seien ein sinn- und zielloses Zufallsprodukt evolutionärer Prozesse, und zugleich behaupten, dies sei die höchste Erkenntnis von Philosophie und Wissenschaft?

Er kam daher zu dem Schluss: Wollte er daran festhalten, dass Philosophie und Wissenschaft uns echtes Wissen über die Welt vermitteln, so musste er anerkennen, «dass der Verstand kein spätes Epiphänomen war; dass das ganze Universum letztlich geistig war; dass unsere Logik Teilhabe an einem kosmischen *Logos* war». (SbJ 162) Jahre danach brachte Lewis seine Erkenntnis, das Weltbild des Naturalismus könne unmöglich wahr sein, im *Socratic Club* auf die folgende Weise zum Ausdruck:

> Eine absolut zentrale Inkohärenz ruiniert es [...]. Das ganze Bild gibt vor, von Schlussfolgerungen aus beobachteten Tatsachen abzuhängen. Sind die Schlussfolgerungen nicht gültig, so verschwindet das ganze Bild. Können wir nicht sicher sein, dass die Realität im entferntesten Nebel oder entferntesten Teil [des Universums] den Denkgesetzen des menschlichen Wissenschaftlers hier und jetzt in seinem Labor gehorcht – mit anderen Worten, ist die Vernunft nichts Absolutes –, so liegt alles in Trümmern.[44]

Dies war ein entscheidender Wendepunkt in Lewis' Leben: Er ließ den Naturalismus – und damit auch den Atheismus, dessen Freuden er jahrelang gekostet hatte – ein für alle Mal hinter sich und wurde zum Idealisten. Er erkannte, dass er zwar nicht falsch gelegen hatte, dass es ein

---

[43] *The Personal Heresy* 28f.

[44] «Is Theology Poetry?» 162.

Absolutes geben musste, das (wie Bergson gezeigt hatte) mit Notwendigkeit existierte und der Ursprung der empirischen, also mit den Sinnen wahrnehmbaren Welt war. Dieses Absolute war aber nicht *materiell*, sondern *geistig*. Andernfalls hätte es den menschlichen Geist nicht geben können, und damit auch kein Wahr und Falsch, und somit keine Erkenntnis der Welt insgesamt (auch keine naturwissenschaftliche).

Laut «Early Prose Joy» vollzog Lewis diesen Wandel in seinem zweiten Jahr in Philosophie, das heißt im akademischen Jahr 1921/1922. (EPJ 31) Lesern, die sich bereits mit C.S. Lewis' Glaubensweg beschäftigt haben, wird diese Datierung sehr *früh* vorkommen. Bisherige Biografien setzen dieses Ereignis durchweg später an; sie gehen davon aus, dass Lewis bis in die späten 1920er Jahre hinein Atheist (oder zumindest Agnostiker) blieb.

Doch es gibt weitere Belege, die diese Angabe aus «Early Prose Joy» stützen und bestätigen. In *Surprised by Joy* berichtet Lewis von diesem Wandel, *bevor* er auf den Abschluss seines Greats-Examens im Juli 1922 zu sprechen kommt.[45] Und an anderer Stelle erklärt er, er sei Idealist gewesen, als er sein Gedicht *Dymer* begann, was sich mithilfe seines Tagebuchs auf den 2. April 1922 datieren lässt. Sehr wahrscheinlich fand Lewis' Abkehr vom Realismus also im Michaelmas Term (Oktober-Dezember) 1921 oder Hilary Term (Januar-März) 1922 statt.

Da Lewis weit davon entfernt war, einen personalen Gott zu akzeptieren – auch hier verweist er wieder auf seinen Wunsch, keine «transzendentalen Einmischungen» erdulden zu müssen –, wandte er sich dem absoluten Idealismus zu, wie er von englischen Hegelianern wie T.H. Green, Francis Bradley und Bernard Bosanquet gelehrt wurde.

---

[45] Lewis erwähnt seine Bekehrung zum Idealismus hier erst, nachdem er berichtet hat, dass seine Freunde Barfield und Harwood Anthroposophen wurden. Deren erster Kontakt mit Steiners Lehren erfolgte jedoch im Sommer 1923 – mehr als ein Jahr, nachdem Lewis sein Greats-Examen absolvierte. Wenn wir davon ausgehen, dass Lewis das Datum seines Greats-Examens richtig im Kopf hatte, müssen wir also folgern, dass er die Bekehrung seiner Freunde zur Anthroposophie um mehr als ein Jahr zu früh ansetzte.

Lewis' eigener Ausdruck für diesen kosmischen Geist oder Logos war «das Absolute». Es war die Quelle der gesamten empirischen Welt (Lewis nennt sie mit Bradley auch die Welt der Erscheinungen): Das Absolute projizierte die von uns wahrgenommenen Dinge in etwa so in die Welt der Erscheinungen hinein, wie ein Laserprojektor ein Hologramm in den leeren Raum hinein projiziert.[46] Es selbst trat dabei nicht als Objekt unter den in die Welt hineinprojizierten Objekten in Erscheinung (das tut der Laserprojektor auch nicht), sondern verbarg sich vor uns Menschen hinter dem «Vorhang der Sinne» (Bradley). Es konnte somit weder direkt erfahren noch in irgendeiner Weise näher bestimmt werden.

Das Hauptmerkmal des Absoluten war daher seine *Differenz* zu allem, was auf der empirischen Ebene existiert. Das Einzige, was man sagen konnte, war, dass es die Endlichkeit jedes bloßen Objekts überstieg: Beschränkungen wie Personalität, Leidenschaft, Veränderung oder Materialität konnten ihm nicht zugeschrieben werden. Es war

> ein ewiges, raumloses, zeitloses, geistiges Etwas, von dem wir keine Vorstellung haben können und das, wenn es sich dem menschlichen Bewusstsein überhaupt zeigt, dies in einer mystischen Erfahrung tut, die all unsere Denkkategorien sprengt.[47]

Laut Lewis war dies die paradoxe Hauptaussage der britischen Hegelianer: «sie hatten bewiesen, *dass* das Absolute war, aber mit einer Methode, die zugleich unsere völlige Unkenntnis dessen bewies, *was* es war.» (EPJ 34) Während sie theoretisch jeden Vergleich mit menschlichen Eigenschaften ablehnten, führte sie diese Ablehnung jedoch de facto dazu, sich den kosmischen Logos als *weniger* konkret und individuell vor-

---

[46] Der Unterschied ist natürlich, dass bei einem Hologramm der Raum bereits vorher da ist. Dies war bei der Welt der Erscheinungen nicht der Fall: Raum und Zeit waren für Lewis selbst ein Bestandteil jener Projektion, die wir als unsere Welt wahrnehmen.

[47] *Miracles* 158.

zustellen als ein menschliches Bewusstsein. Er war «so absolut, dass er einem Bewusstsein nicht wirklich viel ähnlicher war als irgendetwas anderem» (SbJ 163) und somit nicht mehr als ein abstraktes, a-personales Prinzip.

Der Mensch, wie man ihn mit den Sinnen wahrnahm (wie er ein Teil der empirischen Welt war), war ebenfalls eine Erscheinung des Absoluten: Er existierte als phänomenales Selbst (oder Seele) nur, insofern er eine Wurzel im Absoluten hatte und vom geistigen Grund seines Seins in die Welt der Erscheinungen projiziert wurde. Diese unpersönliche geistige Wurzel gab dem Menschen seine Existenz und war auch in seinen geistigen Akten wirksam, also in seinem Vermögen, die Welt zu erkennen und ethisch und ästhetisch zu urteilen.

Eine Freiheit *gegenüber* dem Absoluten gab es daher für Lewis nicht: Alles, was man war und tat – auch in den Akten eigener Erkenntnis –, war ein Bestandteil jener Projektion, die man selbst *war*. Das Hologramm einer menschlichen Person hat ja ebenfalls keine Freiheit gegenüber dem Projektor, der es erzeugt, sondern führt nur aus, was dieser es tun lässt. Auch deshalb erschien es Lewis unmöglich, mehr über das Absolute in Erfahrung zu bringen als die nackte Tatsache seiner Existenz: Genauso wenig, wie eine Figur aus dem Hologramm, das sie *ist*, heraustreten, sich umwenden und den sie erzeugenden Laserprojektor inspizieren kann, konnte die Projektion des Absoluten, die man *war*, aus der Welt der Erscheinungen heraustreten, sich umwenden und den eigenen Ursprung in Augenschein nehmen.

Angesichts dieser Konzeption erscheint es falsch, Lewis' Absoluten Idealismus als eine Form des Agnostizismus zu bezeichnen, wie einige Autoren das tun. Denn das würde bedeuten, dass wir aufgrund der Grenzen unserer Erkenntnismöglichkeiten überhaupt nicht sagen können, ob es einen Gott oder einen geistigen Grund des Universums gibt. Eben davon war Lewis aber überzeugt. Seine Philosophie war daher eine Form des *Pantheismus*. Und diese Philosophie war natürlich auch eine Form des Monismus, nur mit dem Unterschied, dass die eine selbstexistente Wirklichkeit hinter allen Phänomenen nun nicht mehr die Natur war (und damit etwas Materielles), sondern das Absolute (und damit etwas Geistiges).

Auch wenn die zugrundeliegende Philosophie nun eine völlig andere war, so war das Ergebnis in praktisch-ethischer Hinsicht dasselbe wie zuvor: Lewis glaubte, ein Element desselben Ganzen zu sein wie alles andere auch, und versuchte, diesem Ganzen gegenüber loyal zu sein. Auch die übrigen Aspekte seines intellektuellen New Look sah er zunächst nicht infrage gestellt: Er glaubte immer noch nicht an ein Leben nach dem Tod, schloss das Vorkommen spiritistischer (okkulter) Phänomene ebenso sicher aus wie zuvor und betrachtete seine Erlebnisse von Joy als rein ästhetische Erfahrungen.

Nachdem der Wechsel einmal vollzogen war, fand Lewis seine neue Philosophie um einiges angenehmer, als er das vorher befürchtet hatte: «Die Luft war ein wenig trüb, doch der Rasen war köstlich weich für die Füße, und an klaren Tagen eröffnete sich eine herrliche Fernsicht auf die Berge.» (EPJ 31) Der Grund hierfür war, dass der unwillkommenen Seite seiner neuen Philosophie (er musste schließlich doch eine Art Gott anerkennen) zwei höchst willkommene Aspekte gegenüber standen:

1. Das Absolute war zwar die logische Voraussetzung für die Möglichkeit empirischen Wissens, ansonsten verbarg es sich aber sicher hinter dem «Vorhang der Sinne». (Die Luft war ein wenig trüb.) Es bestand daher «keine Gefahr, dass es irgendetwas mit uns machen würde.» (SbJ 163) Dieser kosmische Logos würde *niemals* handelnd in die Abläufe der Welt eingreifen, sodass «die einzige Welt, der man jemals begegnen konnte, die ganze wohlige Sicherheit des Materialismus hatte.» (EPJ 31) In praktischer Hinsicht unterschied sich Lewis' neue Philosophie somit überhaupt nicht von seinem bisherigen Atheismus: «dies war eine Religion, die nichts kostete. [...] Es gab nichts zu fürchten, besser noch, man hatte niemandem zu gehorchen.» (SbJ 163) (Der Rasen war köstlich weich für die Füße.)

Indem die Projektion in die Welt der Erscheinungen, die man war, mit dem Tod endete, gab es auch hier nichts zu befürchten: Man wurde wieder zu dem, was man eigentlich immer schon war, nämlich ein Element im ewigen Bewusstsein des absoluten Geistes. Eine *personale* Begegnung mit dem a-personalen Grund des eigenen Seins war undenkbar, weshalb man von diesem auch nicht für sein Tun zur Verantwortung gezogen werden konnte: Ein jenseitiges Gericht, wie die Christen sich das vorstellten, konnte es unmöglich geben. Damit war diese Konzeption zu Lewis' großer Erleichterung auch frei von der Gefahr ewiger Höllenstrafen.

2. Da es nicht möglich war, das Absolute positiv zu definieren, erschien es umso reicher an suggestiver Bedeutung. Verborgen hinter dem «Vorhang der Sinne» strahlte laut Bradley ein «vollerer Glanz», der «die Welt noch herrlicher» machte und in dem «jede Flamme, selbst die der fleischlichen Leidenschaft, weiter brannte».[48]

Im Unterschied zum Materialismus, der die Welt in ein Ödland bloßer Materie verwandelt hatte, ließ sich das Absolute somit heranziehen, um «all meine liebsten Phantasien zu rechtfertigen». (EPJ 31) Mit anderen Worten: Das Wissen um die Existenz des Absoluten hinter diesem undurchdringlichen Schleier gab der Welt jenen Sinn zurück, den sie im Atheismus verloren hatte. (Es eröffnete sich eine herrliche Fernsicht auf die Berge.)

Lewis notiert, das mit seiner neuen Philosophie einhergehende Gefühl sei daher auch zweifellos ein *religiöses* gewesen. Und er fügt hinzu, er habe von den Absoluten Idealisten eine Wahrheit gelernt, die er später als Christ immer noch sehr schätzte: «Es ist wichtiger, dass der Himmel existiert, als dass irgendjemand von uns ihn erreicht.» (SbJ 163)

Er gibt aber auch zu, dass seine damalige Haltung nicht ganz aufrichtig war: «Ich genoss die Vorteile jeder Theorie und zahlte den Preis für keine. […] Ich war fast religiös, wenn diese Stimmung Trost bot, und streng skeptisch, wenn sie drohte, mir irgendeine Verpflichtung aufzuerlegen.»[49] Eigentlich war diese Philosophie also zu schön, um wahr

[48] Lewis entnimmt diese Formulierungen Bradleys Werken *Principles of Logic* und *Appearance and Reality*, vgl. EPJ 31, SbJ 163 und PR 140.

[49] *Collected Letters II* 449, an Eliza Marian Butler, 14. Oktober 1940.

zu sein. Es ist daher auch nicht verwunderlich, dass Lewis später herausfand, dass sie gar nicht wahr war.

Der Wandel in seiner Philosophie motivierte Lewis, ein Gedicht zu beginnen, das seinen neuen Überzeugungen Ausdruck verleihen sollte. Wie so oft griff er hierbei auf eine Idee zurück, die ihm bereits Jahre zuvor gekommen war, deren Umsetzung ihm aber bisher Schwierigkeiten bereitet hatte. Am 2. April 1922 notiert er in seinem Tagebuch, er habe ein Gedicht über «Dymer» in Rhyme Royal begonnen, einer alten, erstmals von Geoffrey Chaucer im 14. Jahrhundert verwendeten Reimform.

Die Grundlage dieses langen narrativen Gedichtes war eine kurze Ereignisfolge, die sechs Jahre zuvor (d.h. 1916, im Alter von 17 Jahren) plötzlich in seinem Geist aufgetaucht war. Es war «die Geschichte eines Mannes, der mit einer geheimnisvollen Braut ein Monster zeugt, das, sobald es seinen Vater getötet hat, zu einem Gott wird».[50] Diese kurze Abfolge von Ereignissen – Lewis nennt sie auch einen Mythos – bewegte und fesselte ihn, auch wenn er selbst nicht die geringste Idee hatte, was sie zu bedeuten habe.

Er hatte bereits zwei Anläufe genommen, den Stoff dichterisch zu verarbeiten, und sich dabei auch an einer Deutung seines Mythos versucht: 1917 in Prosaform, und 1918 unter dem neuen Titel «The Redemption of Ask» (Die Erlösung des Ask) in Gedichtform. Beide Werke waren jedoch unvollendet geblieben, nicht zuletzt deshalb, weil Lewis' Gedankenwelt in dieser Zeit so sehr im Fluss war, dass er nicht hinterherkam, den Text immer wieder seinen gewandelten Ideen anzupassen. Im Frühjahr 1922 schien ihm der Zeitpunkt gekommen, auf Basis seiner idealistischen Philosophie einen neuen Versuch zu starten.

Die ersten zwei von ursprünglich acht geplanten Gesängen (es wurden später neun) schrieb Lewis relativ schnell; sie waren bereits Ende Mai 1922 fertig. Doch dann geriet der Schreibprozess ins Stocken: ihm war nicht klar, wie er sein Gedicht weiterführen sollte. Von Canto III

---

[50] «Preface to the 1950 Edition of *Dymer*» 3.

schrieb er drei verschiedene Versionen, von Canto VI sogar vier. Im März 1923 notiert er in seinem Tagebuch, Canto V werde niemals fertig, solange er den Inhalt der Geschichte nicht ändere: die Episode laufe nicht richtig, und deshalb scheitere die Ausführung. Und noch im Januar 1924 äußert Lewis in Anlehnung an Shakespeares Macbeth seine «Unzufriedenheit mit dem gesamten Plan von Dymer: Er scheint ‹voller Lärm und Wut zu sein und nichts zu bedeuten›».[51] Diesmal war er aber nicht bereit, aufzugeben, und so kämpfte er sich weiter.

Es sollte in der Tat bis März 1924 dauern, dass Lewis die richtige Inspiration bekam, um *Dymer* zu einem befriedigenden Abschluss zu bringen. Da die Ereignisse, die zu dieser Inspiration führten, erst später berichtet werden, müssen wir auch unsere *Dymer*-Interpretation auf später verschieben (Kap. 17). Im Hinblick auf Lewis' spirituelle Entwicklung ist aber von Belang, dass sein Fokus bereits während des Studiums fast noch mehr auf dem Schreiben lag als auf seiner Ausbildung; dies bezeugen unter anderem die zahllosen (manchmal täglichen) Tagebucheinträge aus den Jahren 1922–1924, in denen er vom Fortgang seiner Arbeit am Gedicht berichtet. Lewis hoffte weit mehr, sich als Dichter einen Namen zu machen denn als Wissenschaftler, und *Dymer* war sein Vehikel hierzu: dies war das Werk, mit dem er bekannt zu werden hoffte.

---

[51] *All My Road Before Me* 281.

Kapitel 14
Zusatzstudium in Englisch und ein «Großer Krieg»

Je näher das Ende von Lewis' Studium rückte, umso drängender wurde die Frage, wie es danach beruflich weitergehen würde. Die Aussichten, selbst mit einem sehr guten Greats-Examen eine akademische Anstellung in Oxford zu bekommen, waren relativ gering. Das lag auch daran, dass nicht klar war, was aus den *Literae Humaniores* werden würde – ob dieser Studiengang angesichts der aktuellen Veränderungen in der akademischen Landschaft Oxfords in einem Jahr überhaupt noch so bestehen würde.

Lewis begann daher bereits parallel zum Abschluss seines Studiums, sich nach möglichen Stellen umzuschauen. Seine Tutoren Stevenson und Carritt legten ihm jedoch nahe, auch ein weiteres Studienjahr in Erwägung zu ziehen, zum Beispiel in englischer Literatur und Sprache: Englisch war eines der aufstrebenden Fächer, und wenn es ihm gelingen sollte, in allen drei Prüfungen (Mods, Greats und Englisch) mit Bestnote abzuschließen, so wäre er in einer sehr starken Position für die anschließende Jobsuche.

Allein auf diese Möglichkeit wollte Lewis sich aber auch nicht verlassen, und so war er sehr interessiert, als er Anfang Juni 1922 – kurz vor Abschluss seines Greats-Examens – von Carritt erfuhr, am Oxforder Magdalen College sei eine Stelle für einen Fellow in «Classics» zu vergeben, was im Rahmen des Greats-Studiums die Philosophie mit einschloss. Andere mögliche Stellen im universitären Bereich kamen ihm ebenfalls zu Gehör, doch er entschied sich in diesen Fällen zumeist gegen eine Bewerbung. In Reading bewarb er sich zwar auch auf eine Stelle für Classics, war aber nicht allzu traurig, dass daraus nichts wurde, weil es eine Stelle ohne Philosophie gewesen wäre.

Magdalen hatte verlauten lassen, dass man zusätzlich zu den obligatorischen Auswahlprüfungen für die Kandidaten auch eine «Dissertation» seiner Wahl einreichen könne, die zu einem der Greats-Themen passte. Lewis beschloss daher, seine aktuellen Ideen im Bereich Ethik im Rahmen einer solchen Dissertation auszuformulieren. Sie trug den Titel «The Hegemony of the Moral Value» (Die Vorrangstellung des moralischen Wertes). Das Ziel bestand darin, angesichts der Tatsache, dass es mehr als nur eine Art von Werten gibt – neben moralischen Werten zum Beispiel auch ästhetische und kulturelle –, die Objektivität (und in praktisch-ethischer Hinsicht den Vorrang) moralischer Werte herauszuarbeiten. Mit diesem Projekt begann er bereits am 6. Juli 1922, drei Wochen, bevor seine mündliche Prüfung für Greats stattfinden würde.

Lewis schloss sein Greats-Examen am 28. Juli mit einer Prüfung in Philosophie ab. Sein Prüfer war H. B. W. Joseph, der das Gespräch nach rekordverdächtigen fünf Minuten für beendet erklärte; offenbar hatten ihn die schriftlichen Prüfungsarbeiten seines Kandidaten bereits von dessen Fähigkeiten überzeugt. Das Gesamtergebnis für Greats waren «First Class Honours», die Lewis vor allem aufgrund seiner Leistungen in Philosophie zugesprochen wurden (seine Ergebnisse in Geschichte und klassischer Literatur waren nicht so herausragend).

Im Anschluss daran setzte Lewis sogleich die Arbeit an seiner Dissertation fort. Er reichte sie Ende September 1922 beim Magdalen College ein und absolvierte die mit der Bewerbung verbundenen Prüfungen. Angesichts der Kürze der Zeit, und weil eine Entscheidung getroffen werden musste, hatte er bereits zuvor beim University College eine Verlängerung seines Scholarships (Studienstipendiums) beantragt. Sie wurde ihm gewährt, sodass er sich für das zusätzliche Jahr in Englisch einschrieb, noch bevor das Ergebnis seiner Bewerbung bekannt gegeben wurde. Das war allerdings nur deshalb möglich, weil Albert Lewis seinem Sohn Jack ebenfalls seine weitere finanzielle Unterstützung zusagte.

Der Michaelmas Term begann am 12. Oktober 1922; am selben Tag erfuhr Lewis, dass er am Magdalen College einem anderen Bewerber knapp unterlegen war. Tags darauf traf er sich bereits zum ersten Mal mit seinem neuen Englisch-Tutor F. P. Wilson. Es gab auch deshalb keine Zeit zu verlieren, weil er vorhatte, das auf zwei Jahre angelegte Studienprogramm in knappen drei Trimestern zu absolvieren. Dass

Lewis sich dies zutraute, lag nicht zuletzt daran, dass er viele der im Lehrplan vorgesehenen Werke bereits zuvor privat gelesen hatte. Andere Bereiche wie die altenglische Sprache (Angelsächsisch) oder die mittelenglische Literatur waren hingegen neu und faszinierten ihn von Anfang an sehr.

Sein wichtigster Freund und Wegbegleiter in diesem Jahr wurde Nevill Coghill, der auf der Grundlage seines Geschichtsstudiums das gleiche Ziel verfolgte, in nur einem knappen Jahr einen Honours-Abschluss (Bachelor) in Englisch zu machen. Lewis und Coghill lernten sich Anfang 1923 in der Diskussionsklasse von George Gordon (Merton Professor für Englisch am Magdalen College) kennen. Coghill hatte wie Lewis F. P. Wilson (englische Literatur) und Edith Wardale (Altenglisch) als Tutoren, sodass man dasselbe Lektüre-Programm absolvierte und sich schon bald in regem Austausch über das Gelesene befand: die altenglische *Battle of Maldon*, William Langlands *Piers Plowman*, Chaucers *Canterbury Tales*, Miltons *Paradise Lost* und *Samson Agonistes* (und vieles mehr).

Zu den Gepflogenheiten ihrer schnell wachsenden Freundschaft gehörten auch ausgedehnte Wanderungen in die Umgebung Oxfords, bei denen man sich über die neuesten literarischen Entdeckungen berichtete, Bezüge zur klassischen Literatur herstellte und die unterschiedlichen Auffassungen und Vorlieben diskutierte.

Lewis stellte jedoch mit Erschrecken fest, dass ausgerechnet Coghill, der bei weitem intelligenteste und bestbelesene unter seinen Kommilitonen, Christ war. Dazu kam, dass er ein Mann der Ehre war, und zwar in ihrem archaischen, mittelalterlichen Sinn: Lewis konnte sich vorstellen, dass Coghill ein Duell ausfocht, um die Ehre einer Dame zu verteidigen. Diese Eigenschaften konnten jedoch den überaus positiven Gesamteindruck seines neuen Freundes nicht schmälern, sodass er nie auf die Idee gekommen wäre, deshalb den Kontakt zu diesem zurückzufahren.

Das Christentum begann Lewis zu dieser Zeit auch aus einer anderen Richtung gefährlich nahe auf den Leib zu rücken. Es wurde zunehmend schwerer, darüber hinwegzusehen, dass die Bücher, die ihm am meisten zusagten (MacDonald, Chesterton, Johnson, Spenser, Milton) alle von Christen stammten. Merkwürdigerweise waren sie trotzdem gut – weit lebensnäher und tiefgründiger als die Bücher a-religiöser (oder sogar anti-religiöser) Autoren, denen doch eigentlich seine Sympathien hätten gelten sollen. Dasselbe Phänomen zeigte sich bei den antiken Autoren; auch hier waren es die am stärksten religiösen wie Platon, Aischylos und Virgil, denen er das meiste abgewinnen konnte.

Dieses Problem verschärfte sich noch einmal durch die Bücher, die Lewis nun für sein Englisch-Studium las, darunter das altenglische *The Dream of the Rood,* Langland, John Donne und Thomas Browne. Als am beunruhigendsten bezeichnet er George Herbert: Dieser vermochte ihm mehr als jeder andere Autor die Qualität des Lebens zu zeigen, wie man es von Tag zu Tag erlebte, bestand aber ärgerlicherweise darauf, dies anhand der «christlichen Mythologie» zu tun (wie er das damals nannte).

Damit geriet seine tatsächliche Erfahrung als Leser in einen gefährlichen Kontrast zu seiner offiziellen Philosophie. Anstatt dieses Problem offen anzugehen, zog Lewis sich auf den Standpunkt zurück, die christliche Mythologie vermittle nicht philosophisch gebildeten Leuten gerade so viel von der Wahrheit (d.h. vom Absoluten Idealismus), wie sie aufnehmen konnten: Jene, die nicht in der Lage waren, zu verstehen, dass wir als Denkende an der zeitlosen, unsterblichen Welt des absoluten Geistes partizipieren, konnten eine schattenhafte Vorstellung hiervon bekommen, indem sie an einen buchstäblichen Himmel glaubten. Der Gedanke, dass das, was er und andere Greats-Studenten ohne größere Mühe begriffen hatten, für geistige Größen wie Platon, Dante oder Pascal zu schwierig gewesen sein sollte, kam ihm jedoch nicht.

In die Reihe dieser Widersprüche reiht sich auch ein Paper über Edmund Spensers *Fairy Queene* ein, das Lewis im Februar 1923 in Professor Gordons Diskussionsklasse vortrug. In diesem Paper stellte er die These auf, die *Fairy-Tale*-Welt (Märchenwelt) von Spensers Allegorie zeige uns, wie die Welt, in der wir leben, *wirklich* beschaffen sei: Die Welt der Imagination komme der Wahrheit näher als die Welt der Sinne, weil sie uns die *spirituelle* Bedeutung der Dinge erfahrbar werden lasse.[52] Dies war seine aktuelle Beschreibung dessen, was ihn zuvor in MacDonalds *Phantastes* so fasziniert hatte und was er später als die «Taufe» seiner Imagination bezeichnen würde (Kap. 10).

Auch jetzt war sein bewusstes Selbst allerdings weit davon entfernt, sich ebenfalls einer solchen Taufe zu unterziehen. Laut Owen Barfield lautet die kürzeste und einfachste Antwort auf die Frage, wie sein Freund Lewis in den 1920er Jahren zur poetischen Imagination stand: Er war *in sie verliebt.*[53] Eben damit sei aber der Impuls verbunden gewesen, sie rein zu halten von allen Befleckungen durch die Welt, wie sie nun einmal war – mit all ihrer Grausamkeit, ihrer Armut, ihrem Kampf um den sozialen Status. Schönheit und Güte seien daher für Lewis *nur* imaginativ gewesen; mit der Welt der Fakten hätten sie nichts zu tun gehabt.

Dies ist eine gute Beschreibung von Lewis' *theoretischer* Position; seine Äußerungen über *The Fairy Queene* belegen aber, dass seine imaginativen Erfahrungen ihn etwas ganz anderes lehrten. Wie schon zuvor beim *Phantastes* trat der «strahlende Schatten» von Schönheit und Güte aus Spensers Buch in die reale Welt und ließ die gewöhnlichen Dinge in ihrem wahren (spirituellen) Licht erscheinen. Der Unterschied war allerdings: nun glaubte Lewis daran, dass sich hinter dem «Vorhang der Sinne» tatsächlich ein himmlischer Glanz verbarg.

Lewis' finanzielle Situation war zu dieser Zeit enorm angespannt. Das Studienstipendium wie auch die Unterstützung seines Vaters waren für eine einzelne Person gedacht, nicht aber, um einen Haushalt von drei Personen zu finanzieren. Das erhöhte den Druck, möglichst bald nach Abschluss des Studiums eine Stelle zu finden, ganz enorm. Lewis suchte daher parallel zum Studium weiter nach passenden Stellenangeboten und bewarb sich auch mehrfach, allerdings ohne Erfolg.

Die prekäre finanzielle Lage des gemeinsamen Haushalts mit den Moores dürfte auch ein Grund für die vielen Umzüge sein, die man in

---

[52] Vgl. Coghill, «The Approach to English» 51f. Den Martlets trug Lewis das Paper kurz danach ebenfalls vor.

[53] Vgl. Barfield, *Owen Barfield on C.S. Lewis* 98.

den Jahren 1919–1923 zu bewältigen hatte. Im Sommer 1922 hatte man zwar ein Haus namens «Hillsboro» gefunden, in dem man sich wohlfühlte, dort konnten Jack, Mrs. Moore und Maureen aber zunächst nur für einen kurzen Monat unterkommen. Erst im April 1923 gelang es, das Haus zu mieten, sodass sich der Umzug unmittelbar vor Lewis' Examen vollzog (er selbst legte beim Renovieren tatkräftig mit Hand an).

Die sich rapide verschlechternde Gesundheit von Mrs. Moores Bruder Dr. John «Doc» Askins belastete die häusliche Situation zusätzlich. Askins hatte mit knapp 40 Jahren als Offizier am Ersten Weltkrieg teilgenommen und wie Lewis eine Verwundung davongetragen; seitdem war seine Gesundheit mental wie körperlich stark angeschlagen. Ende 1921 zog er mit seiner Familie in die Nähe von Oxford, um näher bei seiner Schwester zu sein, und war von da an ein häufiger Gast im Haus von Mrs. Moore.

Lewis wusste aus seinen zahlreichen Gesprächen mit dem Doc, dass dieser sich mit Spiritismus, Theosophie, Yoga, Psychoanalyse und wer weiß was noch beschäftigt hatte. Am 23. Februar 1923 brach Dr. Askins bei einem Besuch im Haus zusammen, wälzte sich vor inneren Qualen auf dem Boden und schrie, er werde von Teufeln verfolgt und von ihnen in die Hölle hinabgezogen. Lewis selbst sah sich gezwungen, den Doc mit aller Kraft festzuhalten, um ihn daran zu hindern, sich oder anderen etwas anzutun. Er kümmerte sich auch in den folgenden Tagen um den Doc und wachte nächtelang mit an seinem Bett, um bei einer neuen Attacke an seiner Seite zu sein.

Zunächst schien es, als versinke Dr. Askins ganz im Wahnsinn (infolge von Syphilis, wie er selbst meinte); die geistigen Qualen, die er durchlitt, waren auch für die Umstehenden kaum zu ertragen. Ein hinzugezogener Psychiater und Neurologe erklärte seinen Zustand aber als eine extreme Form der Kriegsneurasthenie, also einer Schädigung des Nervensystems infolge traumatischer Kriegserlebnisse. Das Empfinden des Docs, in die Hölle gezogen zu werden, führte er dabei auf Ängstigungen zurück, die dieser in Kindheit und Jugend durch seinen Vater erlitten hatte.

Der medizinischen und medikamentösen Unterstützung zum Trotz war der Haushalt bald so erschöpft, dass man froh war, den Doc nach drei Wochen in einem Krankenhaus für Kriegsversehrte unterbringen zu können. Für kurze Zeit schien es, als bessere sich sein Zustand, dann erlitt Dr. Askins aber infolge des Kräfteverlusts in den vorangegangenen Wochen einen Herzinfarkt; er starb am 6. April 1923.

Die Erfahrung dieser sechs Wochen erschütterte Lewis sehr, und sie bestärkte ihn in seinem Entschluss, die eigene geistige Gesundheit nicht fahrlässig aufs Spiel zu setzen. Seinem Freund Arthur gegenüber zog er die Moral aus dem Erlebten – eine Moral, die ihm für Arthur und ihn ganz besonders wichtig erschien, da sie beide als Kinder ebenfalls Angst vor ihrem Vater gehabt hatten. Sie lautete (ganz im Einklang mit den Prinzipien seines New Look): Meide Selbstbespiegelung, Grübelei, Spiritismus und alles Exzentrische und halte dich stattdessen an frische Luft, Arbeit, Vernunft und die sachliche Seite der Dinge.

Nur zwei Monate (und einen kräfteraubenden Umzug nach Hillsboro) später absolviert Lewis sein Englisch-Examen, welches Coghill und er beide mit «First Class Honours» abschließen. Warren Lewis meint, dieses Ergebnis – nach nur einem knappen Jahr des Englisch-Studiums und erzielt unter solch widrigen Umständen – sei die erstaunlichste unter allen akademischen Leistungen seines Bruders gewesen.

Da sich jedoch immer noch keine Stelle abzeichnet, erklärt Lewis sich bereit, gegen Honorar Prüfungsarbeiten für das «School Certificate» (Juniors) in Englisch zu begutachten. Dies war eine Abschlussprüfung an englischen Schulen, die die Schüler für gewöhnlich im Alter von 16 Jahren absolvierten. Die Arbeiten wurden von Universitätsdozenten begutachtet, um die Einheitlichkeit der Prüfungsanforderungen zu gewährleisten.

Außerdem macht er sich auf die Suche nach Leuten, denen er privat Tutorien geben kann. Da dieses Feld aber weitgehend von den Colleges selbst abgedeckt wird, findet Lewis nur einen Schüler (Austin Sandeman), der ein Studium der Classics anstrebt und dabei ist, sich auf die Eingangsexamen für die Universität Oxford vorzubereiten.

Im Sommer 1923 geschieht etwas, das Lewis einen weiteren Schock verpasst: Seine Freunde Cecil Harwood und Owen Barfield wenden sich der Anthroposophie zu. Die Anthroposophie (gr. *ánthrōpos* = *Mensch* und *sophía* = *Weisheit*) ist eine esoterische Weltanschauung, die der gebürtige Österreicher Rudolf Steiner (1861–1925) um 1900 in Auseinandersetzung mit der zeitgenössischen Theosophie entwickelt hatte. Sie greift auf Elemente der Philosophie des deutschen Idealismus, der Weltanschauung Goethes, der antiken Gnosis, christlicher Mystik, fernöstlicher Lehren sowie der modernen Naturwissenschaften zurück und fusioniert sie zu einer Heilslehre, in deren Zentrum eine spirituelle Evolution der Menschheit steht. Als Hauptquelle anthroposophischer Erkenntnis galt Steiner eine «okkulte Geheimwissenschaft», die man mithilfe spiritueller Übungen erlernen konnte (wie er selbst das getan zu haben behauptete).

Harwoods spätere Frau Daphne Olivier hatte bei einer Lehrer-Konferenz in Deutschland zufällig einen Vortrag Rudolf Steiners gehört, der sie sehr beeindruckte (ein Schwerpunkt der Anthroposophie ist bis heute die Bildung und Erziehung; das belegen unter anderem die vielen Waldorf-Schulen in Deutschland). Sie überredete Harwood und Barfield deshalb, mit ihr in England zu Vorträgen der Anthroposophischen Gesellschaft zu gehen, was bei beiden ein großes Interesse an den Lehren Steiners auslöste. Dies dürfte nicht zuletzt daran gelegen haben, dass Steiner ein Mann von enormer Bildung war, der ihnen einen Ausweg aus dem deprimierenden Materialismus zu bieten versprach, in dem sie sich bisher gefangen gesehen hatten.

Bei seinem ersten Gespräch mit Lewis über seinen «neuen Philosophen» erklärte Harwood im Juli 1923 entsprechend, dieser habe die Last des Materialismus von seinem Rücken rollen lassen. Lewis notiert jedoch in seinem Tagebuch, der wahre Köder, mit dem Steiner Harwood «eingefangen» habe, sei das Versprechen der Unsterblichkeit. Auch schien ihm, Steiner habe in seinen Lehren nahezu jegliche Form von Aberglaube versammelt, gegen die er selbst sich mit seinem New Look zu wappnen versuchte. Von der Gefährlichkeit dieser Ideen – himmlische Geistwesen, Präexistenz und Weiterleben nach dem Tod,

Initiationsriten, okkultes Wissen, Meditation – war er nach dem tragischen Tod von Doc Askins umso mehr überzeugt.

Bei Lewis bestand somit nicht die geringste Gefahr, dass er selbst zum Anthroposophen werden würde. Dass zwei seiner engsten Freunde sich einer so mittelalterlich anmutenden Lehre verschreiben konnten, gab ihm jedoch das Gefühl, in gewisser Weise von ihnen im Stich gelassen zu werden. Er war sich aber auch sicher, den Trost, den Harwood und Barfield aus den Lehren Steiners zogen, mit seinem eigenen Idealismus auf eine wesentlich bessere (d.h. preiswertere und sicherere) Weise erlangen zu können.

Später gab Lewis zu, dass die Anthroposophie all ihrer esoterisch anmutenden Ideen zum Trotz niemals die Skepsis gerechtfertigt hatte, die er ihr damals entgegenbrachte. Zum einen war sie mit ihrer deutschen Pedanterie und Nüchternheit alles andere als angetan, bei ihren Anhängern eine unersättliche Begierde für das Okkulte auszulösen. Zum anderen konnte er nach Jahrzehnten der Freundschaft mit zwei Anthroposophen sagen, dass die *praktischen* Auswirkungen dieser Lehre auf den Charakter seiner Freunde nicht im Ansatz so negativ waren, wie er das befürchtet hatte.

Die im Sommer 1923 beginnende und sich im Jahr darauf vollendende Hinwendung Barfields zur Anthroposophie nannte Lewis später den Auslöser des «Great War» zwischen ihnen (d.h. des «Großen Krieges», wie der Erste Weltkrieg zu dieser Zeit genannt wurde): Barfield hatte zwar die richtigen Interessen, las die richtigen Bücher, stellte die richtigen Fragen (jene, auf die es wirklich ankam), er gab aber immer die falschen, nach seiner Ansicht nie ganz zutreffenden Antworten. Umgekehrt war es genauso, weshalb sich die beiden schon bald in einem unablässigen Disput über philosophische und literarische Themen befanden: zuhause und unterwegs, schriftlich und mündlich, in vollem Ernst und ironisch. Diese von einem großen Respekt vor dem anderen geprägte Debatte brachte die Freunde jedoch nicht auseinander, sondern eher noch näher zueinander.

Aufgrund seiner philosophischen Bildung war Lewis formal (d.h. in argumentativer Hinsicht) besser für die Debatte gerüstet – was er Barfield auch durchaus spüren ließ. So schrieb er für diesen zum Beispiel eine «Note on the Law of Contradiction» (Notiz über das Widerspruchsprinzip), in der er genüsslich die logischen Schnitzer in den Äußerungen seines Freundes sezierte. Dennoch musste er später zugeben, dass Barfield ihn in den langen Jahren ihres Disputs (der «Great War» fand erst mit Lewis' Konversion zum Theismus ein Ende) stärker beeinflusste als er Barfield. Er hebt vor allem zwei Dinge hervor.

1. Barfield gelang es, seinen Freund von seiner «chronological snobbery» zu befreien, von seiner Überheblichkeit gegenüber dem Denken und den Ansichten vergangener Generationen. Bisher war Lewis davon ausgegangen (wie wohl die meisten seiner damaligen und auch unserer heutigen Zeitgenossen), dass es nicht nur im Bereich naturwissenschaftlicher Forschung einen steten Fortschritt gibt, sondern im Bereich menschlicher Erkenntnis überhaupt. Was nicht dem intellektuellen Klima der Zeit entsprach, galt ihm somit als überholt und konnte zu den Akten gelegt werden. Und dies betraf nicht nur die Weltbilder vergangener Generationen insgesamt, sondern auch sämtliche nicht mit der aktuellen Weltsicht übereinstimmenden Ideen oder Argumente solcher Denker wie Platon, Aristoteles, Boethius, Augustinus oder Thomas von Aquin.

Barfield überzeugte Lewis, dass diese Haltung unbegründet war. Die bloße Tatsache, dass eine Ansicht außer Mode gekommen ist, sagt überhaupt nichts über ihre Wahrheit oder Falschheit aus: Wurde sie jemals widerlegt, und wenn ja, wann und von wem? Wenn aber nicht, kann es dann nicht sein, dass sie wahr ist, obwohl sie bereits vor hunderten von Jahren formuliert wurde und von kaum jemandem noch vertreten wird?

Umgekehrt begann Lewis, sich nun ebenfalls zu fragen: Was sind eigentlich die Gründe für die Annahme, unsere gegenwärtige Sicht auf die Dinge müsse immer die richtige sein? Wer hat denn die Ideen auf ihre Wahrheit geprüft, die uns heute so selbstverständlich erscheinen? Er kam zu dem Ergebnis, dass seine eigene Zeit lediglich eine Epoche war wie jede andere auch. Es erschien ihm daher ratsam, auch ihr gegenüber die nötige Distanz zu wahren: Jede Zeit hat ihre blinden Flecken –

die blinden Flecken der eigenen Zeit erkennt man aber nur, wenn man die Ideen und Vorstellungen *anderer* Zeiten studiert und sie mit den Ideen und Vorstellungen der eigenen Zeit vergleicht.

Dies sollte später ein wesentlicher Aspekt von Lewis' Arbeit als Literaturhistoriker werden. Besonders deutlich zeigt sich dies in seiner Antrittsvorlesung in Cambridge von 1954 («De descriptione temporum»; «Über die Beschreibung der Zeiten») und seinem Spätwerk *The Discarded Image* (= *Das ausrangierte Bild*) über das Weltbild des Mittelalters.

2. Barfield hatte 1921 nach Abschluss seines Studiums der englischen Literatur und Sprache sowie des Rechts eine B.Litt (Bachelor of Letters)-Thesis über die dichterische Ausdrucksweise begonnen (*Poetic Diction*). Bei der Arbeit an dieser These setzte er sich intensiv mit der Natur der Sprache auseinander, und zwar vor allem vom Aspekt der *Bedeutung* her. Seine semantischen Analysen hatten Auswirkungen auf Lewis' Philosophie, Theologie und Literaturwissenschaft, aber auch auf seine schriftstellerische Tätigkeit (vor allem *Perelandra* und *Till We Have Faces*).

Poetic Diction erschien erst 1928, Lewis erklärt aber, er habe sich die meisten der darin geäußerten Ideen schon vorher zu eigen gemacht. Das ist insofern nicht erstaunlich, als Barfield alle wesentlichen Punkte mit ihm diskutierte, bevor er 1925 seine Bachelorarbeit abschloss. Lewis hebt später besonders einen Punkt hervor, den er von seinem Freund übernahm:

Barfield weist in *Poetic Diction* nach, dass unsere heutige Weise, zwischen rein materiellen Prozessen und rein geistigen Phänomenen zu unterscheiden, in früheren Epochen der Menschheit unbekannt war (sie ist in der Tat ein Produkt der europäischen Moderne und somit nicht älter als 400 Jahre). Die Menschen der Antike konnten sich weder rein materielle noch rein geistige Dinge vorstellen: Wann immer sie in den physischen Himmel blickten, blickten sie auch in den Bereich des Göttlichen, und wann immer sie über den Himmel der Religion sprachen, stellten sie sich diesen als einen realen physischen Ort vor.

Diese Erkenntnis war ein Ergebnis von Barfields Untersuchung der Entwicklung menschlicher Sprache von ihren Ursprüngen bis in die

Gegenwart. Seine Analyse ergab, dass sich Wörter nicht ursprünglich nur auf physische Objekte bezogen und erst später um metaphorische Bedeutungen erweitert wurden, die Gefühle, geistige Zustände oder Ähnliches bezeichnen.

Der lateinische Ausdruck *spiritus* bedeutete zum Beispiel zunächst keineswegs nur «Atem» oder «Wind» und wurde dann später herangezogen, um das Lebensprinzip oder die Seele des Menschen zu bezeichnen. Sondern das, was wir heute die «wörtliche» und die «metaphorische» Bedeutung dieses Wortes nennen, wurde erst nachträglich durch Analyse aus einer ursprünglichen Bedeutungseinheit herausgelöst, die *weder das eine noch das andere* war. Im 2. Schöpfungsbericht der Bibel haucht Gott dem aus Lehm geformten Adam den Lebensatem durch die Nase ein, wodurch dieser zu einem lebenden Menschen wird (Genesis 2,7). Dies ist aber nicht nur ein materieller Vorgang, sondern auch ein geistiger.

Die Menschen früherer Epochen gingen also nicht zunächst von materiellen Dingen aus und vergeistigten diese dann nach und nach: Sie *konnten* gar nicht mit etwas rein Materiellem beginnen, weil das Materielle, wie wir es verstehen, sich nur in Abgrenzung zum Immateriellen herausbildet. Solange es diese Unterscheidung noch gar nicht gab, konnten sich die Menschen somit weder das eine noch das andere vorstellen. Ihre Idee von den Dingen hatte stets Aspekte von beidem an sich; sie war materiell und *zugleich* geistig.

Nach Lewis' Überzeugung ist diese Erkenntnis von entscheidender Bedeutung für eine jede Literaturkritik, Philosophie und Theologie. Meint zum Beispiel ein moderner Bibelwissenschaftler, die neutestamentlichen Wunderberichte seien nicht wörtlich, sondern nur symbolisch zu verstehen, so trägt er damit eine Alternative an die Texte heran, die den damaligen Autoren und ihren Lesern völlig unbekannt war: Für sie waren die Wunder Jesu reale physische Ereignisse und *zugleich* durch und durch symbolisch. Glaubt der Exeget, hier eine Entscheidung zugunsten der Symbolik treffen zu müssen, so übersieht er, dass die Frage «Wörtlich oder symbolisch?» erst Jahrhunderte später aufkam.

Leser alter Texte, die sich dieser Tatsache nicht bewusst sind, missverstehen somit nahezu die gesamte frühe Literatur (ja eigentlich sogar jegliche Literatur, die nicht von den Ideen der europäischen Moderne beeinflusst ist). Nicht nur Lewis bekennt, diese wichtige Erkenntnis seinem Freund Barfield zu verdanken. Auch J.R.R. Tolkien erklärte als Sprachwissenschaftler, Barfields Theorie von einer ursprünglichen semantischen Einheit von Wörtern habe seine gesamte Sicht auf die Literatur verändert: sei man sich dieser Einheit einmal bewusst geworden, so könne man alle möglichen Dinge nie wieder sagen.

In der Mitte der 1920er Jahre zweifelte Lewis allerdings noch nicht daran, dass man diese ursprüngliche Einheit von Fakt und Bedeutung in der Philosophie zu Recht aufgegeben hatte – dass also die Weise, in der er selbst nun zwischen der Welt der empirischen Fakten und der spirituellen Sphäre unterschied, den realen Verhältnissen im Universum entsprach. Das Absolute, an das er glaubte, war zwar voller Bedeutung (hinter dem «Vorhang der Sinne» strahlte ein «vollerer Glanz», der «die Welt noch herrlicher» machte), in der Welt der Sinne hinterließ es jedoch keinerlei Spuren.

Für Lewis war es daher ausgeschlossen, dass etwas der sinnlich wahrnehmbaren Welt angehören, aber dennoch spirituellen Wert haben konnte, wie sein Freund Barfield das annahm. Wären zum Beispiel seine geliebten Mythen nicht bloß Erfindungen der Dichter gewesen, sondern reale historische Ereignisse, so hätte das unweigerlich ihren symbolischen Wert zerstört. Noch im November 1928 behauptete Lewis in seiner «Summa» gegen Barfields Anthroposophie: Sollte es gelingen, die Mythen der Welt als historische Tatsachen zu belegen, so würden die Dichter sie verwerfen und eine neue Mythologie erfinden, die unter Garantie *keine* historische Tatsache ist.

Auch wenn er zunächst bei dieser Auffassung blieb: Barfields Angriff auf seine «chronological snobbery» hatte es zumindest *denkbar* gemacht, dass er mit dieser Auffassung falsch lag, und sei sie noch so weit verbreitet (und werde von noch so vielen modernen Philosophen vertreten). Diese Möglichkeit wurde bedeutsam, als Lewis begann, sich mit der Frage der Inkarnation auseinanderzusetzen. Hier stellte sich nämlich die Frage: Sind die Welt der (historischen) Fakten und die Welt der Bedeutung tatsächlich zwei völlig getrennte Bereiche, wie kann das historische Ereignis der Menschwerdung Gottes in Jesus von Nazareth dann die zentrale Sinnoffenbarung der Weltgeschichte sein?

Lewis war nun klar, dass die Autoren der biblischen Texte dieses Problem noch gar nicht gehabt hatten: für sie fielen das historische Geschehen-Sein und die Bedeutsamkeit von Jesu Leben, Tod und Auferstehung in eins. Er sah sich daher herausgefordert, noch einmal zu prüfen, ob sie damit nicht vielleicht sogar recht hatten (Kap. 23).

Eine der Zeiten, zu denen Lewis und Barfield ihre Debatten austrugen, waren die jährlichen Wandertouren («Walking Tours»), die Jack und seine Oxforder Freunde ab 1923 in jedem Frühjahr unternahmen. Dies war für Lewis, der die Natur und das Wetter in all seinen Schattierungen liebte, eines der Highlights des Jahres: Man machte sich mit Rucksäcken, Wanderstöcken und einer Landkarte bewaffnet gemeinsam zu Fuß auf den Weg – oft ohne eine klare Idee, wo man die kommende Nacht verbringen würde – und tauschte sich unterwegs über Gott und die Welt aus (über die Dichtung natürlich ebenfalls). Diese Touren waren schon bald eine feste Institution, auf die Lewis um nichts in der Welt hätte verzichten wollen.

Der «Great War» zwischen Lewis und Barfield umfasste noch viele weitere Themen; auf einige von ihnen werden wir später noch eingehen (Kap. 19). Allein die erhaltenen schriftlichen Zeugnisse dieser sich über etwa acht Jahre hinziehenden Debatte umfassen mehr als 50 Seiten Briefe und 130 Seiten weitere Dokumente (die mittlerweile allesamt veröffentlicht sind). Sie sind eine wichtige Quelle für die Entwicklung von Lewis' philosophischem Denken, berühren aber nur zum Teil unser Thema. Die Entwicklung seiner Spiritualität war zunächst von anderen Ereignissen geprägt, und diesen Ereignissen wenden wir uns nun zu.

Kapitel 15
Drei Schachzüge Gottes

Die Zeit vom Sommer 1923 bis zum Sommer 1924 war von Lewis' Bemühen geprägt, seine kleine Wahl-Familie finanziell über Wasser zu halten. Ein Studienstipendium hatte er nun nicht mehr, sein Vater hatte ihm aber zugesagt, ihn für bis zu drei weitere Jahre finanziell zu unterstützen (sofern das erforderlich sein würde).

Lewis bewarb sich auf akademische Stellen, wo immer ihm das aussichtsreich erschien, unterlag aber trotz seiner hervorragenden Abschlüsse («First Class Honours» in Mods, Greats und Englisch) mehrmals anderen Bewerbern. Teilweise musste er auch feststellen, dass eine Stelle nur pro forma ausgeschrieben war; das College hatte also bereits einen Kandidaten, den es auf diesem Posten sehen wollte. Sein eigenes University College bekundete zwar Interesse, ihn als Fellow zu halten, konnte ihm aber zu dieser Zeit keine passende Stelle anbieten.

Erschwerend kam hinzu, dass Lewis' Auswahlmöglichkeiten bei den Stellenangeboten aufgrund seiner häuslichen Situation sehr eingeschränkt waren: Maureen war inzwischen 17 und stand kurz vor dem Abschluss ihrer Schullaufbahn. Da sie sich in ihrer Schule sehr wohl fühlte (was bei Lewis selbst ja keineswegs der Fall gewesen war), wollte er ihr einen Schulwechsel nicht zumuten. Dies beschränkte seine Jobmöglichkeiten auf Oxford und die unmittelbare Umgebung.

Im Oktober schien sich eine weitere Einnahme-Möglichkeit abzuzeichnen: Sir Michael Sadler, seit April 1923 Master des University College, schlug Lewis vor, Buchrezensionen zu schreiben, die er dann an literarische Zeitschriften vermitteln würde. Lewis brachte ihm zwei Tage später eine Rezension von H. W. Garrods *Wordsworth: Lectures and Essays,* die Sadler sehr treffend fand. Von den sechs Zeitschriften, denen Sadler die Rezension zusandte, wollte aber keine den Text publizieren, sodass man von weiteren Versuchen Abstand nahm. In späteren Jahren schrieb Lewis allerdings zahlreiche (bis heute sehr lesenswerte)

Rezensionen, zum Beispiel von Tolkiens *The Hobbit* und *The Lord of the Rings*.

Lewis begann das Jahr 1924 mit einem weiteren Projekt, das seine Chancen auf dem akademischen Jobmarkt verbessern sollte, nämlich einer D.Phil (Doctor of Philosophy)-Thesis über den Cambridge-Platoniker Henry More. Über die nächsten beiden Monate las er zahlreiche Werke dieses eher obskuren Philosophen des 17. Jahrhunderts (darunter auch einen Briefwechsel mit René Descartes), fertigte Exzerpte der Texte an und beschäftigte sich mit dessen Biografie.

Es ist nicht bekannt, was Lewis auf die Idee brachte, sich ausgerechnet mit diesem Autor zu beschäftigen, der von einem göttlichen Design in der Schöpfung ausging, an Geister, Dämonen und Wunder glaubte, sich mit der Kabbala (einer mystischen Tradition des Judentums) befasste und von der Unsterblichkeit der menschlichen Seele überzeugt war. Abgesehen von Rudolf Steiner ist es schwer, sich einen Autor vorzustellen, der von Lewis' eigenen philosophischen Überzeugungen zu dieser Zeit weiter entfernt war als Henry More.

Es ist daher nicht verwunderlich, dass Lewis seinen Exkurs in das «naive Wunderland»[54] Mores Anfang März nach gerade einmal zwei Monaten ohne großes Bedauern wieder aufgab. Auch seine (heute noch erhaltenen) Exzerpte aus den Werken Mores geben keinerlei Hinweise darauf, was ihn an diesem besonders interessiert haben könnte. In späteren Jahren verwies er eigentlich nur auf More, um den Briefwechsel mit Descartes als Beispiel dafür zu nehmen, wie zwei Menschen miteinander korrespondieren und dennoch gedanklich in völlig verschiedenen Jahrhunderten unterwegs sein können.

Parallel zur Arbeit an der geplanten Promotion verfolgte Lewis weitere Projekte, die er in zukünftigen Bewerbungsverfahren als Visitenkarten einzusetzen gedachte:

Bereits im Herbst zuvor hatte er seine Magdalen-Dissertation «The Hegemony of the Moral Value» noch einmal überarbeitet, um sie bei

[54] *Collected Letters I* 624, an Albert Lewis, 6. März 1924.

einem Treffen der Philosophical Society vorzustellen. Der Termin musste jedoch zwei Mal verschoben werden, sodass der Vortrag erst am 6. März 1924 stattfand. Unter den Zuhörern war auch W. D. Ross, Professor für Moralphilosophie am Oxforder Oriel College. Er zeigte sich vom Vortrag sehr beeindruckt und meinte, einige der Ideen seien auch für ihn neu gewesen (was Lewis stolz in seinem Tagebuch vermerkte und auch seinem Vater mitteilte). Ross ermutigte Lewis, das Paper bei einer philosophischen Fachzeitschrift einzureichen. Dieser nahm den Vorschlag auf und schickte den Text im Juni an das renommierte Journal *Mind,* zu einer Veröffentlichung kam es jedoch nicht (der «Hegemony»-Text gilt heute als verloren).

Als im Januar 1924 am Oxforder St. John's College ein Fellowship ausgeschrieben wurde, hatte Lewis zunächst überlegt, auch hierfür seine alte Magdalen-Dissertation zu verwenden. Er entschied sich dann aber, stattdessen ein neues Paper zu verfassen, nämlich die bereits erwähnte Kritik an der «Promethean Fallacy in Ethics» (Kap. 12). Auch das Fellowship am St. John's College ging an jemand anderen, wie auch im Februar/März weitere Jobs am All Souls und am Trinity College.

Die Wahl seiner Themen für die Bewerbungen zeigt, dass Lewis sich – seiner Zusatzqualifikation in Englisch zum Trotz – seit dem Greats-Studium in erster Linie als Philosoph verstand, mit einem Schwerpunkt im Bereich Ethik. Er nahm auch bis mindestens Ende 1927 weiter an Treffen der Philosophical Society und ähnlicher Oxforder Gruppierungen teil.

Für seinen Schüler Austin Sandeman schrieb Lewis im Mai 1924 einen Kommentar zu Lenins kommunistischem Manifest *Staat und Revolution* (1917), in dem er sich auch mit seiner eigenen rebellischen, ja geradezu anarchischen Haltung gegenüber dem Staat auseinandersetzte. Ausgestattet mit einem irischen Temperament und geprägt durch die Übergriffe seines ersten Schulleiters Robert Capron (und teilweise auch die seines Vaters) hatte Lewis lange dazu tendiert, jede Form staatlicher (und erst recht kosmischer) Autorität abzulehnen. Nun sah er, dass man sich auch darüber Gedanken machen musste, was eine *Abschaffung* des staatlichen Gewaltmonopols für Folgen haben würde.

Politische Denker wie Thomas Hobbes und Spinoza waren der Ansicht, die Abschaffung staatlicher Autorität würde mit Notwendigkeit dazu führen, dass die Menschheit im Chaos versinkt: Ohne ein staatliches Gewaltmonopol falle eine Gesellschaft in jenen «Naturzustand» des Kampfes aller gegen alle zurück, in dem sie sich befand, bevor sie durch einen Gesellschaftsvertrag gezähmt wurde.

Lenin hingegen folgte der Auffassung von Marx und Engels, die ursprüngliche Form menschlichen Zusammenlebens (also das Stammesleben, wie es vor der Bildung staatlicher Organisationen existierte) sei friedlich und harmonisch gewesen. Nach seiner Ansicht entstand ein Staatswesen im modernen Sinn erst dann, wenn sich in einer Gesellschaft soziale Klassen gebildet hatten und die Unterschiede zwischen diesen Klassen so groß wurden, dass die herrschende Klasse versuchte, ihre Macht mit Hilfe eines politischen Systems zu sichern, das die Mehrheit der einfachen (arbeitenden) Bevölkerung unterdrückt.

Laut Lenin war der Staat somit selbst eine Krankheit und musste mit Gewalt (d.h. durch eine «Organisation der bewaffneten Massen») abgeschafft werden: Freiheit und Frieden würde es erst dann wieder geben, wenn die Menschheit die vorhergehenden Jahrtausende der Unterdrückung überwunden habe. Solange dies aber nicht geschehen war, brauche es einen Staat – den proletarischen Staat. Dieser war jedoch kein Selbstzweck, sondern würde schließlich in die kommunistische Gesellschaft übergehen, in der sich jeder gemäß seinen Möglichkeiten einbringt und gemäß seinen Bedürfnissen erhält.

Lewis hielt es für naiv, zu glauben, der ursprüngliche Zustand der Menschheit sei ein Zustand des Friedens und der Harmonie gewesen und die klassenlose Gesellschaft, die auf den proletarischen Staat folgen soll, werde eine Rückkehr zu einem solchen friedlichen und harmonischen Miteinander aller sein. Er war sich sicher – nicht zuletzt aufgrund seiner Erfahrungen am Malvern College und seiner Reflexionen über den Nordirlandkonflikt –, dass eine Gesellschaft, die nicht von einer politischen Führungsklasse regiert wird, dennoch immer eine herrschende Klasse haben wird.

Handelt es sich bei der herrschenden Klasse nicht um eine politische Partei mit einem rational begründeten Programm und einer (noch so geringen) Form der Machtbeschränkung, so wird es eine andere herrschende Klasse geben, die *weniger* rational und *weniger* in ihrer Macht beschränkt ist. Sie wird die blinden Instinkte der Herde zur Grundlage haben, oder das «Pöbelgesetz, das ein Ausdruck des Pöbelverstandes ist».[55]

Um zu erkennen, dass das unweigerlich so sein wird, musste man nach Lewis' damaliger Ansicht nur auf das Sozialleben einer Schule schauen, wie er es in Malvern mit dem System der «Bloodery» erlebt hatte. In dieser Hinsicht war die Kindheit des Individuums ein getreues Abbild der Kindheit der menschlichen Rasse, sodass man hier eben jenes Prinzip am Werk sehen konnte, von dem Lenins vermeintlich klassenlose Gesellschaft geprägt sein würde. Die Herde diktiert, was zu geschehen hat, und der Einzelne muss folgen:

> Der Schuljunge kann sich selten aussuchen, ob er sein Haar in der Mitte oder an der Seite scheiteln soll, ob er Stiefel oder Schuhe tragen soll, ob er einen bestimmten Slangausdruck benutzen soll oder einen anderen, ob er auf dem Fußweg oder auf der Straße gehen soll.[56]

In beiden Fällen, dem Stamm der Wilden wie dem Stamm der Jungen, haben wir es laut Lewis mit einer primitiven unpolitischen Gesellschaft zu tun, in der den blinden Instinkten des menschlichen Rudels freier Lauf gelassen wird. Lenins Versuch, den modernen Staat durch eine vermeintlich klassenlose Gesellschaft zu ersetzen, hieß somit in Wahrheit,

---

[55] «On Bolshevism» 37f.

[56] Ebd. 37.

> den Menschen zu entmenschlichen. Es bedeutet, ihn in den Zustand eines Herdentiers zurückzuversetzen, das Rudel über das Individuum zu stellen und die Vernunft zugunsten des Instinkts zu entthronen. Der Staat ist selbst in seinem schlimmsten Fall die bessere Alternative, zumindest, wenn es besser ist, ein unglücklicher Mensch zu sein als ein glückliches Schaf.[57]

Diese Überlegungen zur politischen Theorie (denen Lewis in Canto IV von *Dymer* auch poetisch Ausdruck verlieh) belegen, wie sehr er sich zu dieser Zeit mit seinem Wunsch nach Nichteinmischung in sein Leben auseinandersetzte, mit «meinem tief eingefleischten Hass auf Autorität, meinem monströsen Individualismus, meiner Gesetzlosigkeit». (SbJ 133) Dies half ihm später, auch auf kosmischer Ebene sein Streben nach Freiheit von Gottes Einfluss auf sein Leben zu hinterfragen.

All diesen Aktivitäten zum Trotz fand Lewis immer noch Zeit, sich mit Literatur zu befassen. Das hatte Folgen, und zwar Folgen eines solchen Ausmaßes, dass er sie in *Surprised by Joy* als den ersten von vier Schachzügen bezeichnet, mit denen Gott ihn dazu brachte, seine Existenz anzuerkennen. Die ersten drei Schachzüge fanden kurz hintereinander im März 1924 statt, der vierte Schachzug folgte erst zwei Jahre später im Mai/Juni 1926. Das geht aus *Surprised by Joy* nicht klar hervor, lässt sich aber mithilfe anderer Quellen belegen. Auf diesen vierten Schachzug werden wir daher auch erst in Kapitel 18 eingehen.

Am 3. März 1924 beginnt Lewis mit der Lektüre des *Hippolytos,* einer in Versform geschriebenen Tragödie des antiken Dichters Euripides. Er hatte sich das Gedicht als Schüler im griechischen Original erarbeitet (wahrscheinlich in Great Bookham unter Kirkpatricks Führung); nun wollte er jeden Tag einige Abschnitte daraus lesen, um seine Griechisch-Kenntnisse aktuell zu halten. Lewis hatte den «rührseligen

---

[57] Ebd. 38. Die These, es sei besser, ein unglücklicher Mensch zu sein als ein glückliches Schaf, ist eine Anspielung auf John Stuart Mills bekanntes Diktum, es sei besser, ein unzufriedener Mensch zu sein als ein zufriedenes Schwein.

Metaphysiker»[58] Euripides früher nicht wirklich gemocht, nun gefällt ihm der *Hippolytos* aber sehr. Zwei Tage später kommt er an eine Stelle, die in ihm all die Bilder vom Ende der Welt wiedererweckt, die er bei der Annahme des New Look verworfen hatte:

> *O, in diesen verborgenen Winkeln zu sein*
> *hoch in den Bergen, wo ein Gott*
> *mich in einen gefiederten Vogel verwandeln könnte*
> *inmitten geflügelter Schwärme ...*
> *Und könnte ich doch gelangen*
> *an das apfeltragende Ufer der Hesperiden.*[59]

Lewis notiert diese Zeilen noch am gleichen Abend in seinem Tagebuch (in Griechisch) und fragt sich, ob es ihn wohl zurücktreiben wird in die romantische Sehnsucht, die die Hauptbeschäftigung seiner Tage in Great Bookham gewesen war (und auch der Kern seiner Wertschätzung der externen Natur, vgl. Kap. 8–9). Er gibt dem Gefühl aber nicht gleich nach, sondern versucht, es mit Herablassung zu behandeln.

Am nächsten Tag ist es dann aber um ihn geschehen. Als er gegen 16 Uhr in Oxford aus der dunklen Bibliothek heraustritt, um sich auf den Weg zu seinem Vortrag bei der Philosophical Society zu machen, fühlt er sich wie an einem Sommerabend um 18 Uhr: Das Licht ist wunderbar hell und von sanfter Farbe, die Steine um ihn herum scheinen weicher zu sein als sonst, die Vögel singen, die Luft ist köstlich kühl und frisch. Es gibt einen Moment wohligen Unbehagens, dann aber gleitet er in die echte Freude (Joy) hinein:

> die lange Zeit der Hemmung war vorüber, die trockene Wüste lag hinter mir, ich war zurück im Land der Sehnsucht, mein Herz zugleich gebrochen und emporgehoben, wie es seit den alten Tagen in Bookham nicht mehr der Fall gewesen war. (SbJ 169)

[58] *Collected Letters I* 157, an Albert Lewis, 4. Dezember 1915.

[59] Euripides, *Hippolytos*, Zeile 732–742, Übers. N.F.

Diese Erfahrung beseitigt die letzten Reste seines ohnehin stark angegriffenen New Look, der Joy als eine ästhetische Erfahrung eingestuft hatte, und seine Sehnsucht nach dem Garten der Hesperiden als einen bloßen Wunschtraum (Kap. 12). Lewis erklärt, es habe nicht den Hauch eines Zweifels gegeben; eine Rückkehr zum vorherigen Status Quo sei unmöglich gewesen: Er sah sich aufgefordert – ja genötigt –, diesen Look abzulegen und niemals wieder zu ihm zurückzukehren.

Nur zwei Tage später, am 8. Marz 1924, passiert etwas, das ihm hilft, diese Erfahrung auch intellektuell zu verarbeiten. Lewis findet im Buch *Space, Time and Deity* (1920) des Philosophen Samuel Alexander die Unterscheidung zwischen «enjoyment» und «contemplation» und übernimmt sie sofort in sein eigenes Denken (er greift tatsächlich bereits fünf Tage später in einer Diskussion auf sie zurück).[60] Als er sie auf die Erfahrung von Joy anwendet, wird ihm klar, warum es ihm – all seinen Bemühungen zum Trotz – bisher nicht gelungen war, den Ursprung von Joy (bzw. das wahre Objekt seiner Sehnsucht) zu finden. Diese Erkenntnis erscheint ihm im Rückblick als so bedeutsam, dass er sie als Gottes zweiten Schachzug bezeichnet. Worum ging es hier?

Laut Alexander ist jede menschliche Erfahrung durch das Verhältnis zweier Elemente geprägt, eines *Aktes eines Bewusstseins* und eines *Objektes,* dessen das erfahrende Bewusstsein gewahr ist. Nun ist es aber das Bewusstsein selbst, und damit eines dieser beiden Elemente, das die Erfahrung macht: Erfahrung besteht im gleichzeitigen Vorhandensein (in der «compresence») eines Bewusstseinsaktes und eines Objektes (bzw. der mentalen Repräsentation eines Objekes) *im Bewusstsein des Erfahrenden.* Deshalb ist das Verhältnis des Bewusstseins zu seinen eigenen Akten nicht dasselbe wie sein Verhältnis zum Objekt: Wir sind uns zwar bewusst, dass wir eine Erfahrung machen, unsere Aufmerksamkeit gilt

[60] Vgl. *All My Road Before Me* 304. Lewis bezeichnet Alexanders Unterscheidung als ein «unverzichtbares Denkwerkzeug». In der Tat gibt es kaum eine erkenntnistheoretische Äußerung, in der er sie *nicht* einsetzt, oft allerdings unter anderem Namen.

dabei aber nicht uns selbst (d.h. unserem eigenen Tun oder unserer Reaktion auf das Erfahrene), sondern dem *Objekt* der Erfahrung.

Alexander nennt nun den Akt der Zuwendung zum Objekt (= das *Erfahren* als Akt eines Bewusstseins) ein «enjoyment», das der «contemplation» des Objektes (= des *Erfahrenen*) gilt. Diese Wörter sind insofern nicht ganz glücklich gewählt, als sie Fachbegriffe darstellen, deren Bedeutung erheblich vom gewohnten Sprachgebrauch abweicht. Dasselbe gilt auch für die deutsche Übersetzung von «enjoyment» mit «Genuss» und «contemplation» mit «Betrachtung»: Das, was wir in einer Erfahrung «genießen», ist unsere eigene Aktivität (d.h. der bewusste Vollzug dieser Erfahrung als Subjekt); das, was wir «betrachten», ist das Objekt, dem dabei unsere Aufmerksamkeit gilt. In *Surprised by Joy* illustriert Lewis den Gebrauch dieser Begriffe am Beispiel des Sehens eines Tisches:

> Sehen wir einen Tisch, so «genießen» wir den Akt des Sehens und «betrachten» den Tisch. Würden wir anschließend Optik betreiben und über das Sehen selbst nachdenken, so würden wir das Sehen betrachten und das Denken genießen. (SbJ 169)

In seinem Essay «Meditation in a Toolshed» bringt Lewis weitere Beispiele für die Verwendung dieser Begriffe (die er hier ein «sehen *entlang* von etwas» [= genießen, enjoyment] und ein «sehen *auf* etwas» [= betrachten, contemplation] nennt).[61] Ein junger Mann ist in ein Mädchen verliebt. Er «genießt» seine erotische Schwärmerei und «betrachtet» das Mädchen. Dann kommt ein Psychologe und schaut sich dieses Geschehen von außen an: Er «betrachtet» die erotische Schwärmerei des jungen Mannes und «genießt» einen Akt psychologischen Forschens. Ein Mathematiker grübelt über ein mathematisches Problem. Er «genießt» einen Akt mathematischen Denkens und «betrachtet» zeit- und raumlose Wahrheiten. Dann kommt ein Hirnforscher und untersucht die Prozesse, die währenddessen im Kopf des Mathematikers ablaufen: Er

[61] Vgl. «Meditation in a Toolshed» 212–215.

«betrachtet» das Denken des Mathematikers und «genießt» einen Akt neurologischen Forschens.

Unsere Erfahrungen kommen aber nicht immer in diesen Paaren vor. Die allermeisten unserer Erfahrungen werden nur genossen, aber nicht betrachtet: Nur ein Bruchteil aller Liebenden der Welt wurde je von einem Psychologen inspiziert, und nur ein Bruchteil aller Mathematiker wurde je beim Denken von einem Hirnforscher untersucht. Das passiert nur dann, wenn wir den Akt des Erfahrens selbst zum Gegenstand der Betrachtung machen – indem wir Erkenntnistheorie betreiben (in der Philosophie), Wahrnehmungspsychologie (in der Psychologie) oder Neurophysiologie, Optik usw. (in den Naturwissenschaften). Oder wenn wir versuchen, uns in der Introspektion quasi selbst dabei zuzusehen, wie wir eine Erfahrung machen.

Die bisherigen Beispiele zeigen, dass Alexanders Analyse für *jeden* Akt der Erkenntnis gilt, den wir als Menschen vollziehen: Akte des Denkens sind nicht weniger ein «Genuss» als jede Sinneserfahrung, die wir machen, und ein mathematisches Problem, über das wir nachdenken, wird von uns nicht weniger «betrachtet» als jedes materielle Objekt. Sie zeigen aber auch:

Es gibt keine Betrachtung, die nicht zugleich ein Genuss wäre, und keinen Genuss, der nicht zugleich eine Betrachtung wäre. Genuss und Betrachtung sind keine verschiedenen Akte, sondern zwei Weisen, *ein und denselben Akt zu bezeichnen:* Beziehen wir uns auf die Tätigkeit des erfahrenden Bewusstseins, so nennen wir ihn einen Genuss, beziehen wir uns auf das erfahrene Objekt, so nennen wir ihn eine Betrachtung.

Vielen Lesern (darunter Autoren ganzer Bücher über Lewis) scheint das nicht klar zu sein; sie gehen davon aus, «enjoyment» meine den *Vollzug einer Erfahrung,* und «contemplation» das *Nachdenken über Erfahrung.* Das ist aber nicht der Fall: *Jede* Erfahrung ist laut Alexander ein «enjoyment», das der «contemplation» eines Objektes gilt.

Vielleicht hilft es, die Verwendung dieser Begriffe in einer Tabelle zu verdeutlichen:

Genossen	Betrachtet	Bezeichnung
Bewusstseinsakt	Objekt	Genuss des Bewusstseinsaktes / Betrachtung des Objektes
1.a Akt des Sehens	Tisch	Genuss des Aktes des Sehens / Betrachtung des Tisches
1.b Akt optischen Forschens	Akt des Sehens	Genuss des Aktes optischen Forschens / Betrachtung des Aktes des Sehens
2.a Akt erotischen Schwärmens	Mädchen	Genuss des Aktes erotischen Schwärmens / Betrachtung des Mädchens
2.b Akt psychologischen Forschens	Akt erotischer Schwärmerei	Genuss des Aktes psychologischen Forschens / Betrachtung des Aktes erotischen Schwärmens

Wir sehen: jede dieser vier Erfahrungen ist als ein von uns vollzogener Bewusstseinsakt ein Genuss, der ein betrachtetes Objekt zu seinem Gegenstand hat. Für die Folgen, die Lewis aus dieser Unterscheidung für sein Verständnis von Joy zog, sind nun vor allem zwei Aspekte von Bedeutung:

1. Im Moment der Erfahrung sind wir uns zwar unseres eigenen Tuns bewusst, doch dieses Tun selbst ist nie das, was wir betrachten: Akte der Erfahrung sind immer *intentional,* das heißt, sie richten sich auf etwas, das nicht das Bewusstsein selbst ist. Es braucht also beides, einen Akt eines Bewusstseins und ein davon unabhängiges Objekt, damit eine Erfahrung zustande kommt. Ein Akt ohne Objekt würde ins Leere gehen (er würde ohne *Inhalt* bleiben), und ein Objekt ohne einen Akt, der sich darauf richtet, würde von niemandem wahrgenommen. Bereits Alexander betont deshalb, dass das erfahrene Objekt kein Element oder Bestandteil des erfahrenden Bewusstseins sein kann, sondern von diesem *verschieden* sein muss.

2. Jede Erfahrung ist zwar immer der Genuss eines Bewusstseinsaktes und zugleich die Betrachtung eines Objektes. Es macht aber einen Unterschied – es sind zwei ganz verschiedene Erfahrungen –, ob wir eine konkrete Erfahrung genießen oder betrachten. Haben wir zum Beispiel Angst vor einer Spinne in unserem Zimmer, so «genießen» wir ei-

nen Akt der Arachnophobie und betrachten die Spinne. Wir können unsere Phobie aber auch zum Objekt unserer Betrachtung machen, zum Beispiel, indem wir uns mit ihren psychischen Ursachen befassen. In diesem Fall betrachten wir den Akt der Arachnophobie und genießen einen Akt psychologischer Forschung.

Zu einem gegebenen Zeitpunkt können wir allerdings immer nur *eins von beidem:* Entweder wir betrachten die Spinne (und genießen unsere Phobie), oder wir betrachten die Phobie (dann «genießen» wir nicht mehr die Arachnophobie, sondern einen Akt psychologischer Forschung). Wir müssen den Genuss unserer Phobie *unterbrechen,* um ihn zum Gegenstand unserer Betrachtung zu machen: Unsere Aufmerksamkeit gilt nun nicht mehr der Spinne, sondern uns selbst. Was wir betrachten, ist daher in Wahrheit gar nicht der Genuss unserer Phobie, denn diesen haben wir ja gestoppt, um ihn zu betrachten.

Der Versuch, den Genuss unserer eigenen Erfahrungen zu betrachten (= Introspektion), ist daher laut Lewis wie der Versuch, unsere Augen aus ihren Höhlen herauszunehmen, um sie zu betrachten. Was immer wir dann zu sehen bekommen: unsere Augen sind es nicht. Schon im August 1924 erklärt er am Beispiel des Denkens:

> Unterbrechen wir einen Akt des Denkens, um herauszufinden, was «in uns vorgeht», so finden wir nur Wörter, Vorstellungsbilder oder körperliche Empfindungen. Doch in dem Moment, in dem wir mit der Introspektion beginnen, hat das wirkliche Denken aufgehört. Es ist daher keine Überraschung, dass wir es nicht finden.[62]

Die Frage ist dann allerdings: Was betrachten wir eigentlich, wenn wir den Akt, den wir doch betrachten wollten, gerade gestoppt haben? Lewis erklärt: Da der Genuss und die Betrachtung unserer Erfahrungen sehr schnell aufeinander folgen können (so schnell, wie es uns gelingt, zwischen den jeweiligen Objekten der Betrachtung hin- und herzu-

---

[62] «C.S. Lewis' 1924 Tutorial Notes» 152.

wechseln), findet das Schielen auf unsere inneren Aktivitäten zwar nie den ursprünglichen Genuss, aber leider auch nicht nichts. Der Vorgang der Introspektion findet – immer zu spät kommend – das, was *übrig bleibt,* nachdem wir diesen Genuss unterbrochen haben. Dies ist aber nur das Ergebnis der vorherigen Erfahrung oder aber deren körperliche und psychische Begleiterscheinungen: Sinnesempfindungen, Vorstellungsbilder, Gefühle, Wörter oder was auch immer.

Diese verbleiben oft noch eine Weile im Bewusstsein, wenn man beim Versuch der Introspektion eine Erfahrung unterbricht. Deshalb werden sie leicht irrtümlich für den ursprünglichen Genuss gehalten, während sie doch in Wahrheit das sind, was die Erfahrung zurücklässt, nachdem sie unterbrochen wurde – etwa so, «wie der Wellengang auf See, wenn der Wind sich gelegt hat». (SbJ 170)

Im Hinblick auf sein Verständnis von Joy nennt Lewis die beiden gerade genannten Punkte «katastrophal». Er hatte geglaubt, wenn er sich im Moment von Joy selbst beobachte (also in sein eigenes Inneres schaue, um zu sehen, was da vor sich ging), bekäme er das zu sehen, was diese Erfahrung so wertvoll macht. Nun erkannte er, dass er noch nie auch nur eine einzige Erfahrung von Joy beobachtet hatte. Er hatte versucht, seinen eigenen Genuss von Joy zu betrachten – was gemäß Alexanders Analyse unmöglich war.

Das, was er nach dem Abebben der kurzen Momente von Joy in sich vorfand, war daher auch weder der Genuss von Joy noch ihr Objekt: Es war ein erhöhter Pulsschlag und ein Flattern im Zwerchfell (d.h. eine körperliche Empfindung oder ein «Thrill»), und dazu Bilder vom Garten der Hesperiden und dergleichen (d.h. Vorstellungsbilder), die der Vorübergang von Joy in ihm ausgelöst hatte. Da die Introspektion nichts anderes fand, hatte er geglaubt, es müssten diese Dinge sein, denen sein «Wollen und Haben» galt. Nun sah er, dass das nie der Fall gewesen war: sie waren nur Begleit- oder Folge-Erscheinungen des eigentlichen Geschehens, aber nicht dieses selbst.

Dieses Ergebnis sah Lewis durch die Erfahrung von Joy bestätigt, die auf seine Euripides-Lektüre gefolgt (bzw. durch diese vorbereitet worden) war. Noch am Abend des Geschehens (6. März 1924) notierte er in seinem Tagebuch, auch wenn sein Erlebnis erst ein paar Stunden alt sei, sehe er bereits, wie es von der Erinnerung in etwas verklärt werde, das nie irgendwo war und auch nie irgendwo hätte sein können. Die Annahme seiner Tage in Great Bookham, seine Sehnsucht gelte dem Garten der Hesperiden (bzw. den von Morris und Yeats beschriebenen Orten), war also definitiv falsch: seine eigene Erfahrung widerlegte sie.

An diesem Missverständnis waren aber nicht die Bilder vom Garten der Hesperiden oder vom Wald am Ende der Welt schuld: *Sie selbst* hatten nie vorgegeben, das Objekt seiner Sehnsucht zu sein; es war nur seine eigene Gier gewesen, die sie zu Götzen gemacht hatte. Und diese Bilder hatten auch nie behauptet, für Tatsachen zu stehen, weshalb es auch keinen Grund gab, sie als «Christina dreams» (d.h. als Projektionen im Freud'schen Sinn) zu verdammen. Es war eher so, als kleide sich sein Verlangen in die Bilder, oder als schaue er *durch sie hindurch* auf das Objekt seiner Sehnsucht. In Wahrheit, so gibt Lewis zu, hatte bereits MacDonalds *Phantastes* ihn dies gelehrt – was er dann aber ausgeblendet hatte, um seinen erotischen und okkulten Fantasien weiter frönen zu können.

So war es auch mit seinen anderen Erfahrungen von Joy gewesen. Als Lewis im Winter 1911/12 zum ersten Mal eine der Illustrationen Arthur Rackhams zum Ring des Nibelungen gesehen und daneben die Worte *Siegfried and The Twilight of the Gods* gelesen hatte, da hatte dies einen enormen Aufruhr von Bildern in ihm ausgelöst: vor seinem inneren Auge war das Bild von Göttern erschienen, wie sie auf geflügelten Pferden durch das Zwielicht schier endloser nordischer Sommerabende über den Atlantik flogen (Kap. 5). Und zugleich war sein Herz fast vor Sehnsucht und Freude zerborsten – ja über was eigentlich? Es waren nicht diese Bilder in seinem Inneren gewesen, denen seine Sehnsucht und Freude gegolten hatte, und auch nicht die Illustration Rackhams: letztere war nur der *Auslöser* für die Erfahrung gewesen, und das Bild fliegender Götter nur ihre *Folge*. Das Objekt seiner Betrachtung – der Gegenstand seiner Sehnsucht – musste noch etwas anderes sein, denn sonst wäre der Genuss nicht so groß gewesen: sonst wäre ihm diese Erfahrung nicht so unendlich wertvoll erschienen.

Ebenso ist es nach Lewis' Ansicht in *allen* Momenten der Sehnsucht. Ich stehe an einem Sommerabend am Strand und sehe zu, wie ein Schiff auf See hinausfährt, während die untergehende Sonne im Meer versinkt. In diesem Moment steigt eine Sehnsucht in mir hoch, die mich so überwältigt, dass sie mir die Tränen in die Augen treibt – eine Sehnsucht, die weder der untergehenden Sonne gilt noch dem Schiff (von dem ich weiß, dass es ein Containerfrachter ist, der irgendwelche Waren in den nächsten Hafen bringt). Ich habe das Gefühl, sie gilt etwas, das für mich und mein Leben wichtiger ist als alles andere in meinem Leben – die mir mehr darüber sagt, wer ich bin als alles Übrige in der Welt. Das, was ich sehe (die Sonne und das Schiff am Horizont) ist nur der Auslöser dieser Erfahrung, und die Tränen sind nur die Reaktion meines Körpers auf sie, doch was ist ihr Objekt (also das, was ich in Alexanders Sinn betrachte): Worauf *richtet* sie sich?

Es kam aber noch schlimmer. Die These von Lewis' New Look hatte gelautet, es gebe gar kein äußeres Objekt, auf das sich seine Sehnsucht richte, sondern Joy selbst sei es (als ein Zustand seines eigenen Bewusstseins), wonach er verlangte. Doch auch *das* konnte unmöglich der Fall sein. Seiner ständigen Selbstbespiegelung zum Trotz war es ihm nämlich ab und zu gestattet gewesen, zu sagen: «Hier kommt ein Moment von Joy», und einen Augenblick später: «Jetzt ist er wieder weg.» Schaute er aber auf das, was in der Zwischenzeit in ihm vorgegangen war, so fand er nicht mehr als die besagten Vorstellungsbilder und körperlichen Reaktionen. Diesen einen größeren Wert zuzusprechen als allem Übrigen in der Welt war schlichtweg absurd:

> Nichts war gewisser als dies: Sollte die Sache ein Zustand meines eigenen Bewusstseins sein, so war es ein Zustand, den ich nicht schätzte – ein Zustand, der definitiv unterhalb dessen lag, was ich durch den Verzehr eines Riegels Schokolade oder das Leeren von einem Glas Bier hätte erreichen können. Und so erwachte ich zum letzten Mal in diesem Bericht (wenn auch vermutlich nicht zum letzten Mal) vom Bau des Tempels und stellte fest, dass der Gott entflohen war. (EPJ 25)

Diese Erkenntnis ließ Lewis fast am eigenen Verstand zweifeln. Sein New Look hatte seinen früheren Glauben, es gebe irgendwo im Bereich des empirisch Erfahrbaren ein Objekt, auf das sich sein Verlangen richtete, als Illusion abgetan. Das war nun geklärt: Joy selbst hatte diese Illusion nie unterstützt; es war sein eigener Fehler gewesen, zu meinen, es gebe ein solches Objekt (bzw. einen Ort), dem seine Sehnsucht galt. Die Illusion, von der er gemeint hatte, sie mit seinem New Look bekämpfen zu müssen, existierte also gar nicht. Doch der Zustand seines eigenen Bewusstseins in Momenten von Joy war ebenfalls keine Illusion: er war ja rein subjektiv und erhob gar nicht den Anspruch, sich auf ein äußeres Objekt zu beziehen. Da er sich als völlig wertlos herausstellte, konnte aber auch er nicht das Ersehnte sein.

Damit brach Lewis' gesamtes bisheriges Verständnis von Joy zusammen: Wonach *hatte* er sich denn dann die ganze Zeit gesehnt? Es schien fast, als habe er einer Illusion hinterhergejagt, die er in Wahrheit nie gehabt hatte.

Das aber war des Unsinns ein bisschen viel, und es löste sein Problem auch nicht. Denn der Wert war unbestreitbar da: Gab es *überhaupt irgendwo* einen Wert, so begegnete er ihm in der Erfahrung des «Habens und Wollens». Dies zu leugnen wäre gewesen, als hätte man geleugnet, dass Honig süß ist, dass Vergnügen erfreut oder dass Schmerz schmerzt. Dass er sich dieses Verlangen, das in sich wertvoller war als jede auch nur denkbare Erfüllung, nicht bloß einbildete, nennt Lewis «die eine unbezweifelbare Tatsache meiner Erfahrung». (EPJ 26) Sollte er dies je vergessen haben, so hatte ihn die vom *Hippolytos* ausgelöste Erfahrung noch einmal daran erinnert.

Alexanders Unterscheidung half ihm nun, zu verstehen, wem sein Verlangen in Wahrheit galt. Der erste der beiden eben genannten Punkte lautete ja: Ohne ein Objekt, dem wir uns zuwenden, gibt es überhaupt keine Erfahrung – und damit auch keine Erfahrung von Joy. Es musste Joys Objekt also geben. Aber nicht nur das: Es war auch dieses Objekt, das der Erfahrung von Joy ihren *Wert* verlieh. Denn der Charakter unserer Verlangen wird durch ihr Objekt bestimmt: Es ist dieses Objekt, welches ein Verlangen angenehm oder unangenehm, erstrebenswert oder verhasst macht. So unterscheidet sich zum Beispiel das Verlangen nach Essen in seiner Qualität vom Verlangen nach einem bestimmten Wein, und das Streben, auf eine bestimmte Frage selbst eine Antwort zu finden, vom Wunsch, von jemandem gesagt zu bekommen, welche unter den möglichen Antworten die richtige ist.

Daraus folgte, dass es auch keinen Sinn hatte, nach Joy unabhängig von ihrem Objekt zu verlangen: Wäre es möglich, eine solche Empfindung durch Drogen oder Askese künstlich herzustellen, so würde sie sofort ihre völlige Bedeutungslosigkeit preisgeben. Das war auch der Grund, warum das Schielen auf seinen eigenen Bewusstseinszustand im Moment von Joy keinen Wert hatte finden können: Der Wert lag gar nicht in ihm selbst, sondern in dem, wonach er sich sehnte und woran er sich erfreute: «Unerbittlich erklärte Joy: ‹Du verlangst nach – ich selbst bin dein Verlangen nach – etwas anderem, Äußerem, nicht nach dir selbst oder irgendeinem Zustand deiner selbst.›» (SbJ 172)

Es ging aber noch weiter. War es das Objekt, das diese Erfahrung so wertvoll machte, dass sie jede andere auch nur denkbare Erfahrung an Wert überstieg, so konnte Joys Objekt unmöglich weniger real sein als die Objekte der sinnlich erfahrbaren Welt:

> Der Akt des Erfahrens ist wie bei jeder Erfahrung subjektiv, doch das *Erfahrene* ist objektiv: das wirklichste oder einzig Wirkliche, das mir je begegnet ist. In ihm liegt der Wert, denn Wert ist auf jeden Fall da, und ich habe entdeckt, dass er nicht in mir liegt. *Non nobis.*[63] (EPJ 27)

Dieses Objekt – das wurde Lewis nun mit ehrfürchtigem Staunen klar – gehörte gar nicht zur «Welt der Phänomene», das heißt, es war kein Bestandteil der empirischen Welt. Er verstand,

[63] Psalm 115,1: *Nicht uns* gebührt die Ehre (sondern Gott).

> dass «das Ersehnte», von dem ich seit den Tagen des Spielzeuggartens immer nur flüchtige Blicke erhascht hatte, [...] im klarsten aller Sinne etwas jenseits aller raum-zeitlichen Vollzüge war – jenseits, aber dennoch [für uns] einsetzend mit der Erfahrung. (EPJ 27)

Das erklärte, warum sich das Ziel seiner Sehnsucht bisher jedem seiner Versuche entzogen hatte, es mit irgendeinem Gegenstand im Bereich des Erfahrbaren zu identifizieren: Es war gar kein Objekt im üblichen Sinn; es war das «nackte Andere, bildlos (auch wenn unsere Imagination es mit hundert Bildern begrüßt), unbekannt, undefiniert, ersehnt». (SbJ 172) Lewis hatte endlich den Ursprung seiner Sehnsucht gefunden: Es war das *Absolute,* dem sein Verlangen galt.

Dass das so sein musste, hatte er sozusagen im Prozess der Elimination herausgefunden. Er hatte alles in sich und um sich herum ausprobiert und gemeint, sagen zu können: Das ist es, was ich will. Jede der Antworten, die er zu geben (und eine Zeitlang zu leben) versucht hatte, hatte sich jedoch aufrichtig zu ihrer eigenen Unzulänglichkeit bekannt. Da seine Sehnsucht aber alles andere an Wert überstieg, konnte ihr Objekt keine bloße Illusion sein: Der Wert war unbestreitbar da, und er lag nicht in ihm selbst.

Damit blieb nur eine Möglichkeit: Ursprung und Ziel seiner Sehnsucht konnte nur das Absolute sein, denn dieses lag a) hinter dem «Vorhang der Sinne» (es war also kein Bestandteil der mit den Sinnen erfahrbaren Welt), und war b) das Einzige, was dieser Erfahrung ihren alles übersteigenden Wert verleihen konnte.

Lewis nennt das, was ihm im Durchleben der Dialektik seiner Sehnsucht widerfuhr, «eine Art praktisches Gegenstück zum Ontologischen Gottesbeweis». (EPJ 27) Der Beweis, auf den er hier anspielt, geht auf Anselm von Canterbury (ca. 1033–1109) zurück, auch René Descartes vertrat im 17. Jh. noch eine Version davon. Er beruht auf der Definition Gottes als «das, worüber hinaus Größeres nicht gedacht werden kann». Laut Anselm folgt aus dieser Definition, dass Gott existieren muss, denn denken wir ein solches Wesen *nur* als gedacht (ohne, dass es existiert), so könnten wir uns ein noch größeres Wesen vorstellen, das *zudem* noch existiert. Also denken wir Gott nicht nur, sondern er existiert wirklich.

Lewis hielt dieses Argument zwar nicht für stichhaltig: Nach seiner Ansicht gehört Existenz nicht zur Definition eines Gegenstands, sodass man auch nicht von einer bloßen Definition Gottes auf seine Existenz schließen kann. Seine Analyse von Joy überzeugte ihn aber davon, dass es eine *Erfahrung* Gottes geben kann, die alles übersteigt, was die Welt der Sinne oder des menschlichen Bewusstseins zu bieten hat. Da nichts im Bereich möglicher Erfahrung als Joys Objekt infrage kam, drängte es sich geradezu auf, dieses zu definieren als «das, worüber hinaus Größeres nicht *erfahren* werden kann». Genau so sagt Lewis das nicht, er schreibt aber über die Weise, in der Joy sich der Identifikation mit jeder möglichen Erfahrung entzog: «‹etwas Besseres› – nicht diese oder jene Erfahrung, sondern über sie hinaus – ist nahezu die Definition dessen, was ich zu beschreiben versuche.»[64]

Leser, die sich in der Literatur zu C. S. Lewis auskennen, werden sich nun möglicherweise fragen, wie sich das gerade skizzierte «praktische Gegenstück» zum Ontologischen Gottesbeweis zu dem verhält, was in der Forschung Lewis' «Argument from Desire» genannt wird. Nun, ganz einfach: Das eine hat mit dem anderen nichts zu tun. Das liegt daran, dass das sogenannte «Argument from Desire» nichts mit Lewis' Erfahrung von Joy zu tun hat.

Die gesamte Diskussion um dieses vermeintliche Argument geht davon aus, dass es sich bei Joy *allein um ein Verlangen* handelt. Man streitet dann darüber, ob ein solches uns von der Natur mitgegebenes, aber auf Erden unstillbares Verlangen ein übernatürliches Objekt haben muss, das es eines Tages wird stillen können. Damit unterschlagen aber beide, Befürworter wie Kritiker des Argumentes, den Aspekt des «Habens»: Es war die Erfahrung eines jede auch nur denkbare Erfüllung übersteigenden *Wertes*, die Lewis davon überzeugte, dass das Objekt seiner Sehn-

[64] *The Problem of Pain* 119.

sucht existieren musste, auch wenn es kein Bestandteil der Welt des Erfahrbaren war.[65]

Lewis erklärt, an Gottes zweiten Schachzug habe sich sogleich der dritte Schachzug angeschlossen. Er bestand einfach darin, seine neuen Erkenntnisse über das Wesen von Joy mit seiner idealistischen Philosophie zu verbinden.

Dies schien ihm sehr gut zu passen: Joys Charakter als ein «Wollen und Haben» ließ sich verstehen, wenn man sich an Kants Unterscheidung zwischen dem noumenalen und dem phänomenalen Ich erinnerte – also daran, dass wir das Wort «Ich» stets in einem doppelten (d.h. mehrdeutigen) Sinn verwenden. Soweit der Mensch ein Teil der phänomenalen Welt war, war er eine Erscheinung des Absoluten: Er existierte als phänomenales Ich (bzw. Seele) nur, insofern er vom geistigen Grund seines Seins in die Welt der Erscheinungen hinein projiziert wurde. Doch mit seinem noumenalen Ich (bzw. Geist) war er eins mit dem Absoluten: Was immer ein Mensch auch tat, tat in Wahrheit das Absolute *durch* ihn.

Die kurzen, flüchtigen Momente von Joy, die für einen Augenblick unsere gewohnte, raum-zeitliche Erfahrungsweise und sämtliche Denkkategorien sprengen (Lewis nennt sie auch Augenblicke, in denen das «Licht der Sinne erlischt»), erschienen ihm nun als jene Momente, die unsere wahre Natur als ein phänomenales Ich offenbaren, das vom Absoluten in die Welt der Erscheinungen hinein projiziert wird. Da das Absolute selbst kein Bestandteil der Welt der Erscheinungen war, konnte es sich dort nie anders als *symbolisch* zu erfahren geben. Daher kamen die ganzen Bilder vom Garten der Hesperiden und vom Wald am Ende der Welt, und daher war es auch so leicht, die wahre Quelle der Freude zu übersehen (bzw. die Erfahrung insgesamt misszuverstehen).

---

[65] Die Passagen in *Mere Christianity* 118 und «The Weight of Glory» 32f, in denen Lewis tatsächlich nahelegt, jedes naturgegebene Verlangen habe auch ein Objekt, das es erfülle, argumentieren *nicht* zugunsten der Existenz Gottes: Er setzt in beiden Fällen die Existenz Gottes voraus und argumentiert zugunsten der Existenz des *Himmels*. Dies ist eine Deutung von Joy, die er erst Jahre später als Christ vornahm.

Gemäß Lewis' idealistischer Philosophie war jedoch eine personale Begegnung (oder «Wiedervereinigung») mit dem a-personalen Grund des eigenen Seins undenkbar. Die Projektion in die Welt der Erscheinungen hinein, die man als phänomenales Ich *war,* endete mit dem Tod. Man wurde wieder zu dem, was man mit seinem noumenalen Ich eigentlich immer schon war, nämlich ein Element im ewigen Bewusstsein des Absoluten (Kap. 13). Das Ziel aller menschlichen Sehnsucht war daher jene Vollkommenheit und Unsterblichkeit, die man als ewiger Geist immer schon besaß, welche man aber als sterbliche Seele vergeblich ersehnte.

Daraus resultierte die doppelte Natur der Erfahrung als ein «Wollen und Haben»: Insofern wir mit unserer Seele der Welt der Phänomene angehören, sehnen wir uns danach, mit unserer göttlichen Wurzel vereint zu werden; deshalb ist Joy ein «Wollen». Insofern wir aber mit unserem Geist der noumenalen Welt angehören, sind wir immer schon eins mit unserer göttlichen Wurzel; deshalb ist Joy ein «Haben». Daher erklang Joys Lockruf auch näher an Lewis' Ohr als alles andere und war zugleich weiter entfernt als die Sterne; daher lag das Ziel seiner Sehnsucht quasi in seiner Hand und würde doch nie das Seine sein.

Lewis kam deshalb zu dem Schluss, die kurzen Besuche von Joy würden uns mehr als jede andere mögliche Erfahrung darüber verraten, was wir Menschen wirklich sind. Sie waren jene Momente,

> in denen wir uns unserer fragmentarischen und schattenhaften Natur bewusst wurden und uns nach jener unmöglichen Wiedervereinigung sehnten, die uns aufheben würde, oder nach jenem selbstwidersprüchlichen Erwachen, das enthüllen würde, nicht dass wir geträumt hatten, sondern dass wir ein Traum *waren.* (SbJ 172)

Der entscheidende Ausdruck in dieser Passage ist das Wort «Traum», das Lewis hier verwendet, um seine pantheistische Sicht des Menschen zu charakterisieren: Metaphorisch gesprochen ließ sich der Mensch insofern als ein Traum bezeichnen, als die gesamte Welt, in der man lebte (man selbst mit eingeschlossen), nur im Bewusstsein des absoluten Geistes existierte – so, wie ein Traum ja auch nur im schlafenden Geist des Träumenden existiert. Diese Metapher wird uns später noch beschäftigen, wenn es um Lewis' Konversion zum Theismus geht (Kap. 21).

Lewis ergänzt, seine pantheistische Interpretation von Joy habe ihn nicht nur intellektuell, sondern auch emotional zufriedengestellt: Es sei wichtiger gewesen, zu wissen, dass die göttliche Herrlichkeit da ist (wenn auch unerreichbar hinter dem «Vorhang der Sinne»), denn als endliches Wesen in sie einzugehen. Das heißt, von einem Himmel, den der Mensch nach dem Tod hätte erlangen können, war noch immer keine Rede. Im Gegenteil:

> [D]as einzig wahre oder glückliche oder ewige Leben besteht darin, so beständig auf die Welt zu blicken, dass die Vorstellung «Ich» verblasst. Dass sie überhaupt im Bereich des Bewusstseins in Erscheinung tritt, ist ein Ausdruck der Minderwertigkeit des Zustands, in dem das geschieht.[66]

Dieses Verständnis von Joy passte nun endlich auch zu den Empfindungen, die MacDonalds *Phantastes* acht Jahre zuvor bei Lewis ausgelöst hatte (Kap. 10): a) Joys Objekt war kein wie auch immer gearteter Ort, den man je würde erreichen können. b) Das Ersehnte verbarg sich nicht am Ende der Welt, sondern war *zu nah*, um es zu sehen, sozusagen «diesseits» des Wissens. Und man konnte auch nichts tun, um es zu erreichen, sondern hätte *aufhören* müssen, etwas zu tun (nämlich als ein separates Selbst zu agieren). c) Die kurzen Momente von Joy ließen aufblitzen, was die Welt *eigentlich* war: sie war kein Ödland nackter Materie, sondern eine Erscheinung des Absoluten. d) Das Objekt seiner Sehnsucht war gut, ja heilig. Es stimmte also, dass man nach ihm verlangen *sollte* – dass Verehrung die einzig angemessene Reaktion auf seinen Charakter war.

Als Lewis im Frühjahr 1924 diese Einbettung von Joy in seinen

---

[66] *Collected Letters I* 930, an Arthur Greeves, 18. August 1930. Das Zitat stammt aus einer von Lewis am 6. März 1926 angefertigten Notiz, die er dem Brief beifügte.

Absoluten Idealismus vornahm, erschien ihm dies als keine besonders gefährliche Angelegenheit. Im Gegenteil, sie passte intellektuell wie emotional sehr gut und gab ihm zum ersten Mal in seinem Leben das Gefühl, diese Erfahrung wirklich zu verstehen. Die Kluft, die seine beiden Gehirnhälften so lange getrennt hatte, war überwunden: «Diese gelebte Dialektik und die lediglich argumentierte Dialektik meines philosophischen Fortschritts schienen sich in einem Punkt getroffen zu haben.» (PR 212)

Im Rückblick meint Lewis allerdings, er habe die Folgen dieses Geschehens unterschätzt: Bisher war sein Sinnen ganz *nach innen* gerichtet gewesen; von nun an richtete es sich *nach außen*. Offiziell war das Ziel seiner Sehnsucht zwar gar nicht von ihm selbst verschieden, die Analyse mit Alexanders Unterscheidung hatte aber ergeben, dass Joys Objekt doch auch irgendwie von ihm verschieden sein musste, andernfalls hätte es nämlich gar nicht ersehnt werden können. Zumindest war es kein Zustand seines Bewusstseins, weshalb Lewis mit einer gewissen Erleichterung feststellte, dass er sich nun nicht mehr mit sich selbst beschäftigen musste, sondern sich der Welt um ihn herum zuwenden konnte.

Dies war ein erster Schritt in eine Richtung, die ihn später dazu bringen sollte, zu erkennen, dass das Objekt seiner Sehnsucht wesentlich tiefgreifender von ihm unterschieden war, als er sich das in seinem idealistischen Pantheismus hatte träumen lassen. Diese Entwicklung sollte Gottes vierter Schachzug weiterführen; dieser erfolgte jedoch erst 1926, sodass wir auch erst später auf ihn eingehen werden (Kap. 18).

Kapitel 16
Dozent in Philosophie

Lewis' neue Erkenntnisse über das Wesen von Joy brachten sofort eine unerwartete Frucht hervor: ihm kamen endlich die richtigen Ideen, um sein Gedicht *Dymer* fortzuführen. Im Januar 1924 hatte es noch so ausgesehen, als sei das Projekt kurz vor dem Abbruch. Am 25. März notiert Lewis aber in seinem Tagebuch, er sei gerade in seiner ersten «Frühlingsflut» von *Dymer* (die leider mit einem Ausbruch von Marmeladenproduktion und Frühjahrsputz bei Mrs. Moore zusammenfiel). Bereits Ende April vermeldet er dann mit Erleichterung, zum ersten Mal existiere ein Text des gesamten Gedichtes.

Als er *Dymer* noch einmal komplett durchliest, stellt er jedoch fest, dass es dem Werk an innerer Einheit fehlt: Die zuletzt geschriebenen Passagen passen nicht mit den älteren Passagen zusammen, sodass doch noch einmal eine Überarbeitung erforderlich ist. Diese nimmt Lewis auch sogleich in Angriff, wird dann aber von einem anderen Ereignis gestoppt, das keinen Aufschub duldet: Er hat endlich eine Stelle in Aussicht.

Am 5. Mai 1924 erhielt Lewis vom Master des University College, Sir Michael Sadler, das Angebot, für ein Jahr den Posten seines alten Philosophie-Tutors E.F. Carritt zu übernehmen. Carritt plante, das akademische Jahr 1924/25 in den USA zu verbringen, und hatte Lewis als seinen Vertreter vorgeschlagen. Carritt und Sadler waren froh, auf diese Weise endlich etwas für Lewis tun zu können, den sie beide sehr schätzten. Seine Tätigkeit sollte darin bestehen, eine Vorlesung von zwei Stunden pro Woche zu halten und einige von Carritts Studenten als Tutor zu betreuen. Weil die Aufgabe für einen Neuling recht anspruchsvoll war, sollte A.S.L. Farquharson (auch er Fellow für Philosophie am University College) ebenfalls einige von Carritts Studenten übernehmen.

Da Carritt einen Teil seiner Bezüge als Fellow behielt und Lewis sich den Rest mit Farquharson teilen musste, fiel das zu erwartende Honorar um einiges niedriger aus als erhofft. Lewis' angespannte finanzielle Situation würde sich also erst einmal nicht wesentlich verbessern; er würde sogar weiterhin auf die Unterstützung seines Vaters angewiesen sein. Mangels Alternativen sagte er trotzdem zu, zumal man ihm versicherte, er könne von seinem Vertretungs-Job zurücktreten, wenn er das Fellowship am Trinity College bekäme, auf das er sich ebenfalls beworben hatte. Dazu sollte es aber nicht kommen.

Lewis macht sich sogleich an die Arbeit; er wartet also gar nicht erst ab, was aus der Trinity-Bewerbung wird. Nur sechs Tage später berichtet er seinem Vater, er habe Sadler einen Vorschlag für den Titel seiner ersten Vorlesung zugesandt: «The Moral Good – its place among the values» (Das moralisch Gute – sein Platz unter den Werten). Er ist aber auch bereits damit beschäftigt, sein altes Studienprogramm für Greats durchzugehen, um sich auf seine Rolle als Tutor vorzubereiten. Dazu liest er die Philosophen, die in seinen Tutorien eine Rolle spielen würden, und fertigt Zusammenfassungen ihrer Hauptwerke an: G.F.W. Leibniz, John Locke, George Berkeley, David Hume und René Descartes.

Für die Vorlesung erstellt Lewis zunächst nur eine Übersicht; er überlegt also, wie er die 14 einstündigen Vorlesungen füllen will, die er im Michaelmas Term (Oktober-Dezember) 1924 zu halten hat. An die konkrete Vorbereitung macht er sich erst Mitte August, und zwar aus einem einfachen Grund, wie es scheint: Er hat sein Thema so gewählt, dass es sich zu einem großen Teil mit seiner Magdalen-Dissertation von 1922 deckt, die er gerade in überarbeiteter Fassung für die erhoffte Publikation in *Mind* vorbereitet. Dementsprechend lautet das Thema seiner 12. Vorlesungsstunde auch «Practical Hegemony of the Moral Value».

Leider sind von der Vorlesung nur die Gliederung sowie Notizen zur Einführungsstunde erhalten, sodass sich über ihren Inhalt wenig sagen lässt. Erkennbar ist jedoch, dass Lewis sich zur Objektivität moralischer Normen bekennt, die Theorien von Platon und Kant sowie den Utilitarismus bespricht (und kritisiert) und zum Schluss einen eigenen Vorschlag für die Basis ethischer Verpflichtung unterbreitet.

Die Notizen zur Einführung bestätigen aber, was Lewis seinem Vater Ende August ankündigt: er werde seinen Vortrag nicht komplett ausformulieren, sondern sich nur Stichworte notieren. Dabei war er sich des Risikos, als Anfänger in einem gewissen Maß *ex tempore* (aus dem Stegreif) vorzutragen, durchaus bewusst. Seine eigenen Erfahrungen beim Zuhören hatten ihn aber gelehrt, dass man lernen muss, zu *reden* anstatt bloß zu rezitieren, wenn man verhindern will, dass die Zuhörer einschlafen. Damit legte Lewis den Grundstein für seinen späteren Erfolg als einer der beliebtesten Vortragenden Oxfords (seine Vorlesungen am Magdalen College waren stets mehr als gut besucht).

Im Unterschied zur Vorlesung sind Lewis' Notizen zu den geplanten Tutorien erhalten geblieben, darunter auch «provisorische Kritiken» an den Theorien von Locke und Berkeley (beide Juni 1924) sowie Hume (August 1924). Da sie nur zu seiner eigenen Vorbereitung gedacht waren, sind diese Notizen nicht ganz leicht zu verstehen. Sie geben aber einen interessanten Einblick in sein philosophisches Denken zu dieser Zeit.

Dies ist nicht der Ort, um ausführlich auf Lewis' Kommentare zu Locke, Berkeley und Hume einzugehen, ein paar kurze Hinweise sollen daher genügen. Die Kritik an Locke ist mit 21 Manuskriptseiten die längste, die Berkeley-Kritik umfasst nur 4 und die Hume-Kritik 9 Seiten. Das dürfte daran liegen, dass Lewis Lockes naivem Empirismus nur wenig abgewinnen kann, es ist aber auch die erste Kritik, die er schreibt. Mit Berkeleys theistischem Idealismus kann er nun mehr anfangen als 1920, deshalb kritisiert er ihn auch am wenigsten. Das ist insofern nicht verwunderlich, als Lewis nun selbst ein Idealist ist. Er würde Berkeley gerne seine Theorie über die materielle Welt abkaufen, sieht sich dazu aber philosophisch nicht in der Lage. Humes «verzweifelt stringenter Empirismus» beeindruckt ihn, er ist aber der Meinung, er hebe sich selbst auf, da er den Möglichkeiten menschlicher Erkenntnis letztlich jegliche Grundlage entzieht.

Diese kurzen Bemerkungen zeigen: Lewis' Interesse an diesen Autoren ist in erster Linie *erkenntnistheoretischer* Natur; andere Themen wie zum Beispiel die Ethik werden nur am Rande erwähnt. Am kürzesten kann man sein Ansinnen als den Versuch einer «Widerlegung des Empirismus» bezeichnen. Lewis attackiert die beiden Hauptthesen des Empirismus, a) alle Erkenntnis beginne mit der Wahrnehmung subjektiver Sinneseindrücke (und nicht mit dem Erkennen realer Objekte, wie der Realismus und der menschliche Alltagsverstand meinen), und b) unser Bewusstsein beginne als eine *tabula rasa,* das heißt als eine leere Tafel, die erst nach und nach mithilfe unserer Sinneseindrücke gefüllt wird.

Mit dem *Realismus* tritt Lewis für die Existenz einer realen Außenwelt ein, die uns durch unsere Sinneswahrnehmungen zugänglich ist (Kap. 13). Das ist insofern interessant, als er hier als Idealist ein Element des Realismus beibehält, auch wenn er selbst nicht erklärt, wie das mit seinem Idealismus zusammenpassen soll. Mit dem *Idealismus* (und dem Rationalismus) besteht Lewis darauf, dass der Geist des Menschen nicht als *tabula rasa* beginnt, sondern dass uns Menschen die Fähigkeit zum logischen Denken von Anfang an mitgegeben ist: Sie ist kein Produkt bloßer Naturprozesse, sondern ermöglicht es uns, ganz im Gegenteil, diese überhaupt erst als solche wahrzunehmen (Kap. 13). Beide Überzeugungen wird er sein Leben lang beibehalten.

Es fällt auf, dass Lewis in seinen Kritiken sowohl auf Argumente des Idealismus als auch auf Argumente seines früheren Realismus zurückgreift. Das heißt, er folgt nicht einfach seinen aktuellen philosophischen Autoritäten, sondern bewertet selbst, welche Argumente er für stichhaltig hält und welche nicht. Und dabei ist er bereit, auch Argumente von Autoren gelten zu lassen, die nicht seine eigene Position vertreten. Laut Barfield (der ja selbst oft genug mit Lewis diskutierte und ihn dabei von seiner «chronological snobbery» befreite, vgl. Kap. 14) war dies eine der hervorstechendsten Eigenschaften seines Freundes:

> Lewis war stets bereit, jeden Gedanken bis in seine logischen Konsequenzen hinein zu verfolgen (seine eigenen Gedanken mit eingeschlossen), und er war bereit, ihn bis in seine Konsequenzen hinein zu verfolgen unabhängig davon, wie das Ergebnis sein würde oder wie unangenehm es ihm war.[67]

[67] Barfield, *Owen Barfield on C.S. Lewis* 9, Übers. N.F.

Paradigmatisch zum Ausdruck gebracht findet man diese Haltung später im Motto des *Socratic Club*, dessen Gründungspräsident Lewis 1941 wurde: «Folge dem Argument, wohin es auch führen mag.»

Dies zeigt eine Offenheit im Denken, die Lewis stets kennzeichnete, selbst wenn sich das Erkannte teilweise erst gegen seine Wünsche und inneren Widerstände durchsetzen musste. Auch wenn es eine Weile dauern konnte: *Letztlich* gewann in diesem Kampf immer die Wahrheit. Dabei übernahm – das zeigt das Beispiel von MacDonalds *Phantastes*, aber auch die Geschichte von Joy insgesamt – zumeist die Erfahrung die Führung, und der Intellekt folgte erst später. Lewis sang daher ein hohes Loblied auf die Erfahrung:

> Was ich an der Erfahrung mag, ist, dass sie so eine ehrliche Angelegenheit ist. Du kannst beliebig viele falsche Abzweigungen nehmen, aber halte die Augen offen, und du kommst nicht sehr weit, bevor die Warnzeichen erscheinen. Du magst dich selbst getäuscht haben, doch die Erfahrung versucht nicht, dich zu täuschen. Das Universum erweist sich als verlässlich, wo immer du es aufrichtig prüfst. (SbJ 137)

Die intellektuelle Aufarbeitung des Erfahrenen spielte dabei allerdings ebenfalls eine Rolle. Das zeigt besonders Lewis' Einsatz der Unterscheidung von «enjoyment» und «contemplation» (Kap. 15): Nachdem sie ihn davon überzeugt hatte, dass es unmöglich ist, den Genuss unserer eigenen Akte zu betrachten, verzichtete er ganz auf weitere Versuche der Introspektion. Und er war sehr skeptisch gegenüber dem, was andere als die Ergebnisse ihrer Versuche der Introspektion ausgaben. Es überrascht daher nicht, dass Lewis bereits in den Notizen zu seinen Tutorien immer wieder auf Alexanders Unterscheidung zurückgreift – nur Wochen, nachdem er sie kennengelernt hatte.

Von August 1924 bis Februar 1925 ist Lewis zu beschäftigt, um sein Tagebuch fortzuführen; die Arbeit an *Dymer* ruht nun ebenfalls. Aus diesen Monaten sind auch nur drei Briefe erhalten geblieben (alle drei an seinen Vater); daher lässt sich nicht viel darüber sagen, wie es ihm in seinem ersten Trimester als Dozent erging.

Über seine Antrittsvorlesung am 14. Oktober berichtet Lewis jedoch, es seien gerade einmal vier Zuhörer erschienen. Dafür gab es zwei recht triviale Gründe: Es war ein falsches College als Ort angegeben, und sein etablierter Kollege H.A. Prichard hielt seine Philosophie-Vorlesung zur selben Zeit. Mehr Zuhörer wurden es später allerdings auch nicht, weshalb Lewis und seine Vorgesetzten offenbar kein Problem darin sahen, dass er die Vorlesung im folgenden Trimester noch einmal anbot. Jedenfalls trug die Vorlesung, die er im Hilary Term (Januar-März) 1925 hielt, fast exakt denselben Titel wie die Vorlesung im vorherigen Trimester.

Diese Vorlesung wurde allerdings von noch weniger Leuten besucht als die vorherige: Lewis begann mit einer Zuhörerschaft von drei, die schon bald auf zwei schrumpfte (darunter ein alter Geistlicher). Diese Erfahrung dürfte mit dazu beigetragen haben, dass er anfing, darüber nachzudenken, ob seine berufliche Zukunft wirklich in der Philosophie lag. Dass er über diese Frage nachdachte, war aber auch deshalb unvermeidlich, weil in diesem Bereich einfach keine Stelle in Aussicht war. Folglich bewarb Lewis sich im April 1925 auf ein Fellowship in Englisch, das vom Magdalen College ausgeschrieben wurde.

Diese Bewerbung war jedoch zunächst mit großen Zweifeln verbunden. Lewis hatte gehört, sein ehemaliger Englisch-Tutor F. P. Wilson habe sich ebenfalls auf die Stelle beworben, was seine eigene Lage ziemlich aussichtslos gemacht hätte. Dies stellte sich zum Glück als ein Gerücht heraus. Daraufhin wandte sich Lewis sofort an Wilson und George Gordon (selbst ja Professor für Englisch am Magdalen College) und bat sie um Referenzen. Beide antworteten mit dem allergrößten Bedauern, sie seien davon ausgegangen, dass er Englisch definitiv zugunsten der Philosophie aufgegeben habe. Deshalb hätten sie ihre Unterstützung Nevill Coghill zugesagt, der sich ebenfalls auf die Stelle bewerben wollte.

Nur zwei Tage später erfährt Lewis jedoch, dass sein Freund Coghill von seinem eigenen Exeter College ein Fellowship angeboten bekommen hat und seine Magdalen-Bewerbung zurückzieht. Wilson und Gordon sagen daraufhin sofort Lewis ihre Unterstützung zu, diesmal mit Erfolg: Am 20. Mai 1925 erhält er vom Master des Magdalen College, Sir Herbert Warren, die Nachricht, er sei ab dem 15. Juni 1925 zum Fellow für Englisch ernannt worden (zunächst für fünf Jahre).

Ein Grund für seine Ernennung war, dass Lewis nicht nur die (noch recht wenigen) Englisch-Studenten betreuen konnte, sondern auch einige der Philosophie-Studenten. Von den vierzehn Studenten, die er 1926 als Tutor begleitete, studierten zum Beispiel nur fünf Englisch, die anderen neun unterrichtete er in Philosophie.

Mit das erste, was Lewis tut, als er diese Nachricht erhält, ist, seinem Vater die frohe Botschaft zu verkünden. Und er bedankt sich bei ihm für die finanzielle Unterstützung, die es ihm ermöglicht hat, vier Jahre Studium und zwei weitere Jahre ohne eine feste Stelle durchzuhalten. Er teilt diesem aber auch die Gedanken und Empfindungen mit, die der Wechsel von der Philosophie in die Anglistik in ihm auslöst.

Er schreibt, er empfinde diesen Schritt als einen Abstieg, halte ihn aber dennoch für richtig, da er zwar offenbar den Verstand für eine Karriere in Philosophie habe, aber nicht das Temperament. Das heißt, Lewis bezweifelt, dass die düstere und fragende Atmosphäre in der Philosophie – die Suche nach den abstrakten Wurzeln der Dinge, das ewige Hinterfragen aller Selbstverständlichkeiten, der Zwang, auch die Naturwissenschaften stets im Auge zu behalten – seinem keltischen Temperament auf Dauer gut bekommen wird.

Auch ist er froh, mit dem Wechsel einem besonderen Nachteil der Philosophie zu entkommen, nämlich ihrer Einsamkeit. Bereits nach einem Jahr hat er den Eindruck, ihm seien als Ansprechpartner nur noch andere Philosophen geblieben; selbst mit seinen Freunden konnte er seine Fragen und Entdeckungen nicht mehr teilen.

Insofern bedauert Lewis es nicht, dass die Philosophie von nun an nicht mehr seine Hauptbeschäftigung sein wird. Es tut ihm aber auch nicht leid, sich intensiv mit ihr auseinandergesetzt zu haben. Er meint, es sei ihm ein lebenslanger Trost, zu wissen, dass der Naturwissenschaftler und der Materialist nicht das letzte Wort haben:

> [...] dass Darwin und Spencer, wenn sie den angestammten Glauben untergraben, selbst auf einem Fundament aus Sand stehen: aus gigantischen Annahmen und unüberbrückbaren Widersprüchen einen Zoll unter der Oberfläche.[68]

Der Hinweis auf den angestammten Glauben ist ein Zugeständnis an den Glauben seines Vaters, im Übrigen äußert Lewis hier aber seine eigene Überzeugung. Und er ergänzt (bewusst vage), die Philosophie lasse die Welt reich an Möglichkeiten (man denke hinzu: hinter Bradleys «Vorhang der Sinne»), und wenn sie die seichten Optimismen zerschlage (etwa den Glauben an ein ewiges Leben), so tue sie dasselbe auch mit den seichten Pessimismen (wie seine eigene frühere Prometheische Verdammung des Universums).

---

[68] *Collected Letters I* 649, an Albert Lewis, 14. August 1925. Charles Darwin (1809–1882) war bekanntlich der Begründer der Evolutionstheorie. Der Biologe und Philosoph Herbert Spencer (1820–1903) griff Darwins biologische Ideen auf und entwickelte sie zu einer allumfassenden evolutionistisch-materialistischen Weltsicht.

Kapitel 17
Dymer – Höhepunkt und Ende einer Dichterkarriere

Lewis nutzt einen Teil der Sommerferien des Jahres 1925, um endlich sein Gedicht *Dymer* fertigzustellen. Dazu überarbeitet er einige Gesänge, fügt aber auch einen weiteren Gesang (Canto VIII) hinzu, der die Gesamtzahl der Gesänge auf neun bringt. Sein erstes Trimester am Magdalen College lässt ihm jedoch nur sehr wenig Zeit, sodass er das Gedicht erst im Januar 1926 noch einmal in Ruhe durchsehen und eine maschinengeschriebene Fassung anfertigen lassen kann.

Lewis schickt das Manuskript zuerst an seinen alten Verleger Heinemann, dieser lehnt eine Publikation jedoch Anfang März ohne ein Wort der Erklärung ab, was Lewis sehr kränkt. Der Verlag J. M. Dent hingegen akzeptiert *Dymer* einen Monat später; das Buch erscheint am 18. September 1926 (wieder unter dem Pseudonym Clive Hamilton) – viereinhalb Jahre, nachdem Lewis mit dem Schreiben begonnen hatte.

Die Besprechungen, die im nächsten halben Jahr in literarischen Zeitschriften wie *Spectator, Poetry Review, The Bookman* und *Times Literary Supplement* erscheinen, sind zwar überwiegend positiv. Dennoch findet *Dymer* so gut wie keine Leser, was in Lewis' Augen einem völligen Misserfolg des Werkes gleichkommt. Er sieht sich daher gezwungen, seine Hoffnung, sich als Dichter einen Namen zu machen, ein für alle Mal zu begraben. 1930 schreibt er seinem Freud Arthur über diese größte Niederlage seines bisherigen Lebens:

> Seit meinem sechzehnten Lebensjahr hatte ich ein einziges Ziel, von dem ich nie abwich, das zu erlangen ich alles tat, was in meiner Macht stand und von dem ich bewusst meine gesamte Genugtuung abhängig machte: und ich erkenne, dass ich darin eindeutig versagt habe.[69]

---

[69] *Collected Letters I* 925, an Arthur Greeves, 18. August 1930.

Lewis schreibt zwar in späteren Jahren weiterhin Gedichte, von denen auch einige gedruckt werden (z.B. in Zeitschriften oder *The Pilgrim's Regress*), er unternimmt aber keine Versuche mehr, Bände nur mit Gedichten zu veröffentlichen.

Von Lewis' christlichen Lesern haben wohl nur die wenigsten *Dymer* ganz gelesen, und jene, die es getan haben, hat die Lektüre vermutlich ziemlich ratlos zurückgelassen. Worum *geht* es in diesem Gedicht, das Lewis selbst die Geschichte eines Mannes nennt, der mit einer geheimnisvollen Braut ein Monster zeugt, das, sobald es seinen Vater getötet hat, zu einem Gott wird? Auch die wenigen Kommentare zu *Dymer,* die in den letzten 50 Jahren erschienen sind (2020 mit Jerry Roots *Splendour in the Dark* sogar eine Studie von Buchlänge), haben nicht viel zum Verständnis dieses wohl verwirrendsten Werkes seiner literarischen Laufbahn beigetragen.

Dabei ist die Sache eigentlich gar nicht so schwer – wenn man einmal den Schlüssel zu dem Gedicht gefunden hat. Und dieser Schlüssel ist ein anderes Buch, nämlich George MacDonalds *Phantastes* (Kap. 10). Damit sollen die zahlreichen anderen Inspirationen und Anspielungen im Gedicht keineswegs geleugnet werden. Doch Lewis tut in *Dymer* in Reimform, was MacDonald im *Phantastes* in Prosa tut: er schreibt die Geschichte einer spirituellen Suche, die mit dem Erwachsenwerden seines Protagonisten – mit seinem Erwachen zu wirklichem Leben – endet. Und er erzählt diese Geschichte wie MacDonald in *symbolischer* Form. Das heißt, sämtliche Ereignisse auf Dymers äußerem Weg, von seiner Geburt in der «perfekten Stadt» bis zu seinem Tod im Kampf gegen das Monster, stehen für innere, also *spirituelle* Ereignisse in seiner Seele. Solange einem das nicht klar ist, findet man in diesem Text keinen Sinn und keinen roten Faden.

Was Lewis aber von MacDonald unterscheidet, ist das Maß, in dem er seinen eigenen spirituellen Werdegang zur Grundlage für Dymers Entwicklung nimmt. Dies dürfte ein Grund für die Schwierigkeiten seiner damaligen Leser gewesen sein, der Geschichte zu folgen: Sie erkannten zwar – dies zeigen die zeitgenössischen Rezensionen – den symbolischen Charakter des Gedichtes, waren aber trotzdem nicht imstande, den Symbolismus zu entschlüsseln. Es scheint, als habe Lewis sich da verschätzt, und zwar vermutlich deshalb, weil seine Freunde Greeves, Baker, Barfield, Harwood und Coghill, denen er das Gedicht vor der Veröffentlichung zu lesen gegeben hatte, diese Schwierigkeiten nicht hatten. Aber sie kannten seinen spirituellen Werdegang ja auch und hatten ihn zum Teil schon seit Jahren mitverfolgt.

Zudem ist das Maß an Philosophie, das Lewis unter dem Deckmantel der Poesie in sein Gedicht einschmuggelt, enorm hoch. Warren Lewis notierte 1934 nach einer Lektüre der von seinem Bruder Jack gesammelten Rezensionen in seinem Tagebuch, es sei kein Wunder, dass *Dymer* kein öffentlicher Erfolg wurde, sei das Werk doch «Philosophie, die sich als Dichtung verkleidet».[70]

Die Philosophie, die dem Buch zugrunde liegt, ist natürlich nicht die christliche (wie bei MacDonald), sondern die idealistische Philosophie, die Lewis zu dieser Zeit vertrat und wie sie in Kap. 13–15 unseres Buches skizziert wurde. Je besser man diese Philosophie kennt, umso leichter wird es einem daher fallen, die philosophischen Themen im Gedicht zu identifizieren.

Es ist unmöglich, auf ein paar Seiten eine komplette Interpretation von Lewis' Gedicht vorzunehmen,[71] ein kurzer Abriss von Dymers spirituellem Werdegang soll hier aber dennoch versucht werden. Dabei wird unser Augenmerk vor allem einem Thema gelten, das bisher noch nicht besprochen wurde, welches aber im Hinblick auf Lewis' spirituelle Entwicklung von größter Bedeutung ist: seiner Philosophie des Todes. Auch hier folgt er eng seinem Vorbild MacDonald (wir erinnern uns: laut Lewis' erster Lektüre-Erfahrung im Alter von 17 Jahren durchweht *Phantastes* ein Hauch von Tod, *gutem* Tod).

Einen ersten Hinweis darauf, dass der Tod ein zentrales Thema im Gedicht ist, liefert bereits der Name von Lewis' Held. In indoeuropäischen Sprachen ist die erste Silbe «dy» eine Variante des Zahlworts

---

[70] W.H. Lewis, *Brothers and Friends* 161, 12. November 1934, Übers. N.F.

[71] Das habe ich an anderer Stelle getan, in dem (noch nicht veröffentlichten) Essay «‹A noise of great good coming›. C.S. Lewis's *Dymer* as a spiritual autobiography».

«zwei», und die zweite Silbe «mer» ist die Wurzel von Wörtern, die etwas mit Tod oder dem Sterbeprozess zu tun haben. Dymers Name deutet somit an, dass er ein Mann ist, der zweimal stirbt: biologisch *und* spirituell. Dies allein ist ein starkes Indiz dafür, dass man das Gedicht auf zwei Ebenen lesen muss, um seine Botschaft zu erfassen.

Einen weiteren Hinweis auf das Thema des Bandes bietet der Epigraph aus der altisländischen *Edda*, den Lewis dem Werk voranstellt:

Neun Nächte hing ich am Baum,
verwundet mit dem Speer als Opfergabe
an Odin, mir selbst geopfert.[72]

Diese Zeilen (die Zahl der Nächte entspricht der Zahl der Gesänge, in denen Lewis seine Geschichte entfaltet) zeugen nicht nur von seiner andauernden Liebe zur nordischen Mythologie, sondern unterstreichen auch die Bedeutung von Dymers Selbstopfer im finalen Kampf gegen das Monster.

Zu Beginn des Gedichtes ist Dymer ein junger Mann von 19 Jahren, der in einer totalitär regierten Stadt geboren und erzogen wurde. Die Erziehungsmethoden, denen er ausgesetzt ist, haben deutliche Anklänge an das, was Lewis selbst in seinen verhassten Schulen widerfuhr (Canto I). Die Zwänge, denen er sich ausgesetzt sieht, stehen aber auch symbolisch für ein Leben in einer sinnlosen und grausamen Welt, das ihm aufgezwungen wurde, ohne dass er dem zugestimmt hätte oder es hätte ablehnen können. Er rebelliert gegen diese Welt (er erschlägt seinen Lehrer, wie Siegfried seinen Ziehvater Mime erschlug), verlässt die Stadt und streift seine alte, ihm von außen aufgezwungene Identität ab.

Dymer flieht in die Welt der Imagination: er betritt am Abend einen dunklen Wald (MacDonalds Fairy Land) und findet bei Mondlicht eine Lichtung mit einem mysteriösen Palast (nicht unähnlich dem Feenpalast in *Phantastes*). Im Palast träumt er davon, zu den Großen der

---

[72] *Hávamál* v139, zitiert nach King, C.S. Lewis, Poet 110.

Titelbild der Originalausgabe von *Dymer* (1926).

Welt zu gehören, ganz so, wie Lewis geträumt hatte, zu den großen Dichtern der Welt zu gehören (Canto II). Ihm wird eine Erfahrung von Joy zuteil (symbolisiert in der Nacht, die er mit einem Mädchen verbringt, dessen Gesicht er nicht sehen kann), er ist aber zu unerfahren und zu selbstbezogen, um das Wesen dieser Erfahrung zu verstehen (er fragt nicht nach dem Namen des Mädchens).

Dymer versucht, eine Wiederholung dieser Erfahrung zu erzwingen, scheitert damit aber auf ganzer Linie – wie Lewis selbst, als er versuchte, die von Wagner ausgelösten Erfahrungen von Joy um jeden Preis wieder zu erlangen (Canto III). Ihm wird klar, dass er Joy verloren hat; auch versteht er, dass sein Egoismus und seine Rebellion gegen die Welt nur noch mehr Leid und Schmerz (und ein Mob-artiges Chaos!) zur Folge haben. Daraufhin versinkt er in Verzweiflung und gibt sich jenem kosmischen Pessimismus hin, der jahrelang Lewis' eigene Lebenshaltung war (Canto IV).

Dann erkennt er jedoch die Absurdität seines Protests gegen eine von ihm als sinnlos empfundene Welt, von der er selbst ein nicht weniger sinnloser Teil ist (Canto V). Dymer akzeptiert die Welt, wie sie ist (so wie Lewis nach seiner Bergson-Lektüre) und gibt seine rebellische Haltung gegenüber dem Universum auf.

In dem Moment, in dem er beschließt, sein Selbstmitleid und alle falschen Träume hinter sich zu lassen (wie Lewis mit seinem New Look), begegnet er einem Magier, der behauptet, ihm die Erfahrung von Joy wieder verschaffen zu können (Canto VI). Kritisch geworden gegenüber seiner früheren Selbstbezogenheit und Gier, glaubt er diesem zunächst nicht. Dann aber lässt er sich doch auf die Versprechungen des Magiers ein und erlebt, wie seine Suche nach Joys Objekt in Erotik und Okkultismus endet, das heißt in bloßen Wunschträumen (Lewis' «Christina dreams», Canto VII). Dymer entflieht dem Haus des Magiers, wird von diesem aber durch einen Gewehrschuss verwundet – ein Hinweis darauf, dass sein spirituelles Schicksal etwas mit dem Prozess des Sterbens zu tun hat.

Schließlich trifft Dymer dann doch wieder das Mädchen, welches ihm nun seine (d.h. Joys) wahre Natur offenbart, wie Lewis sie nach der Lektüre des *Hippolytos* und von Samuel Alexander entdeckte: sie ist eine Abgesandte der Götter. Das heißt, seine Sehnsucht galt die ganze Zeit einer Vereinigung mit dem Absoluten (Canto VIII). Diese Vereinigung ist jedoch so lange unmöglich, wie er ein Teil der empirischen Welt bleibt: Dymer selbst *ist* ein Traum des Absoluten, weshalb er sich nur dadurch wieder mit ihm vereinigen kann, dass er aufhört, als ein separates Selbst in Raum und Zeit zu existieren.

Damit sind wir beim letzten Gesang des Gedichtes angekommen, in dem Lewis seiner Philosophie des Todes Ausdruck verleiht (Canto IX). Es wäre wohl kaum möglich, den Symbolismus dieses Gesanges zu entschlüsseln, hätte er diese Philosophie nicht in *The Pilgrim's Regress* auch Mr. Wisdom in den Mund gelegt, der im Buch allegorisch die Philosophie des Absoluten Idealismus repräsentiert.[73]

Dymers Bereitschaft zu sterben zeigt sich bereits daran, dass er einen Friedhof betritt, um sich dort zur Ruhe zu legen. Er hat jedoch erst einmal eine Vision mit mystischem Charakter, die ihm seine Einheit mit allem Seienden bewusst macht: Dymer erkennt, dass er nur ein winziges Fragment in einem Ganzen ist, mit dessen Vollzügen er in Wahrheit eins ist. Dann wandelt sich die Vision und

[...] er schien zu fliegen
Schneller als das Licht, aber frei, und erklomm den Himmel
Aus eigener Kraft – als ob ein fallender Stein
Erwachen würde, um den Willen der Welt als den seinen zu erkennen.[74]

Zwei Schlüsselwörter in dieser Passage zeigen, dass Lewis hier seiner pantheistischen Ethik poetisch Ausdruck verleiht: «frei» und «Willen». Das erschließt sich allerdings vermutlich nur jemandem, der die Anspielung erkennt, die er in dieser Passage versteckt. Lewis zitiert hier aus einem Brief Spinozas, in dem dieser (auch er ein Pantheist) das Verhältnis des Menschen zu seinem göttlichen Urgrund mithilfe einer etwas obskuren Analogie beschreibt.

Spinoza versucht, in diesem Brief zu erklären, wie es sein kann, dass

[73] Lewis selbst erklärt, Mr. Wisdom repräsentiere den «Absoluten Idealismus im technischen Sinn». (PR 119, Randnotiz)

[74] «[...] he seemed to fly / Faster than light but free, and scaled the sky / In his own strength – as if a falling stone / Should wake to find the world's will was its own» (*Dymer* IX.5; vgl. Pollock, *Spinoza: His Life and Philosophy* 208).

wir nichts anderes sind als das, was das Göttliche in uns tut, aber dennoch als Individuen das Gefühl haben, frei zu sein und tun zu können, was wir wollen (und als richtig erkennen). Dazu verwendet er eine Analogie: Sollte ein fallender Stein in der Lage sein, zu denken und zu erkennen, so wäre er sich nur seines eigenen Strebens bewusst, nicht aber dessen, dass er mit seiner Bewegung ewigen Naturgesetzen folgt. Er würde daher glauben, er sei völlig frei und bleibe aus keinem anderen Grund in Bewegung als dem, dass er selbst es so will. Und ebenso ist es laut Spinoza auch beim Verhältnis des Menschen zum Göttlichen.

Dymer erkennt also in der eben zitierten Passage, dass er in Wahrheit eins ist mit seinem göttlichen Ursprung, und dass der Wille der Welt deshalb auch sein eigener Wille ist. Er ist daher *frei*, wenn er diesem göttlichen Willen folgt. Dementsprechend schreibt Lewis seinem Freund William Force Stead im Frühjahr 1926: Auch wenn es oberflächlich betrachtet so aussehe, *in Wahrheit* seien Determinismus und Freiheit des Willens gar keine Gegensätze, sondern «letztlich ein und dasselbe».[75]

Das schließt für Lewis die Befolgung ethischer Normen mit ein. Die Gesetze der Ethik sind objektiv wahr (und allgemein gültig), weil sie im absoluten Geist wurzeln. Sie sind uns damit aber nicht von jemand anderem auferlegt: wir selbst sind es mit unserer eigenen göttlichen Natur (= mit unserem noumenalen Selbst), denen diese Gesetze entspringen. Erkennen wir unsere Verwurzelung im göttlichen Logos, so wissen wir also, dass wir uns diese Gesetze letztlich selbst geben: Wir sind im eigentlichen Sinn des Wortes *autonom* (von gr. *autos* = selbst und *nomos* = Gesetz) und also frei, wenn wir uns in unserem Handeln an ihnen orientieren.

Lewis unterschied diese Form *wahrer* Autonomie von einer *falschen* oder trivialen Form der Autonomie, nämlich der Annahme, wir seien frei (bzw. autonom), solange uns nur niemand «dazwischenfunkt», so-

[75] *Collected Letters III* 1499, an William Force Stead, [Frühjahr] 1926.

lange wir also tun und lassen können, was wir wollen. Diese falsche Form der Autonomie, bei der wir de facto unseren (bewussten oder unbewussten) Wünschen und Trieben folgen, war es, nach der Dymer bisher gestrebt hatte: Er war seinen subjektiven Neigungen gefolgt, anstatt danach zu fragen (und zu tun), was *an sich gut* ist. Damit verhielt er sich wie der junge Lewis, wenn er seinen «trivialen und rebellischen Stimmungen»[76] freien Lauf ließ.

Das Monster, gegen das Dymer zu kämpfen hat (wie gesagt, sein eigener Sohn), ist also nichts anderes als der «monströse Individualismus» (SbJ 133), von dem Lewis rückblickend seine eigenen Jugendjahre geprägt sah und dem gegenüber er nun kritisch geworden war.

Die Grundforderung von Lewis' Ethik lautete daher, der Mensch müsse seinen rebellischen, auf sein subjektives Wohl ausgerichteten Eigenwillen aufgeben und sich in den ewigen und wahrhaft guten Willen des Absoluten einschwingen: er musste *sich selbst sterben*, um wahrhaft zu leben. In *The Pilgrim's Regress* ist das nach Auskunft von Mr. Wisdom das *evangelium eternum*, das heißt die Botschaft vom spirituellen Leben, wie sie seit jeher allen Menschen verkündet wurde – zunächst dunkel durch die Mythen von sterbenden und zu neuem Leben erwachenden Gottheiten, dann aber in größerer Klarheit durch die Philosophie:

> Siehe, wie das Leben durch den Tod fortbesteht und ein jedes zum anderen wird. Denn der Geist lebt, indem er beständig in solche Dinge wie uns hineinstirbt, und auch wir erlangen unser wahres Leben, indem wir unserer sterblichen Natur sterben und, soweit möglich, in die A-Personalität unseres Ursprungs zurücksinken. Denn das ist der letzte Sinn aller moralischen Gebote: Die Güte des Maßhaltens und der Gerechtigkeit, ja der Liebe selbst besteht darin, dass sie die Gluthitze unserer abgetrennten persönlichen Leidenschaften in den Eisbach des Geistes zurückstürzen, um dort ewige Form, wenn auch nicht endlose Dauer anzunehmen. (PR 135)

[76] «Summa» 86. Lewis zitiert hier Bernard Bosanquet, *The Philosophical Theory of the State* (1899), Kapitel 4, letzter Abschnitt.

Laut Mr. Wisdom war dies auch die wahre Bedeutung der Botschaft der christlichen Evangelien, denen zufolge Gott als Antwort auf den Sündenfall seinen Sohn in die Welt sandte, um zu sterben und zu neuem Leben zu erstehen und dadurch unsere schuldhafte Trennung von ihm zu überwinden.

Lewis nahm an, die Bedeutung dieser Geschichte sei den christlichen Lehrern selbst nicht klar, er meinte aber, sie mit seiner idealistischen Philosophie gefunden zu haben: Die «christliche Legende» war ein Bild für das Leben des göttlichen Geistes, und was der Sohn in der Legende war, war in Wahrheit jeder Mensch. Im Leben ging es letztlich darum, «dass sich das Ewige dem Tod hingibt, damit es lebt – damit wir leben. Tod ist der Modus des Lebens, und das Wachstum des Lebens geschieht durch wiederholtes Sterben». (PR 135)

Der Schluss von *Dymer* macht noch einmal deutlich, in welchem Maß Lewis hier seinem Vorbild MacDonald folgt (dem er attestiert, die richtige Konzeption des Todes zu vertreten). Unsere Skizze des *Phantastes* hatte ja gezeigt, dass Anodos' Weg endet, als er schließlich bereit ist, eine wahrhaft ritterliche Tat zu vollbringen, von der er weiß, dass sie ihn das Leben kosten wird: Er kämpft gegen ein Monster, um dadurch andere zu retten. Dieses Selbstopfer bedeutet auf spiritueller Ebene sein Erwachsenwerden: Anodos stirbt in diesem Akt sich selbst und erwacht dadurch zu wahrem Leben.

Nahezu dasselbe Schicksal erwartet Dymer am Ende seines Weges: Er stellt sich dem Kampf gegen das Monster (seinen eigenen Sohn) und stirbt in diesem Akt sich selbst. Gemäß Lewis' idealistischer Philosophie erwacht er aber nicht zu ewigem Leben, sondern geht ein in den «volleren Glanz» des Absoluten. Deshalb verwandelt sich das Monster im Moment seines Todes in einen strahlenden Gott, und das Gelände um ihn herum wird von einer Wüste zu einer herrlichen Frühlingslandschaft.

Sollte jetzt noch irgendein Zweifel daran bestehen, dass *Phantastes* der Schlüssel zu *Dymer* ist: Der Ausdruck «A noise of great good coming», den Lewis im letzten Vers von *Dymer* verwendet (IX. 35), ist ein nahezu wörtliches Zitat aus dem letzten Abschnitt des *Phantastes:* «A great good is coming – is coming – is coming to thee, Anodos.»[77]

Es scheint, als habe Lewis geglaubt, mit seiner idealistischen Ethik auch einen Weg gefunden zu haben, seinen eigenen Hochmut bzw. Stolz zu überwinden, den er als seine größte Versuchung identifiziert hatte. Er stellte aber ernüchtert fest, dass dies bisher weit mehr Theorie war als eine echte Lebenspraxis. Das belegt eine Notiz, die er am 6. März 1926 anfertigte, am Abend des Tages, an dem er erfuhr, dass sein alter Verleger Heinemann *Dymer* abgelehnt hatte (und zwar ohne eine Begründung oder ein Wort des Bedauerns).

Die Notiz umfasst ganze 13 Punkte, in denen Lewis versucht, sich darüber klar zu werden, was diese Ablehnung bei ihm auslöst. Zu diesem Zweck geht er hypothetisch vom Schlimmsten aus, also davon, dass *Dymer* ein kompletter Fehlschlag wird (was dann ja trotz Veröffentlichung in einem anderen Verlag schließlich der Fall sein wird). Lewis geht verschiedene Möglichkeiten durch, warum ihn Heinemanns Absage so trifft, zum Beispiel das Verlangen nach Reichtum oder Ruhm (d. h. ein gefeierter Star zu werden). Das ist es jedoch nicht; er stellt fest, dass sich sein Verlangen allein auf das richtet,

> was man geistigen oder spirituellen Rang nennen könnte. Ich habe mir bei der Lektüre der Dichter mit dem Gedanken geschmeichelt, unter meinesgleichen zu sein, und es ist höchst unerfreulich, nun zurücktreten und meinen Platz in der Menge einnehmen zu müssen. Ein solcher Wunsch steht im Widerspruch zu meinen eigenen festen Prinzipien: zu eben jenen Prinzipien, die ich in *Dymer* formuliert habe.[78]

Damit spielt Lewis auf Canto II seines Gedichtes an, in dem Dymer im Feenpalast vor einem Spiegel steht und verschiedene Roben durchprobiert. Die königliche Robe, in der er sich am besten gefällt (und die er dann anbehält), ist so üppig, dass sie den gesamten Spiegel ausfüllt;

---

77 MacDonald, *Phantastes* 322, Übers. N.F.

78 *Collected Letters I* 930, an Arthur Greeves, 18. August 1930. Das Zitat stammt aus der von Lewis am 6. März 1926 angefertigten Notiz, die er dem Brief beifügte.

alles andere verschwindet hinter ihr. In dieser Robe setzt er sich dann in einem für ein prunkvolles Mahl hergerichteten, nun aber leeren Saal zu Tisch. Er nimmt zwar dunkel wahr, dass er selbst nicht zu den geladenen Gästen gehört (er selbst ist also gar nicht von königlicher Abstammung); dennoch träumt er, die anderen Gäste hätten ihn als *einen der ihren* begrüßt, wenn er sie beim Mahl angetroffen hätte.

Lewis meint, beim Schreiben des Gedichtes sei es ihm zeitweise gelungen, seinen Wunsch nach Anerkennung als großer Dichter hintanzustellen: da sei es ihm wirklich nur um das Gedicht gegangen, oder vielmehr um das, was er mit ihm sagen wollte. Sobald er jedoch begonnen habe, mit seinen Freunden über *Dymer* zu sprechen, habe sich der Stolz in ihm geregt – was ihn bei den vielen lobenden Worten seiner Freunde in einen Tumult der Selbstliebe zurückgeworfen habe, von der er gedacht hatte, sie eigentlich hinter sich gelassen zu haben.

Gemäß seiner idealistischen Ethik war es jedoch absurd, «über dem Volk stehen» zu wollen, war doch die ganze Welt gleichermaßen eine Projektion des Absoluten Geistes. Sich selbst und sein eigenes Wohlergehen wichtiger zu nehmen als das Wohl irgendeines anderen Menschen war daher in etwa so, als würde man meinen, der nächste Laternenpfahl sei wirklich größer als alle anderen. Man schenkte jenem winzigen Ereignis, das man sein «Ich» nennt, seine gesamte Aufmerksamkeit, anstatt sich mit den unzähligen anderen Dingen in der Welt zu befassen (andere Menschen mit eingeschlossen), die nicht weniger bedeutsam waren als man selbst. Auch diese Überzeugung hatte Lewis bereits in seinem Gedicht formuliert: «Warum folgte ich seiner Freude und seinem Schmerz / Mehr als denen eines anderen Menschen?»[79], so fragt Dymer sich dort selbst.

Lewis kommt in seiner Notiz vom März 1926 zu dem Ergebnis, die Enttäuschung, die Heinemanns Absage in ihm ausgelöst hat, sei vermutlich nur ein weiterer Beleg dafür, wie irreführend alle Versuche

[79] «Why did I follow close his joy and pain / More than another man's?» (*Dymer* VIII.23).

der Introspektion sind. Sie verleiten einen dazu, dem eigenen Ich weit mehr Aufmerksamkeit zu schenken, als ihm gut tut: ihm eine zentrale Position im eigenen Denken und Handeln einzuräumen, könne nur als *krankhaft* bezeichnet werden. Lewis scheint nun, der einzige Wert der Möglichkeit, auf sich selbst zu reflektieren, bestehe darin, das Ich als eigenständigen Akteur ganz loszuwerden, das heißt: sich selbst zu sterben.

Kapitel 18
Gottes vierter Schachzug

Die Fertigstellung und Publikation von *Dymer* fand in Lewis' erstem Jahr an seiner neuen Wirkungsstätte statt. In diesem Jahr passierten aber auch noch andere wichtige Dinge. Offiziell war Lewis zwar seit Juni 1925 Fellow am Magdalen College, richtig los ging es für ihn aber erst im Michaelmas Term (Oktober-Dezember) 1925. Er bezog daher auch erst im Oktober 1925 seine Räume im «Neuen Gebäude» des Colleges, einem beeindruckenden klassizistischen Bau aus dem 18. Jahrhundert.

Diese Räume (ein Schlafzimmer, ein Arbeitszimmer und ein großes Wohnzimmer) lagen im ersten Stock des Gebäudes. Das Wohnzimmer schaute nach Nordosten über den Fluss Cherwell auf den Addison's Walk und in den College-Park; nicht ein Bauwerk störte den Blick in die Landschaft und das darin lebende Rotwild. Die anderen Räume schauten nach Südwesten auf die alten Gebäude aus dem 15. Jahrhundert und den berühmten Magdalen-Turm. Dies sollte für die nächsten 29 Jahre Lewis' akademische Heimat werden; er zog aus diesen Räumen erst 1954 wieder aus, nachdem er auf den Lehrstuhl in Cambridge berufen worden war.

Jacks erste unerwartete Aufgabe bestand darin, seine Räume selbst möblieren zu müssen, was ihn fast ein Fünftel seines Jahreseinkommens von £ 500 kostete[80] – und das, obwohl er sich bemühte, so viele Möbel wie möglich auf «Second Hand»-Basis zu erwerben. Die Ausstattung seiner Räume bedeutete ihm de facto so wenig, dass er auch später das alte, abgewohnte Mobiliar behielt, als er sich andere Möbel hätte leisten können. Im Wohnzimmer empfing Lewis seine Studenten und

---

[80] £ 500 von 1925 entsprechen £ 36.000 von 2022, wobei der Lebensstandard in den 1920er Jahren auch um einiges niedriger war als heute.

bewirtete auch die zahlreichen Freunde und Besucher, die sich dort im Laufe der Jahre einfanden.

Lewis gab in seinem ersten Trimester Englisch-Tutorien und bereitete seine erste Vorlesung über «Vorläufer der romantischen Bewegung im 18. Jahrhundert» vor, die für den Hilary Term (Januar-März) 1926 angesetzt war. Zu seinem Schrecken stellte er jedoch fest, dass sein alter Tutor F. P. Wilson für das gleiche Trimester eine Vorlesung über die «Englische Dichtung von Thomson bis Cowper» angesetzt hatte – praktisch dasselbe Thema unter einem anderen Namen. Da Lewis nicht die Absicht hatte, als Neuling in direkte Konkurrenz zu Wilson zu treten, sah er sich gezwungen, auf Dichter der zweiten Garnitur auszuweichen, über die er selbst noch kaum etwas wusste. Dies bedeutete einiges an unerwarteter zusätzlicher Arbeit.

Seine erste Vorlesung wurde von so vielen Leuten besucht, dass Lewis sich mit der ganzen Truppe auf die Suche nach einem größeren Raum machen musste. Er berichtet seinem Vater amüsiert, die Schlange von Studenten, die zu diesem Zweck die High Street überqueren musste, sei so lang gewesen, dass dabei sogar der Verkehr vorübergehend zum Erliegen kam. Vor so vielen Zuhörern zu sprechen war eine sehr angenehme Erfahrung im Kontrast zu den leeren Bänken, zu denen er zuvor am University College gesprochen hatte. Lewis rechnete zwar damit, dass sich die Zahl seiner Zuhörer bald wieder reduzieren würde, das war aber tatsächlich nicht der Fall.

Wie bei seiner Einstellung vereinbart, sollte Lewis auch weiterhin als Philosophie-Tutor tätig sein (dies tat er bis in die 1930er Jahre hinein). Thomas D. Weldon, Fellow für Philosophie am Magdalen College, überließ ihm einige seiner Studenten (allerdings nicht die besten), im Trinity Term 1926 betreute Lewis aber auch in Lady Margaret Hall, einem der beiden ersten Frauen-Colleges in Oxford, eine Gruppe von sieben Studentinnen in Philosophie. Dabei notiert er in seinem Tagebuch immer wieder ihre Äußerungen und kommentiert sie zum Teil sehr positiv.

Ein weiterer Themenkomplex, in dem Lewis seine Studenten unterrichtete, war die englische Sprache, was wiederum ihre Geschichte mit einschloss. Hierfür konnte er auf die semantischen Untersuchungen seines Freundes Barfield zurückgreifen, dessen B.Litt-Thesis 1925 fertig geworden war (Kap. 14). *Poetic Diction* erschien wie gesagt erst 1928, als Nebenprodukt seiner Recherchen veröffentlichte Barfield aber bereits im Januar 1926 das Buch *History in English Words*, in dem er die semantische Entwicklung zahlreicher englischer Wörter von ihren antiken Wurzeln bis in die Gegenwart hinein verfolgte. Lewis hatte beim Lesen das Gefühl, dass sich «Fenster in allen Richtungen öffnen».[81]

Seine erneute Beschäftigung mit der Semantik der Sprache hatte in einer Hinsicht enorme Auswirkungen auf Lewis' Denken. In «Early Prose Joy» notiert er, ein «kleiner Abstecher in die Philologie» habe ihm damals deutlich gemacht, «dass alle Sprache metaphorisch ist». (EPJ 34) Und das bedeutete vor allem: Jegliche Form des Sprechens über nicht mit den Sinnen wahrnehmbare Dinge ist immer metaphorisch. Das heißt, wann immer wir über Dinge sprechen, die wir nicht mit unseren fünf Sinnen wahrnehmen, kommen wir nicht umhin, Wörter zu benutzen, *die* sich auf mit unseren fünf Sinnen wahrnehmbare Dinge oder Handlungen beziehen.

Sagen wir zum Beispiel, wir würden ein Argument «begreifen», so verwenden wir ein Verb (begreifen), das wörtlich bedeutet, etwas in die Hand zu nehmen oder zu betasten. Wir meinen aber natürlich nicht, unser Geist habe buchstäblich Hände oder ein Argument könne wie ein physischer Gegenstand in die Hand genommen werden. Wollen wir das Wort «begreifen» vermeiden, so können wir auch sagen: «Ich sehe deinen Punkt.» Auch damit meinen wir aber nicht, ein winziger schwarzer Fleck sei plötzlich vor unseren Augen erschienen. In einem weiteren Versuch könnten wir sagen: «Ich folge dir», meinen aber auch dieses Mal nicht, dass wir dem anderen auf der Straße hinterherlaufen.

Lewis wurde nun bewusst, dass eine solche metaphorische Redeweise in unserer menschlichen Kommunikation nicht die Ausnahme

---

81 *Collected Letters III* 1498, an Owen Barfield, 24. Januar 1926.

ist, sondern die Regel. Im Grunde genommen sagen wir in den meisten aller Fälle nicht «Genau so ist es», sondern «Es ist in etwa so» oder «Nimm die folgende Analogie als Hilfe, um dir die Sache vorzustellen». Metaphern sind also nicht lediglich dekorative Elemente, die Dichter und Redner in ihren Vortrag einbauen, auf die man aber ansonsten verzichten kann: Äußerungen über Psychologie, Wirtschaft oder Politik sind ebenso durchgängig metaphorisch wie Gedichtbände oder religiöse Andachtsbücher.

Wir sprechen zum Beispiel von «Verdrängung» oder einer «Kanalisation» unserer Triebe, als ob man Wünsche wirklich an die Seite schieben oder Triebe wie Flüsse in andere Bahnen lenken könnte; wir sprechen von wirtschaftlichem «Wachstum», als ob das Bruttoinlandsprodukt eine Pflanze wäre, die durch Nahrungsaufnahme an Kraft und Größe zunimmt, oder vom «Freisetzen» politischer Kräfte, als ob sie Tiere wären, deren Käfigtüre man öffnet.

Diese Tatsache war insofern von enormer Relevanz, als Lewis nun erkannte, dass wir auch über Gott (bzw. das Absolute) nie anders als metaphorisch oder symbolisch sprechen können. So lässt sich zum Beispiel in einem theologischen Traktat über die Inkarnation das Bild des herabsteigenden Gottes durch eine abstraktere Beschreibung ersetzen. Damit ist man die Bilder aber nicht losgeworden:

> Wenn wir wollen, können wir sagen: «Gott trat in die Geschichte ein», anstelle von «Gott kam auf die Erde herab». Aber «trat ein» ist natürlich genauso metaphorisch wie «kam herab». Wir haben lediglich eine vertikale Bewegung durch eine horizontale oder nicht näher bestimmte Bewegung ersetzt. Wir können unsere Sprache glanzloser machen, dadurch wird sie aber nicht weniger metaphorisch. Wir können prosaischere Bilder gebrauchen, wir können aber nicht weniger bildhaft sein.[82]

[82] «Is Theology Poetry?» 162, vgl. *Miracles* 83.

Lewis stellte daher mit Schrecken fest, dass auch die Beschreibungen des Absoluten, die er in den Büchern seiner philosophischen Autoritäten las, im höchsten Grad metaphorisch waren. Bradley & Co. waren sich der Metaphorik ihrer Aussagen aber offenbar selbst nicht bewusst, und das war der Grund für ihre Annahme, ihre philosophischen Beschreibungen des Absoluten seien der (*zugegebenermaßen* metaphorischen) christlichen Gottesrede überlegen.

Schaute man genauer hin, so stellte sich heraus, dass die Idealisten mit ihrer Kritik zwar die Bilder der traditionellen Theologie (Gott als liebender Vater, guter Hirt oder eifersüchtiger Bräutigam) zerstörten, aber selbst nichts anderes anzubieten hatten. Sie hatten bewiesen, *dass* Gott ist, aber mit einer Methode, die einem jegliche Möglichkeit verwehrte, zu sagen, *wer* Gott ist. Ein abstraktes geistiges Prinzip, ein «Geist an sich», der sich jedem Vergleich mit irdischen Dingen entzieht, lässt sich aber nicht denken und noch viel weniger vorstellen. Bliebe man bei der negativen Kritik stehen, so würde man daher in völliger Skepsis enden: Man könnte gar nichts mehr über Gott sagen.

Eben dies bereitete Lewis in seinen Philosophie-Tutorien immer größere Schwierigkeiten. Er stellte nämlich fest: Wollte er die Essays seiner Studenten effektiv kritisieren, so kam er nicht umhin, seine eigene Position so klar wie möglich zu formulieren. Dazu sah er sich aber nicht in der Lage, weil sich das Absolute nicht klar machen *lässt:* «Meint man keiner-weiß-so-recht-was, oder meint man einen übermenschlichen Geist und damit (das können wir dann auch gleich zugeben) eine Person?» (SbJ 173)

Seine idealistischen Gewährsleute waren natürlich offiziell weit davon entfernt, Gottes Person-Sein zuzugeben. Unbewusst – so wurde Lewis nun klar – füllten sie jedoch die Leerstelle, die ihre Kritik des Theismus hinterlassen hatte, mit Bildern und Metaphern, die sie den religiösen Traditionen der Welt oder ihrer eigenen spirituellen Erfahrung entliehen. Das heißt, ihr ganzes System hing davon ab, dass sie es mit der eigenen Unwissenheit an der einen Stelle nicht allzu ernst nahmen, an anderer Stelle aber entschieden auf ihr bestanden:

> Das Entkommen aus dem Skeptizismus hing von jenen metaphorischen Passagen ab, in denen Bradley (seinem eigenen System zum Trotz) das Absolute mit flüchtigen und schillernden Bedeutungen füllte. Und diese Bedeutungen waren offensichtlich nicht seinem System entliehen, sondern seinem eigenen imaginativen und spirituellen Wesen. Es war der Mystiker in ihm, der unsere Zustimmung gewann und dem Skeptiker Gehör verschaffte. (EPJ 34)

Und Lewis sah, dass das nicht nur bei Bradley so war, sondern letztlich bei allen Idealisten. In *The Pilgrim's Regress* machen daher Spinoza, Kant, Bosanquet, Steiner und andere Philosophen im nächtlichen Mondschein (d.h. imaginativ) einen Ausflug in die Gefilde des traditionellen Theismus, bei dem sie sich an den dort produzierten Speisen und Getränken laben. (PR 130–132)

Diese kritischen Gedanken über den Idealismus waren Lewis bereits gekommen, als seine Auseinandersetzung mit dem Christentum im Frühjahr 1926 von woanders her neue Impulse erhielt. In *Surprised by Joy* nennt er in diesem Zusammenhang vier Ereignisse, die sich alle auf April–Juni 1926 datieren lassen. Das, was Lewis in *Surprised by Joy* Gottes vierten Schachzug nennt, ist eines dieser vier Ereignisse, die anderen drei Schachzüge Gottes waren ja bereits im März 1924 erfolgt (Kap. 15).

Das erste Ereignis bestand in der Lektüre von Chestertons im Herbst 1925 erschienenem Buch *The Everlasting Man* (dt. *Der unsterbliche Mensch*). Dieses Buch, von dem Lewis später sagen wird, es gehöre zu den Werken, die ihn am meisten beeinflussten, ist eine christliche Antwort auf H.G. Wells' viel beachtete Weltgeschichte *The Outline of History* (1920). Chesterton kritisiert in seiner Gegendarstellung zunächst das angeblich streng wissenschaftlich begründete materialistisch-evolutionäre Weltbild des frühen 20. Jahrhunderts – womit er beim Idealisten Lewis offene Türen einrennt.

Dann aber präsentiert er die Inkarnation als das zentrale Ereignis der Weltgeschichte: In Christus kommt zusammen, was die vorchristlichen Mythen von sterbenden und zu neuem Leben erstehenden Gottheiten wie auch die philosophische Suche der Menschheit nach Wahrheit bereits erahnt, aber noch nicht vollständig erfasst hatten. Dass das so ist, liegt laut Chesterton daran, dass die Inkarnation die geschichtliche Selbstoffenbarung Gottes ist: In Christus zeigt uns Gott selbst, wer er ist, und tritt dabei als die historische Erfüllung auch der antiken Mythen in Erscheinung.

Lewis selbst hatten die Mythen von sterbenden und zu neuem Leben auferstehenden Gottheiten ja seit Kindertagen fasziniert und tief bewegt. Und er war in ihrem Verständnis inzwischen so weit gekommen, dass er ihre Annahme, im Tod liege das Leben, als einen imaginativen (d.h. poetischen) Ausdruck des *evangelium eternum* einstufte. Daher verstand er sehr genau, worauf Chesterton hinauswollte. Nach dessen Ansicht konnte *nur* die Menschwerdung des biblischen Gottes jenen tiefen, weltumspannenden Sinn verbürgen, von dem bereits die heidnischen Mythendichter geträumt hatten und von dem auch die philosophischen Denktraditionen aller Kulturen sprachen.

War Gott tatsächlich in Christus Mensch geworden, so wären die alten Mythen von sterbenden Gottheiten also nicht bloß «durch Silber geblasene Lügen», wie Lewis das bisher angenommen hatte (das heißt, rein symbolische Darstellungen der wahren spirituellen Verhältnisse, die von religiösen Menschen als Tatsachen missverstanden wurden). Dann wären diese Mythen erste Vorahnungen der realen Menschwerdung Gottes, ohne die sich dieses historische Ereignis gar nicht hätte verstehen lassen.

Damit legte Chesterton den logischen Fehler im «anthropologischen» Argument gegen das Christentum offen, das die Ähnlichkeit der Religionen der Welt zum Anlass nahm, das Christentum für ebenso falsch zu erklären wie diese. Dieses Argument (das Lewis ja selbst lange Zeit vertreten hatte, vgl. Kap. 4) unterstellte, das Christentum könne nur wahr sein, wenn es etwas völlig anderes war als die übrigen Religionen. Nun sei es den übrigen Religionen aber sehr ähnlich – und deshalb ebenso falsch wie sie. Lewis erkannte nun, dass das Argument als *Prämisse* setzt, was es doch erst *beweisen müsste:* dass die übrigen Religionen allesamt bloße Einbildungen sind. Stimmt aber die Prämisse nicht –

sind die heidnischen Religionen also nicht bloß Produkte der menschlichen Phantasie ohne jeglichen Realitätsbezug –, so sind die Ähnlichkeiten zwischen ihnen und dem Christentum kein Beweis für dessen Unwahrheit, sondern ein Ausdruck seiner *Wahrheit*. Dann sind die Mythen eine *praeparatio evangelica*, das heißt eine von Gott selbst initiierte Vorbereitung der Menschheit auf seine finale Offenbarung in Jesus Christus.

Das allein belegt natürlich keineswegs, dass die Inkarnation tatsächlich stattgefunden hat. Im Gegenteil, historisch betrachtet ist das alles andere als wahrscheinlich: Eben dies hätte Lewis mit voller Überzeugung gesagt, wäre nicht kurz nach seiner Chesterton-Lektüre eine weitere Sache passiert. Er saß am 27. April 1926 abends mit seinem Philosophie-Kollegen Weldon zusammen, und dabei kam man zufällig auf die Evangelienberichte zu sprechen. Weldon war ein ungemein skeptischer, ja geradezu zynischer Geist. Er gab vor, alles und jeden zu durchschauen, sparte auch gegenüber seinen Kollegen nicht mit ironischen Kommentaren und behauptete, dabei selbst stets auf dem Boden der Tatsachen zu bleiben. Dennoch hatte Lewis eine Art von widerwilligem Respekt für ihn: sie trafen sich in seinen ersten Jahren am Magdalen College recht oft, und Lewis nennt ihn in einem Brief den «*einen* ehrlichen Mann»[83] im ganzen College.

Ausgerechnet der hartgesottene Atheist Weldon erklärte nun in dem Gespräch (und Lewis konnte dem nur zustimmen), die historischen Belege für die Inkarnation seien eigentlich erstaunlich gut: «‹Komische Sache›, fuhr er fort. ‹All das Zeug von Frazer über den sterbenden Gott. Komische Sache. Es sieht fast so aus, als sei es einmal wirklich passiert.›» (SbJ 174) Wenn aber selbst der zynische und nach seiner bisherigen Wahrnehmung überhaupt nicht am Christentum interessierte Weldon dies nicht ausschließen wollte,[84] welchen Grund hatte dann Lewis (der ja sehr wohl an eine geistige Welt jenseits der Welt des

---

83 *Collected Letters I* 763, an Owen Barfield, 27. März 1928.

84 Lewis notiert in seinem Tagebuch verwundert, Weldon sei offenbar doch so etwas wie ein Christ (vgl. *All My Road Before Me* 379).

Materiellen glaubte), dies auszuschließen? Hatte Chesterton dann nicht vielleicht doch recht, dass die Inkarnation der Schlüssel zum Verständnis der ganzen Weltgeschichte war?

Und, weiter gedacht, selbst wenn man den historischen Anspruch des Christentums zurückweisen sollte (wenn die christliche Geschichte also doch *nur* ein Mythos war wie all die anderen Mythen), wäre es dann nicht immer noch so, dass dieser Mythos mit seiner sinnerschließenden Kraft die beste Beschreibung der geistigen Wirklichkeit ist, die uns Menschen hier auf Erden überhaupt erreichbar ist?

Wenn es also, wie Barfield ja gezeigt hatte, im Bereich nicht sinnlich wahrnehmbarer Dinge gar keine buchstäbliche Wahrheit gab – wenn hier alle Wahrheit nur Metapher war –, war es dann nicht von entscheidender Bedeutung, *welche* Metaphern man verwendete? Und waren seine eigenen idealistischen Metaphern dann wirklich besser als die Metaphorik christlicher Gottesrede, die immerhin das Zeugnis von an die 2000 Jahren Geistesgeschichte für sich in Anschlag bringen konnte?

Lewis kam ein schrecklicher Verdacht: Selbst wenn die Christen sich darin geirrt haben sollten, die biblischen Geschichten für historische Tatsachen zu halten, blieb der *symbolische* Gehalt dieser Geschichten erhalten. Dann wäre die christliche Gottesrede offenbar die größte Annäherung an die göttliche Realität hinter dem «Vorhang der Sinne», die uns Menschen in unserer raum-zeitlichen Verfasstheit überhaupt erreichbar ist:

> War das Christentum kein bloßer Irrtum, aber auch keine buchstäbliche Tatsache, so musste es die beste verfügbare Metapher sein, und damit (wenn auch nicht die absolute Wahrheit) das Wahrste, was ich wissen konnte; weit wahrer zum Beispiel als die physikalischen Wissenschaften oder die Ansichten des gesunden Menschenverstandes – kurzum, für jeden Zweck des Handelns, Empfindens und alltäglichen Glaubens schlechthin wahr. (EPJ 35)

Lewis nahm diesen Gedanken anscheinend für eine Weile so ernst, dass er sich bemüßigt fühlte, ihn in die Tat umzusetzen. In seinem Tagebuch notiert er in den Wochen nach dem Gespräch mit Weldon mehrfach, er habe den Sonntagabend-Gottesdienst in der Kapelle seines Colleges besucht – eine Praxis, von der in seinem Tagebuch und seinen Briefen weder in den Jahren zuvor noch in den Jahren danach jemals die Rede ist (dies sollte erst im Herbst 1930 nach der Anerkennung eines personalen Gottes anders werden). Dabei ging er sogar so weit, in den Gottesdiensten selbst eine der Lesungen vorzutragen.

Erstmals erwähnt Lewis den Gottesdienst-Besuch am 9. Mai, gerade einmal zwei Wochen nach seinem Gespräch mit Weldon, letztmals jedoch bereits am 6. Juni 1926. Warum fand diese Praxis so schnell wieder ein Ende? Zwei weitere Ereignisse spielten hierbei offenbar eine Rolle.

Zum einen geschah das, was Lewis in *Surprised by Joy* Gottes vierten Schachzug nennt: Er las im Mai 1926 im Rahmen seiner Philosophie-Tutorien ein weiteres Mal Berkeleys *A Treatise Concerning The Principles of Human Knowledge*, was ihm eine Weiterentwicklung seiner idealistischen Philosophie ermöglichte. Dazu gleich mehr.

Zum anderen aber hatte Lewis ein Erlebnis, das ihn sehr irritierte und welches ihm die Gefahr eines Sich-Einlassens auf ein göttliches Gegenüber ganz handgreiflich vor Augen stellte. Am 13. Juni 1926 las er in Maurice Hewletts *Lore of Proserpine* von der Unterscheidung zwischen dem «forensischen» (= bewussten, urteilenden) und dem «rekonditiven» (= unbewussten, verborgenen) Selbst. Das Gelesene wirkte noch bei ihm nach, als er am Abend zurück ins College fuhr. Als er auf dem Oberdeck eines Linienbusses den Headington Hill hinunter fuhr, wurde ihm klar, dass er etwas in sich zurückhielt oder aus seinem Leben ausschloss.

Lewis fühlte sich vor die freie Wahl gestellt, sich zu öffnen (und dadurch seinem unbewussten Selbst mehr Raum zu geben) oder darauf zu verzichten. Zugleich hatte er aber das merkwürdig unemotionale Empfinden, gar nicht anders zu können, als sich zu öffnen. Als er das tat, verspürte er ein seltsames Gefühl, als würde er beginnen, wie ein Schneemann zu schmelzen, oder als würden sich Türen in seinem Rücken öffnen.

Die Erfahrung[85] machte ihm deutlich, wie riskant es war, die gewohnte Kontrolle über sein Leben aus der Hand zu geben: Man weiß einfach nicht, was dann passieren wird. Entsprechend berichtet Lewis, das Gefühl, zu schmelzen oder von hinten her angreifbar zu sein, sei sehr unangenehm gewesen. Offenbar versuchte er in der Folgezeit, einen noch weiter gehenden Verlust der Kontrolle über sein Leben zu vermeiden, wie er mit dem Sich-Einlassen auf ein göttliches Gegenüber verbunden gewesen wäre.

Es dürfte noch einen weiteren Grund gegeben haben, weshalb Lewis zu dieser Zeit nicht den Wunsch verspürte, seine Philosophie grundsätzlich infrage zu stellen: Er hatte mit J.M. Dent endlich einen Verleger für *Dymer* gefunden, das Buch war aber noch nicht erschienen. Das Werk war jedoch ein in Gedichtform gegossener Ausdruck seiner idealistischen Philosophie. Es wäre ihm sicher sehr schwergefallen, ein Buch zu veröffentlichen, an dem er mehr als vier Jahre gearbeitet und in das er all seine Leidenschaft als Dichter hineingelegt hatte, dessen Inhalt er aber inzwischen nicht mehr unterschreiben konnte. Dies war ein weiteres, möglicherweise unbewusstes Motiv, die Frage nach der (zumindest symbolischen) Wahrheit des Christentums aus dem Sinn zu verbannen.

Infolgedessen ging Lewis einen anderen Weg: Er fing an, seine neuen, von Berkeley inspirierten Ideen zu einer klareren, weniger angreifbaren Form des Idealismus auszubauen (= Gottes vierter Schachzug). Berkeley war im Mai/Juni 1926 mehrmals Thema in seinen Tutorien, was ihn veranlasst hatte, sich noch einmal mit dem Denken des irischen

[85] Lewis selbst bringt das Erlebnis auf dem Oberdeck eines Linienbusses, auf das er in *Surprised by Joy* im Anschluss an seinen Bericht über den Abend mit Weldon zu sprechen kommt, nicht mit seiner Lektüre von Hewletts *Lore of Proserpine* in Verbindung. Die teilweise wörtliche Übereinstimmung der Formulierungen, die er in Tagebuch und Autobiografie verwendet, und die Tatsache, dass er an beiden Stellen davon spricht, er habe sich aufgefordert gesehen, sich zu öffnen, legen jedoch nahe, dass es sich hier um Berichte über ein und dasselbe Ereignis handelt. Dass er sich in *Surprised by Joy* in der Richtung irrte (dort schreibt er, der Bus sei den Headington Hill *hinauf* gefahren), ist bei einem dreißig Jahre später verfassten Bericht durchaus denkbar.

Bischofs zu beschäftigen. Nun, da er über eine eigene Philosophie verfügte, von der er glaubte, sie sei der Berkeley'schen überlegen, ging er weniger voreingenommen an diesen heran, als er das zuvor (d.h. im Herbst 1920) getan hatte. Das führte sofort zu einigen interessanten Entdeckungen.

Laut «Early Prose Joy» war die wichtigste dieser Entdeckungen ein Paralogismus (d.h. ein logischer Fehlschluss) in Berkeleys zentralem Argument gegen die Existenz einer materiellen Außenwelt. Lewis notiert am 22. Mai 1926 in seinem Tagebuch, er habe eine Notiz über diesen Paralogismus bei Berkeley verfasst, und sein Kollege Frank Hardie (ebenfalls Fellow für Philosophie am Magdalen College) habe die Richtigkeit seiner Kritik bestätigt. Wir brauchen hier nicht näher auf diesen Fehlschluss einzugehen, wichtig sind aber die Konsequenzen, die Lewis aus seiner neuen Erkenntnis zog.

Berkeleys Grundthese lautete, zu *sein* bedeute für ein Ding, *wahrgenommen zu werden* (*esse est percipi*), weshalb es keine materielle Außenwelt geben könne, die auch dann existiert, wenn wir sie nicht beobachten. Lewis erkannte nun, dass diese These zumindest insoweit falsch war, als es sehr wohl Dinge geben kann, die nicht *von uns Menschen* wahrgenommen werden: es reicht, dass sie vom göttlichen Geist wahrgenommen und in ihrer Existenz gehalten werden. Das galt für eine materielle Welt, die existiert, ob wir sie gerade betrachten oder nicht, aber auch für Dinge, die sich hinter dem «Vorhang der Sinne» verbergen, die also kein Bestandteil der Welt sind, wie wir sie mit unseren fünf Sinnen wahrnehmen.

Eine dichterische Illustration für solche Dinge, die es geben kann, auch wenn sie kein Bestandteil der sinnlich wahrnehmbaren Welt sind, wäre die Welt Narnias, wie Lewis sie gut 20 Jahre später entwarf: Sollte es solche Parallelwelten wie Narnia geben, die in keiner räumlichen oder zeitlichen Beziehung zu unserer eigenen Welt stehen (wovon heute übrigens viele Physiker überzeugt sind), so wüssten wir nichts von ihrer Existenz. Dass sie nicht von uns wahrgenommen werden, beweist aber nicht, dass es solche Welten nicht gibt (bzw. grundsätzlich nicht geben kann).

Noch wichtiger aber war, dass Lewis erkannte, dass das Absolute, das sich hinter dem «Vorhang der Sinne» verbarg, weit mehr sein konnte als eine abstrakte, a-personale Welt rein negativer Spiritualität (Kap. 13). Die Philosophie Bradleys war in dieser Hinsicht nicht nur deshalb problematisch, weil sie es unmöglich machte, zu sagen, was der göttliche Logos denn eigentlich war – eben jenes Problem, an dem Lewis' Versuche gescheitert waren, mit seinen Studenten über das Absolute zu sprechen. Diese Philosophie war auch deshalb problematisch, weil Lewis keine Möglichkeit sah, wie ein bloß abstraktes Prinzip eine konkrete Welt hätte hervorbringen können.

Lewis erklärt in *Miracles* im Rückblick auf seine eigene idealistische Philosophie:[86] Reale Dinge werden immer nur von realen Dingen hervorgebracht, nie aber von bloßen Ideen oder Prinzipien. Sämtliche Vorgänge der Buchhaltung in der Welt haben noch nie einen einzigen Cent erwirtschaftet: das können nur reale Prozesse der Wertschöpfung. Es hat auch keine Konstruktionszeichnung einer Maschine je von sich aus eine Maschine gebaut. Und auch eine literarische Figur in einem Roman ist nie das Produkt abstrakter Regeln literarischer Komposition, sondern stets das Produkt der Erfindungsgabe eines realen, konkreten Autors. Daraus ergab sich, dass auch das Absolute, sollte es der Ursprung der konkreten, mit den Sinnen wahrnehmbaren Welt sein, mindestens ebenso real und konkret sein musste wie die Welt, die es hervorgebracht hatte.

Dass Lewis dies nun möglich schien, lag an seinem neuen Bewusstsein für die Metaphorik allen Sprechens über nicht mit den Sinnen wahrnehmbare Dinge. Ihm wurde klar, dass Bradleys Rede von der «größeren Herrlichkeit» hinter dem «Vorhang der Sinne» kein bisschen weniger metaphorisch war, als wenn Berkeley sich das Absolute in Analogie zu einem menschlichen Selbst vorstellte. Insofern brauchte man auch nicht zu fürchten, in einen naiven Anthropomorphismus abzugleiten, wenn man das tat: Bradleys Metaphern waren nicht weniger

[86] Kapitel 11 «Christianity and ‹Religion›» in *Miracles* ist die ausführlichste Kritik an seinem früheren Absoluten Idealismus, die wir aus Lewis' Feder haben.

nach dem Vorbild menschlicher Eigenschaften gebildet als jene Berkeleys, nur dass Berkeley sich dessen offenbar bewusst war, Bradley aber nicht. Lewis erklärt:

> Man konnte den Begriff des «Selbst» beim Denken weiter verwenden und das, was man sagte, auch wirklich meinen – weit über den Punkt hinaus, an dem Bradley einen in vagen Bildern versinken ließ. Ich war in der Tat der Ansicht, dass die Art und Weise, in der ich nun das Selbst betrachtete, vielen der gegen es gerichteten Kritikpunkte den Boden entzog. (EPJ 35)

Folgte man an dieser Stelle aber Berkeley, so wurde der Prozess des Hervorbringens einer Welt durch den göttlichen Geist plötzlich verständlich: Das göttliche Selbst oder «Ich» hatte die Welt und die in ihr handelnden Personen in etwa so erdacht wie ein Autor ein Drama – mitsamt der darin vorkommenden Personen, Landschaften, Häuser und Objekte.

In seiner «Summa» von November 1928 zieht Lewis Shakespeares Verhältnis zu seinem Drama *Hamlet* als Vergleich heran. Dieses Drama existiert nur, insofern es von Shakespeare erdacht wurde, und auch die Person Hamlet existiert nur, insofern Hamlet von Shakespeare als Akteur seines Dramas konzipiert wurde. Shakespeares Geist ist somit das Ganze, in dem Hamlet und seine gesamte Welt existieren. Dabei legte er beim Schreiben einen Teil seiner selbst (d. h. seines reichhaltigen inneren Erlebens) in die von ihm erdachte Figur hinein und verlieh ihm dadurch in seinem Drama Ausdruck. Hamlet ist also ein echter Teil Shakespeares, Shakespeare ist aber seinerseits sehr viel mehr als nur Hamlet:

> Ich sah, dass es in Shakespeare ein Hamlet-Element und ein Othello-Element gab – dass was immer Hamlet fühlte, der Dichter tatsächlich beim Schreiben fühlte, ja dass er durch Hamlets Augen die Zinnen von Schloss Helsingør sah – dass also Shakespeare Hamlet war: dass er alles war, was es von Hamlet gab, während Hamlet nicht Shakespeare war. (EPJ 35f)

Das Leben und der Ideenreichtum Shakespeares erschöpften sich also keineswegs in dem, was er in der Figur Hamlet ausdrückte; er schuf auch andere Figuren wie Polonius oder Ophelia, und dazu andere Dramen wie *Othello* oder *Macbeth*, die in keinerlei Relation zu *Hamlet* stehen (weshalb die Protagonisten dieser Werke auch nichts voneinander wissen). Und er hatte noch viele andere Dinge in seinem Kopf, die in keinem seiner Dramen oder sonstigen Werke vorkommen.

Dies schien Lewis eine gute Analogie für das Verhältnis des göttlichen Geistes zur Welt zu sein: Die Welt, wie wir sie mit unseren Sinnen wahrnehmen, existierte nur im Bewusstsein des göttlichen Geistes (den er nun «Spirit» nannte). Bei der menschlichen Person gab es deshalb eine echte, aber *einseitige* Identität: Das Ich des Menschen war identisch mit dem göttlichen Geist, dieser Geist war aber nicht identisch mit irgendeiner seiner Schöpfungen. Spirit ging in keinem der unzähligen Selbste in der Welt auf (genauso wenig wie Shakespeare in einer seiner literarischen Schöpfungen), sondern war weit mehr als das, was er durch das Ich einer einzelnen Person oder sogar durch alle Selbste dieser Welt sah und tat. Er konnte sogar andere Welten erfunden haben, von denen wir nichts wissen.

Lewis begann daher, «von ferne die Möglichkeit zu erahnen, dass es nur ein einziges Wesen im Universum geben könnte, dessen Name ‹Ich› war». (EPJ 33) Und er entwickelte seinen Absoluten Idealismus fort zu einem Subjektiven Idealismus, in dessen Zentrum ein göttlicher Geist stand, der ein «reines Subjekt»[87] war. Seine neue Philosophie blieb dabei eine Form des Pantheismus wie auch des Monismus: Alles, was existierte – man selbst mit eingeschlossen –, war eine Erscheinung des göttlichen Geistes. Diese Konzeption ließ sich aber auch als eine Art von *Solipsismus* bezeichnen: Hinter dem «Vorhang der Sinne» verbarg sich nur ein einziges wirkliches Selbst, nämlich Spirit. Alle anderen Selbste waren nur dessen «Träume»: sie existierten nur als Spirits Projektionen in die Welt der Erscheinungen hinein.

[87] «Summa» 64.

Lewis empfand seine neue Philosophie auch insofern als einen Fortschritt, als sie ihm ein besseres Verständnis seiner Erfahrung von Joy ermöglichte (Kap. 15). Nun stellte sich ihm Joys Quelle nämlich nicht mehr als ein a-personales «Bewusstsein an sich» dar, sondern als ein echtes «Ich» oder Selbst. Sein Empfinden, in Momenten von Joy «zu haben und doch zu verlangen», ließ sich daher übersetzen mit «Ich und doch nicht ich habe; ich und doch nicht ich will». (EPJ 33) Das erklärte um einiges besser, weshalb es zu diesem Empfinden kam: Joy sprengte für einen kurzen Augenblick unsere gewohnte raum-zeitliche Erfahrungsweise, weil man sich in diesem Moment als *beides* erfuhr, als ewiger Spirit und als sterbliche menschliche Seele. Dieser Moment war

> eine Sehnsucht, die auch Erfüllung ist, und ein Verlieren, das auch Bewahren ist, weil wir uns dann wahrhaftig unserer doppelten Natur und unserer Trennung von unserem Selbst bewusst werden – wenn wir zugleich der Geist sind, der alles besitzt, und die Seele, die diesen Besitz preisgibt.[88]

Das, was man in den Momenten von Joy imaginativ erlebte, zeigte daher in seiner alles überragenden Qualität den unermesslichen Reichtum von Spirits innerem Leben an; Aussagen über die Existenz konkreter spiritueller Phänomene wie Ätherleib, Karma oder okkulter Geistwesen ließen sich daraus aber nicht ableiten (mehr dazu gleich in Kap. 19).

Lewis' neue Form des Subjektiven Idealismus blieb somit in einem wichtigen Punkt in Einklang mit seinem früheren Absoluten Idealismus: Er ging nach wie vor davon aus, dass man zwar durch philosophisches Nachdenken herausfinden konnte, *dass* Spirit war, sehr viel mehr aber auch nicht: Man konnte Spirit *genießen*, ihn aber nicht *betrachten*. Um zu verstehen, warum das so war, musste man nur Alexanders Unterscheidung von «enjoyment» und «contemplation» auf die Frage der Selbsterkenntnis anwenden (Kap. 15): Die menschliche Subjektivität

---

[88] Ebd. 92.

(d.h. das noumenale Ich des Menschen) war ja nichts als das Wirken Spirits in einem selbst. Daher war es dem Menschen ebenso unmöglich, Spirits Tun zu betrachten, wie es unmöglich war, den Genuss seiner eigenen Akte des Erkennens und Erfahrens zu betrachten: beides war ja ein und dasselbe.

Es war also Lewis' Ablehnung der *Introspektion* (d.h. des Versuchs, den eigenen inneren Genuss zu betrachten), die ihn dazu brachte, es für unmöglich zu halten, dass man den göttlichen Geist auf dieselbe Weise kennen konnte wie die Objekte der empirischen Welt. Lewis weigerte sich daher nach wie vor, sich wie Berkeley als Theist (oder gar als Christ) zu bezeichnen und seinen «Spirit» einfach «Gott» zu nennen: Der Gedanke, es sei möglich, sich umzudrehen und dem göttlichen Geist gegenüberzutreten – oder gar zu ihm zu beten –, war strikt abzulehnen. Spirit war ein reines Ich, aber kein Du:

> Ich erklärte, es gebe keine Möglichkeit, mit ihm in einer persönlichen Beziehung zu stehen. Denn ich nahm an, dass er uns etwa so entwirft wie ein Dramatiker seine Figuren, weshalb ich ihm genauso wenig «begegnen» konnte, wie Hamlet Shakespeare begegnen konnte. [...] Man kämpft um seine letzten Annehmlichkeiten. (SbJ 173)

Wann genau Lewis seine neue Philosophie voll ausgebildet hatte, lässt sich schwer sagen. In *Surprised by Joy* berichtet er von Gottes viertem Schachzug sogar, bevor er auf die Lektüre von Chestertons *Everlasting Man* und das Weldon-Gespräch zu sprechen kommt. Das stimmt allerdings nicht mit der Chronologie der Ereignisse überein, wie er sie in seinem Tagebuch notiert. Lewis begann mit der Ausbildung seiner neuen Philosophie auf jeden Fall erst, nachdem er den Paralogismus in Berkeleys zentralem Argument gegen die Existenz einer materiellen Außenwelt entdeckt hatte.

Wie schnell diese Entwicklung dann aber einsetzte, kann man daran sehen, dass er am 26. Mai 1926 (d.h. nur vier Tage nach seiner Notiz über den Paralogismus) in seinem Tagebuch notiert, seine gesamten Vorstellungen von der Welt seien gerade dabei, zu zerbröckeln. Dieses

Eingeständnis bezieht sich gewiss nicht nur auf die Folgen seiner Chesterton-Lektüre und des Gesprächs mit Weldon über die Historizität der Evangelien, sondern schließt auch die von seiner erneuten Berkeley-Lektüre ausgehenden Impulse mit ein.

Auch in «Early Prose Joy» klingt es so, als seien Lewis die Grundideen zu seiner neuen Philosophie sehr schnell gekommen. Vermutlich dauerte es daher nach seinem kurzen Ausflug in die College-Kapelle im Mai/Juni 1926 nicht allzu lange, bis der von Berkeley inspirierte Subjektive Idealismus an die Stelle seines bisherigen Absoluten Idealismus trat.

Lewis erklärt, mit der Entwicklung seiner neuen Philosophie sei ein wichtiger Wandel im Verhältnis zu seinem eigenen Denken verbunden gewesen: in der Wahrnehmung seiner *Vorläufigkeit*. Jetzt, da er zum ersten Mal nicht mehr den Theorien anderer folgte (und somit in gewisser Weise nicht mehr nur mit Spielgeld handelte, das nicht durch den realen Wert seiner eigenen Erfahrungen gedeckt war), dachte er «mit der ganzen Person und verlangte nach dem wahrhaft Glaubwürdigen und nicht nach dem, womit man in der Debatte siegreich blieb». (EPJ 36). Er war sich daher auch der Grenzen seiner Philosophie stärker bewusst als je zuvor:

> Ich war kühn genug, von meiner «neuen Philosophie» zu sprechen, doch privat wagte ich nicht mehr zu sagen: «Das Universum ist genau so und nicht anders.» Vielmehr sagte ich: «Ich weiß, dass ich hier und jetzt nichts denken kann, das der Wirklichkeit *mehr entspricht* als dies.» (EPJ 36)

Stufte er seine Lage auch privat so ein, so ist zu konstatieren, dass in den Texten des «Great War» mit seinem Freund Barfield nicht viel von dieser Zurückhaltung zu spüren ist. Hier sehen wir nach wie vor den Rhetoriker und Dialektiker Lewis am Werk, der mit voller Überzeugung seine Position vertritt. Das wird sich im nächsten Kapitel noch zeigen.

Kapitel 19
Der «Große Krieg» mit Barfield spitzt sich zu

Mit dem Wechsel ans Magdalen College und in die Literaturwissenschaft waren auch neue Bekanntschaften verbunden. Lewis erwähnt in *Surprised by Joy* eine Reihe von Kollegen am Magdalen College und weist auf die große Hilfsbereitschaft hin, die seine erfahreneren Kollegen ihm als Neuling entgegenbrachten. Der neue Kontakt, der für seinen spirituellen Werdegang am wichtigsten werden sollte, war aber jener mit J.R.R. Tolkien, der 1925 am Oxforder Pembroke College zum Professor für Angelsächsische Sprache ernannt worden war.

Lewis und Tolkien sprachen am 11. Mai 1926 zum ersten Mal länger miteinander, und zwar im Anschluss an ein informelles Treffen der Englischen Fakultät («English Tea»). Aus dieser Bekanntschaft wurde recht bald eine Freundschaft, was nicht zuletzt an der Leidenschaft für die nordische Mythologie lag, die die beiden jungen Gelehrten miteinander teilten.

Eine wichtige Rolle spielten hierbei die 1926 von Tolkien gegründeten Kolbítar (= Coalbiters oder «Kohlenfresser»), eine Gruppe von Kollegen, die sich im Trimester für gewöhnlich alle zwei Wochen traf, um die Texte der nordischen Mythologie in ihrem altisländischen Original zu lesen. Als Tolkien von Lewis' Begeisterung für die Götter Asgards erfuhr, lud er diesen ein, an den Treffen der Coalbiters teilzunehmen. Ab Januar 1927 war Lewis ein fester Bestandteil der Gruppe, die sich bis Anfang der 1930er Jahre die zentralen Quellen der nordischen Mythologie (Edda, Laxdale Saga usw.) gemeinsam erarbeitete.

Diese Zusammenkünfte legten den Grundstein zu einer lebenslangen Freundschaft zwischen Lewis und Tolkien, sie lassen sich aber auch als ein Vorläufer jener regelmäßigen Treffen bezeichnen, aus denen sich in den 1930er Jahren die Inklings-Runde entwickelte. Über Tolkien lernte

Lewis auch einen weiteren Anglisten kennen, der ihm zu einem lebenslangen Freund werden würde und der bei seiner Bekehrung noch eine wichtige Rolle spielen sollte: Henry Victor «Hugo» Dyson, 1924–1945 Fellow und Tutor für Englische Literatur an der Universität Reading (Kap. 23).

Lewis bekennt, seine Freundschaft mit Tolkien habe gleich zwei Vorurteile auf einmal beseitigt: die beständige Warnung seiner protestantischen Kindheit in Nordirland, niemals einem Papisten (d. h. einem Katholiken) zu trauen, und die ausdrückliche Warnung seiner Kollegen aus der Literaturwissenschaft, niemals einem Sprachwissenschaftler zu trauen.

Der Hintergrund für das zweite Vorurteil waren die unterschiedlichen Auffassungen der Vertreter von Sprach- und Literaturwissenschaft, wie der Lehrplan für das Studium der Anglistik auszusehen habe. Heftig umstritten war vor allem die Frage, welches Gewicht der Geschichte der englischen Sprache und der Lektüre der literarischen Werke einer Epoche zukommen solle. Lewis und Tolkien scheinen sich in dieser Frage jedoch von Anfang an einig gewesen zu sein; sie erarbeiteten später sogar gemeinsam einen Lehrplan für das Englisch-Studium in Oxford, in dem genügend Platz für die Sprachgeschichte vorgesehen war.

Lewis rief im Herbst 1927 auch selbst ein wöchentliches Treffen mit einigen Junior-Studenten ins Leben, bei dem man sich dem Erlernen der angelsächsischen Sprache widmete. Diese Treffen wurden als «Bier- und Beowulf-Abende» bekannt: Lewis stellte seinen Schülern Gedächtnisstützen vor, die er zum Erlernen des Altenglischen ersonnen hatte, man rezitierte (ja *sang*) Beowulf laut, und dazu wurde der Bierkrug herumgereicht.

Die intellektuelle Auseinandersetzung zwischen Lewis und Barfield ging auch nach Abschluss von dessen B.Litt Thesis über die dichterische Sprache weiter. Da Barfield nun nicht mehr in Oxford wohnte, wandelte sie sich aber zu einer schriftlichen Debatte, die die beiden Kombattanten zunächst brieflich, später aber auch in der Form philosophischer Traktate führten. Die frühesten erhaltenen Briefe, die man dem «Great War» zuordnen kann, stammen von 1926 und zeigen, wie weit die beiden Freunde zu dieser Zeit bereits in der Klärung ihrer Gemeinsamkeiten und Unterschiede gekommen waren – oder eben auch nicht.

Ein zentraler Punkt in dieser Phase ihrer Debatte war das Verhältnis von Vernunft und Erfahrung, genauer gesagt die Frage des Beitrags des Intellekts und der Imagination zur menschlichen Erkenntnis. Während Barfield hier der Imagination (und damit dem Beitrag der Mythen bzw. der Dichtung insgesamt) ein großes Vertrauen entgegenbrachte, befürchtete Lewis, er drifte damit schnell in bloße Phantasiegebilde und anthroposophische Esoterik ab. Er selbst tendierte dazu, den Bereich dessen, was man im eigentlichen Sinn als «wahr» bezeichnen kann, auf die Urteile streng logischen (philosophischen) Argumentierens sowie die Ergebnisse naturwissenschaftlicher Forschung zu beschränken.

Ein amüsantes Beispiel für diese Auseinandersetzung ist eine Serie von drei Zeichnungen, die Lewis einem Brief an Barfield beifügt (vermutlich im Frühjahr 1927), um ihm ihre unterschiedliche Auffassung vom Akt der Wahrnehmung zu verdeutlichen.

Seine eigene Position skizziert Lewis als eine Person, die angebunden an einen Pfahl vor einem Spiegel steht, in dem sie die Welt sieht, wie die menschliche Sinneswahrnehmung, interpretiert durch Philosophie und die empirischen Wissenschaften, sie zeigt.[89] Unter den im Spiegel zu sehenden Dingen sind Häuser und Tiere, aber auch eine Figur, die das eigene Ich darstellt, wie es ein Teil der empirischen Welt (d.h. der Welt der Erscheinungen) ist. Da die Person am Pfahl festgebunden ist, kann sie sich nicht umdrehen und direkt in Augenschein nehmen, was diese Wahrnehmung in ihr auslöst: Wir können die Welt hinter dem «Vorhang der Sinne» nicht unmittelbar in Augenschein nehmen und mit unseren philosophischen und wissenschaftlichen Erkenntnissen vergleichen.

---

[89] Die Skizzen sind entnommen: *Collected Letters III* 1602–1604, Series I, Letter 1.

Die Person vor dem Spiegel greift deshalb mit den Händen nach hinten, um nach dem zu tasten, was im Spiegel vor ihr erscheint. Hinter ihrem Rücken ist aber nur wolkiger Nebel zu sehen. Das heißt, was das Sein *an sich* ist, bevor wir es durch den Filter unserer Sinne und unserer Vernunft wahrnehmen (das Sein der eigenen Person mit eingeschlossen), lässt sich nicht sagen, weil es so reichhaltig und vielgestaltig ist, dass wir es nur in groben Umrissen ertasten können: Die Imagination bringt uns zwar in Berührung mit der Welt des göttlichen Geistes, das imaginativ (z.B. in Momenten von Joy oder bei der Lektüre der Dichter) Erfahrene lässt sich aber nicht in begriffliches Wissen, also in Aussagen über ein konkretes «Dass» übersetzen.

Was seine Anthroposophen-Freunde Barfield und Harwood «spirituelle Phänomene» nannten – himmlische Hierarchien, menschliche Präexistenz, Ätherleib und so fort –, waren für Lewis deshalb pure Einbildungen, das heißt rein fiktive Produkte des Versuchs, Dinge, die das menschliche Verstehen übersteigen, zu kennen, als seien sie ein weiteres Stück des Verstehbaren. Die Annahme, die Existenz solcher Dinge lasse sich aus dem imaginativ Erfahrenen herleiten, erschien ihm in etwa so aussichtsreich wie der Versuch einer Person mit einer dicken Erkältung, mithilfe eines Mikroskops wieder Gerüche wahrzunehmen.

Lewis skizziert Barfields Position daher als den Versuch der Person vor dem Spiegel, das Glas des Spiegels mithilfe von Hammer und Meißel zu bearbeiten (die für okkulte Praktiken wie Yoga, Meditation usw. stehen), um zu sehen, was sich hinter der Welt unserer alltäglichen Wahrnehmung verbirgt. Dies führt zum Erscheinen neuer, verzerrter Bilder im Spiegel, die verdächtig nach Geistern und Dämonen aussehen, und aus dem Nebel greifen von hinten gierige Hände nach der Person vor dem Spiegel.

Die dritte Zeichnung zeigt, wie die Person vor dem nun vollständig zerstörten Spiegel vor dem Phantom zurückschreckt, das sie selbst geschaffen hat. Daneben steht ein weiterer Spiegel (der nicht für sie, sondern nur für ihre Nachbarn sichtbar ist), welcher zeigt, wie bereits Ambulanz, Irrenhaus und der Friedhof auf sie warten. Dieses Schicksal, das

Lewis hier seinem Freund Barfield prophezeit, ist unschwer immer noch von seinen traumatischen Erfahrungen mit dem qualvollen Tod von Mrs. Moores Bruder Doc Askins geprägt (Kap. 14).

Ganz unangefochten blieb Lewis durch Barfields Gegenattacken aber nicht. So notiert er zum Beispiel am 18. Januar 1927 in seinem Tagebuch, er habe über die Imagination und den Intellekt nachgedacht, beziehungsweise über die große Unklarheit über sie, in der er sich zur Zeit befinde: In seinem Kopf herrsche ein heftiger Widerstreit zwischen den angestammten Prinzipien seines Idealismus und unverdauten Brocken von Anthroposophie und Psychoanalyse, und das Ganze spiele sich vor dem Hintergrund des alten Rationalismus ab, wie er ihn einst von Kirkpatrick erlernt hatte.

Am Tag darauf nimmt er sich daher vor, Coleridges gesamte Theorie der Imagination aufzuarbeiten. Der romantische Dichter und Philosoph Samuel Taylor Coleridge (1772–1834) war einer von Barfields Haupt-Gewährsleuten, weshalb es Lewis erforderlich schien, sich mit ihm zu befassen, um herauszufinden, was an den Behauptungen seines Freundes dran war. Er kannte allerdings bereits die Ansichten von Coleridges Dichter-Freund William Wordsworth über die Imagination und empfand sie als sehr beruhigend: zumindest bei ihm gab es keine bösen Geister, keine Karmas, keine Gurus und keinen «verdammten Psychismus» (all dies spielt übrigens auch in Coleridges Theorie der Imagination keine Rolle).

Ein Grund für den vorübergehenden Zweifel an den Prinzipien seiner idealistischen Philosophie (wie auch für die Heftigkeit seiner Attacken auf die Position Barfields) dürfte darin bestanden haben, dass Lewis im Winter 1926/27 von heftigen Albträumen geplagt wurde. Diese Albträume hatten den Verdacht seiner Jugendtage, es gebe vielleicht doch eine Welt okkulter Geister oder Kräfte, die in das materielle Universum hineinwirken können (Kap. 9), kurzzeitig wieder aufflammen lassen. Diese Phase ging jedoch recht schnell vorüber. Bereits Anfang Februar 1927 berichtet Lewis Barfield (und kurz darauf auch seinem Vater), die bösen Geister seien auf ganzer Linie auf dem Rückzug; seine Furcht, es könne solche Geister eventuell doch geben, verflüchtigte sich also wieder. Stattdessen war er nun täglich mehrfach geradezu trunken vor echter Freude (d. h. vor Momenten von Joy).

Einen Wandel in seinem philosophischen Denken hatte diese Phase der Verunsicherung daher auch nicht zur Folge. Weder die späteren Briefe noch die Traktate des «Great War» lassen ein Abweichen von Lewis' philosophischen Grundüberzeugungen in den beiden Jahren danach erkennen. Das zeigt nicht zuletzt die im November 1928 fertiggestellte «Summa» gegen die Anthroposophie seines Freundes Barfield.

Dieser Text ist mit seinen 45 Druckseiten die ausführlichste Ausarbeitung des von Lewis zwischen Sommer 1926 und Frühjahr 1930 vertretenen Subjektiven Idealismus, die wir aus seiner Feder haben. Das Dokument gliedert sich in zwei Hauptteile. Der erste Teil gilt dem Sein: Lewis begründet und entfaltet seine pantheistische Lehre von Spirit als dem Grund und inneren Sein aller Dinge und erklärt, warum nach seiner Ansicht sowohl das Christentum als auch die Anthroposophie Irrtümer sind. Auch betont er nach wie vor, wir hätten «kein positives Wissen über Spirit außer als ‹das, was ich wirklich bin›»:[90] Eigenschaften, wie wir sie von der menschlichen Seele her kennen (wie Liebe, Zorn, Güte, Böses oder das Streben nach Dingen, die man noch nicht hat) durfte man ihm auf keinen Fall zuschreiben. Lewis legte daher auch Wert auf jede Differenz,

> die meine Lehre vom Selbst der Selbste von dem trennte, was ich das «populäre» Gottesbild nannte. Vor allem sagte ich mir, das, woran ich glaubte, liege sozusagen immer hinter mir: stets genossen, nie betrachtet. Ich konnte mich genauso wenig umdrehen und ihm gegenübertreten wie Hamlet sich umdrehen und Shakespeare begegnen konnte. Man konnte es weder verehren noch zu ihm beten. (EPJ 36)

Der zweite Teil der «Summa» gilt den Werten: Lewis erläutert in Übereinstimmung mit seiner alten Magdalen-Dissertation, weshalb dem moralisch Guten in *praktischer* Hinsicht (d.h. in Handlungsabsicht) Vorrang unter den Werten zukommt (ansonsten aber nicht), und entfaltet seine Theorie des spirituellen Lebens.

Deren Grundzüge lauten wie folgt: Spirit hatte eine Welt geschaffen, in der es eine Vielzahl von Seelen gibt, die die Welt alle aus ihrer je eigenen, begrenzten Perspektive sehen. Die individuelle Seele war daher stets in Versuchung, ihren persönlichen Interessen und Bedürfnissen Vorrang zu geben vor den Interessen und Bedürfnissen anderer. Die Aufgabe der einzelnen Person bestand deshalb darin, die Kluft zu überwinden, die mit der Tatsache gegeben war, dass man überhaupt eine separate, von anderen Menschen und Dingen unterschiedene Seele war. Es ging also darum, sich

> täglich und stündlich an unsere wahre Natur zu erinnern und wieder zu Spirit aufzusteigen oder zurückzukehren, der wir – soweit wir überhaupt wirklich waren – immer noch waren. (SbJ 175f)

[90] «Summa» 64.

Lewis unterteilt diesen Prozess in der «Summa» in zwei Stufen oder Schritte aufwärts. Der erste Schritt bestand darin, die eigenen Leidenschaften zu überwinden und zu lernen, die Dinge so zu sehen, wie sie wirklich sind (und nicht nur als Objekte eigener Begierde oder Abneigung). Der zweite Schritt bestand darin, des eigenen Einsseins mit dem göttlichen Geist gewahr zu werden und zu lernen, alles bewusst zu sehen und zu wollen, wie Spirit es sieht und will: Man stirbt sich selbst und erwacht dadurch zu wahrem spirituellem Leben.

Die qualitative Annäherung der individuellen Seele an das Bewusstsein Spirits vollzog sich dabei im *theoretischen* wie im *praktischen* Bereich. Der theoretische Bereich umfasste Wissenschaft, Geschichte, Kunst, Philosophie, Nächstenliebe, Gedächtnis und Imagination (wozu auch die Erfahrung von Joy zählt). Der praktische Bereich war die Moral (bzw. Tugend). Beide Bereiche wiesen laut Lewis diese Zweistufigkeit auf.

Im *praktischen* Bereich bestand der erste Schritt darin, die eigenen Leidenschaften zu überwinden, um moralisch richtig (d.h. in Übereinstimmung mit den Geboten der praktischen Vernunft) zu wollen und zu handeln. Der zweite Schritt bestand darin, sich bewusst zu machen, dass man in Übereinstimmung mit Spirit – und damit mit seinem wahren inneren Selbst – handelt, wenn man das tut.

Im *theoretischen* Bereich stufte Lewis auf der ersten Ebene die Philosophie am höchsten ein, weil sie bis zu der Erkenntnis vordringt, «dass wir Spirit sind und dass wir selbst die Objekte wollen, die uns zu bedingen scheinen».[91] Da der Philosoph dies aber nur theoretisch erkennt und sein Einssein mit Spirit nicht bewusst erlebt, konnte die Philosophie nicht auf der zweiten, höheren Ebene des geistigen Lebens angesiedelt werden. Auf der zweiten Ebene stufte Lewis deshalb die Imagination am höchsten ein: In Momenten höchster imaginativer Aktivität (wie z.B. der Erfahrung von Joy) erfahren und bejahen wir, «dass

[91] «Summa» 89.

wir Spirit sind und deshalb überall in unserem eigenen Land und unserem eigenen Haus sind».[92]

Lewis betonte dabei, das spirituelle Leben richte sich nicht nach innen, sondern *nach außen.* Es ging darum, Spirit (der ja das eigene innere Selbst war) zu genießen, indem man die Welt mit dessen Augen betrachtete. Der Versuch, Spirit (oder, was dasselbe war, die eigene Seele) zu betrachten, führte notwendigerweise in die Irre – wie jeder Versuch der Introspektion. Man musste sich also der Welt zuwenden und sich des absoluten Wertes von allem als Schöpfung Spirits bewusst werden. Je spiritueller man wurde, umso mehr Freude hatte man daher an dem, was man sah, und wollte mit ihm umgehen wie ein Künstler, der sich an dem Material erfreut, mit dem er arbeitet.

Barfield gefiel Lewis' Theorie der Werte sehr, und er sprach seinen aufrichtigen Dank und seine Glückwünsche aus für die Kapitel über die Imagination und die höchsten Formen des spirituellen Lebens. Doch er sah einen Widerspruch zwischen dem zweiten Teil der «Summa» über die Werte und ihrem ersten Teil über das Sein: Der erste Teil bestreite entschieden, was der zweite Teil behaupte, nämlich dass es dem Menschen möglich sei, die Dinge so zu sehen, wie Spirit sie sieht oder (was dasselbe ist) wie sie wirklich sind. Der erste Teil ziehe also der Konzeption des zweiten Teils den Boden unter den Füßen weg: Wenn es unmöglich sei, ein positives Wissen über Spirit zu haben, außer dass er unser wahres Ich ist (wie der erste Teil behauptet), dann gebe es keinerlei Maßstab, an dem sich der Wert irgendeiner der geistigen Aktivitäten des Menschen oder der Sinn der Welt als Ganzer messen lässt.

Der von Barfield behauptete Widerspruch ist tatsächlich nicht zu leugnen; er zeigt sich besonders in Lewis' Äußerungen über die Imagination. Lewis hielt es für ausgeschlossen, dass etwas der sinnlich wahrnehmbaren Welt angehören, aber dennoch spirituellen Wert haben kann: Was in Raum und Zeit existiert, hatte für ihn *empirischen,* aber keinen *spirituellen* Wert. Dass etwas als Symbol für spirituelle Dinge

[92] «Summa» 92.

herangezogen werden kann, setzte deshalb voraus, dass es kein Bestandteil der empirischen, mit den Sinnen wahrnehmbaren Welt war: Sollte sich die Existenz von Wesen, die die Dichter als Symbole verwenden (z.B. Feen usw.) beweisen lassen, so würde dies unweigerlich ihren symbolischen Wert zerstören. Die Welt der Fakten und die Welt der Bedeutung waren für Lewis also nach wie vor strikt voneinander getrennt.

Zugleich behauptete er jedoch, die Symbole der Dichter würden unser Wissen über ein Objekt «realer» machen, uns also mehr darüber sagen, wie die Welt, in der wir leben, tatsächlich beschaffen ist: In Momenten höchster Imagination würden wir uns «des absoluten Wertes sowohl anderer Seelen als auch der materiellen Welt bewusst».[93] Die Spannung zwischen seiner Metaphysik und seiner tatsächlichen Erfahrung beim Lesen imaginativer Literatur, die im Grunde genommen seit der «Taufe» seiner Imagination durch MacDonalds *Phantastes* existierte, blieb also weiter bestehen: Die Erfahrung suggerierte ihm eine *sakramentale* Sicht der Wirklichkeit, in der die realen Dinge sozusagen transparent sind für ihren göttlichen Ursprung; theoretisch verneinte Lewis aber eben dies.

Der zweite Teil der «Summa» bestreitet laut Barfield zudem implizit, was der erste Teil explizit behauptet, nämlich die Identität der individuellen Seele mit ihrem göttlichen Urgrund. Soll es irgendeinen Sinn haben, dass die einzelne Seele sich bemüht, ihre begrenzte Perspektive zu überwinden, um zu sehen und zu wollen wie Spirit, so kann diese Seele nicht völlig identisch sein mit Spirit: dann muss sie eine (wie auch immer geartete) Freiheit *gegenüber* Spirit haben. Denn wäre es wirklich Spirit, der alles durch uns tut, so müsste es auch Spirit sein, der sich damit abmüht, alles so zu sehen und zu wollen, wie er selbst es doch immer schon sieht. Was sollte das für einen Sinn haben: warum sollte ein allwissender Geist etwas so Widersprüchliches tun?

Dazu kam noch das Problem des Bösen. Lewis führte die Tatsache, dass es Dinge in der Welt gibt, die uns als böse erscheinen (d.h. als

---

93 «Summa» 94.

etwas, das absolut *nicht* sein soll), in der «Summa» auf unser begrenztes menschliches Wissen über Spirits Absichten mit der Welt zurück. Zwar gab es dunkle Flecken und hässliche Orte in der Welt (wie zum Beispiel Slums, Kriege und Krebsgeschwüre), doch vom Standpunkt des göttlichen Geistes aus betrachtet war die Welt als Ganze gut und schön. Auch ein Gemälde eines großen Künstlers enthält möglicherweise Stellen, die für sich betrachtet (d.h. isoliert vom Rest des Gemäldes) hässlich sind, kann aber dennoch als Ganzes von überwältigender Schönheit sein.

In der Schrift «De Bono et Malo» («Über das Gute und das Böse», entstanden vermutlich 1929) verteidigte Lewis diese Sicht noch gegen Barfields Kritik an seiner Ethik. Später gab er jedoch zu, dass seine damalige ästhetisierende Sicht des Bösen der Tiefe des Problems nicht gerecht wurde: Wenn es einen *wirklichen* Unterschied zwischen Gut und Böse geben soll – wenn die schrecklichen Dinge, die in der Welt geschehen, nicht bloß optische Täuschungen sein sollen –, dann kann nicht alles, was in der Welt geschieht, gleichermaßen Ausdruck des göttlichen Willens sein.

Es scheint, als habe Lewis mit seiner «Summa» tatsächlich zu viel auf einmal gewollt. Ihr erster, metaphysischer Teil war dazu gedacht, seinen tief eingefleischten Unwillen zu rechtfertigen, Gott als ein lebendiges Gegenüber – als ein personales Du – zu verstehen. Ihr zweiter, wertorientierter Teil sollte aber dennoch seinen Vorstellungen vom spirituellen Leben entsprechen, wie er es real praktizierte. Dies setzte jedoch ein Verhältnis zu Spirit voraus, das er in seinen theoretischen Aussagen verneinte.

In seinen Äußerungen von 1929 (neben «De Bono et Malo» auch «Replies to Objections in Detail») wies Lewis noch jegliche Kritik Barfields an der Metaphysik seiner «Summa» zurück. Dennoch dauerte es nicht mehr lange, bis er sich genötigt sah, seinen idealistischen Pantheismus aufzugeben. Die Gründe hierfür lagen jedoch nicht so sehr in Barfields theoretischer Kritik an seiner Philosophie als in einer Steigerung seines Bemühens, die eigenen Überzeugungen auch tatsächlich zu leben.

In *Surprised by Joy* beschreibt Lewis seine damalige Lage unter Anspielung auf das mittelenglische Ritterepos *Sir Gawain and the Green Knight* in Analogie zu einer Fuchsjagd: Der Fuchs war aus dem Wald des Hegelianismus (d. h. seines früheren Absoluten Idealismus) herausgetrieben worden und rannte auf freiem Feld.

> Und fast alle waren nun (auf die eine oder andere Weise) in der Meute: Plato, Dante, MacDonald, Herbert, Barfield, Tolkien, Dyson, Joy selbst. Alles und jeder hatte sich der anderen Seite angeschlossen. (SbJ 175)

Das heißt, Lewis war sich jetzt bewusst, dass er vor etwas weglief, und verwandte die gesamten ihm verbliebenen Kräfte darauf, die drohende Begegnung mit Gott abzuwenden.

Bevor wir zu dieser Begegnung kommen, ist noch auf eine Erweiterung von Lewis' Tätigkeit als Literaturwissenschaftler hinzuweisen, die sich (zumindest implizit) ebenfalls mit einer spirituellen Thematik befasste. Er begann im Frühjahr 1928 die Arbeit an einem Buch über die allegorische Liebesdichtung des Mittelalters, zu dem ihm sein Englisch-Tutor F. P. Wilson bereits fünf Jahre zuvor die Idee gegeben hatte. Nun, wo er sich in seine neue Rolle als Fellow für Englische Literatur einigermaßen eingelebt hatte, fand er endlich die Zeit, das Projekt in Angriff zu nehmen.

Lewis verbringt ab den Osterferien 1928 nahezu täglich mehrere Stunden in der Bodleian Library, der altehrwürdigen Hauptbibliothek der Universität Oxford, und arbeitet an seinem Buch. Dabei frisst zunächst die Recherche-Arbeit den größten Teil seiner Zeit, weshalb er erst nach Monaten so weit ist, die ersten eigenen Sätze formulieren zu können. Seine Thesen sehen nun auch teilweise ganz anders aus, als er sich das vorher gedacht hatte, weil er erkennt, dass seine ursprünglichen Ideen oft zu unpräzise waren. Lewis merkt dazu selbstkritisch an, sein Bemühen um Präzision verderbe zwar den Stil (d. h. seine Sätze werden länger), das lasse sich aber nicht vermeiden.

Er arbeitet in den Jahren 1928 und 1929 mehr oder weniger kontinuierlich am Buch, wird dann aber zunehmend durch andere Dinge unterbrochen, die keinen Aufschub dulden. Das führt dazu, dass *The Allegory of Love* erst im September 1935 fertig wird (und 1936 schließlich erscheint). Lewis widmet das Buch Owen Barfield, dem «weisesten und besten meiner inoffiziellen Lehrer». Dieser wiederum hatte Lewis 1928 *Poetic Diction* gewidmet, mit dem Zusatz: «Opposition is true friendship» (Widerspruch ist wahre Freundschaft).

Lewis erklärt zu Beginn von *The Allegory of Love*, sein Thema sei deshalb von Relevanz, weil die Menschheit keine Phasen durchlaufe

> wie ein Zug, der Bahnhöfe durchfährt. Da sie lebt, hat sie das Privileg, stets in Bewegung zu sein und doch nie etwas zurückzulassen. Was immer wir gewesen sind, sind wir in gewisser Weise immer noch.[94]

Sollte das vorliegende Buch *eine* neue Erkenntnis über Lewis' Glaubensweg abwerfen, so wäre es die, dass sich diese Charakterisierung der Menschheitsgeschichte auf die Geschichte seiner eigenen Bekehrung übertragen lässt: Auch Lewis blieb stets in Bewegung und ließ doch nie etwas von dem zurück, was ihm früher einmal wichtig gewesen war. Der christliche Lewis war also später in gewisser Weise immer noch, was er früher, vor seiner Bekehrung, einmal gewesen war. Er selbst nennt dies Wachstum (im Unterschied zu bloßer Veränderung) und fügt erklärend hinzu: «Ein Baum wächst, weil er Ringe hinzugewinnt; ein Zug wächst nicht, wenn er eine Bahnstation hinter sich lässt und zur nächsten weiterdampft.»[95]

In *The Allegory of Love* wendet Lewis diesen Gedanken auf die mittelalterliche Liebesallegorie an: Die französischen Dichter, die im 11. Jahrhundert erstmals über die höfische Liebe schrieben, entdeckten damit jene romantische Form der Leidenschaft, von der auch unsere eigene Epoche noch geprägt ist. Die Entdeckung dieser Leidenschaft «bewirkte

---

[94] *The Allegory of Love* 1.

[95] «On Three Ways of Writing for Children» 34f.

einen Wandel, der keinen Aspekt unserer Ethik, unserer Imagination oder unseres alltäglichen Lebens unberührt ließ»[96] und der das Empfinden heutiger Angehöriger der westlich-abendländischen Kultur klar vom Empfinden der klassischen Antike wie auch der Kulturen des heutigen Orients unterscheidet.

Was Lewis dabei besonders interessiert, ist die Tatsache, dass sich durch diese Form der Dichtung unter dem Deckmantel der Allegorie noch etwas anderes in das moderne Bewusstsein einschlich – etwas, das auch im Hintergrund des größten Teils der romantischen Dichtung noch mit am Werk war. In seinem im Herbst 1929 fertiggestellten Kapitel über die literarische Form der Allegorie erklärt er, er meine damit jene «andere Welt nicht der Religion, sondern der Imagination: das Land der Sehnsucht, das irdische Paradies, den Garten östlich der Sonne und westlich des Mondes».[97] Lewis ist in *The Allegory of Love* also nach wie vor dabei, dem Wesen jener Form der Literatur nachzuspüren, die ihm einen Großteil seiner Erfahrungen von Joy beschert hatte.

---

[96] *The Allegory of Love* 4.

[97] Ebd. 75.

Kapitel 20
Die Entscheidung rückt näher

Der Trinity Term 1929 endete für Lewis mit den üblichen Prüfungsaktivitäten in Oxford und Cambridge. Außerdem verbachte er nach wie vor jede freie Minute in der Bodleian Library, um sein Buchprojekt über die mittelalterliche Liebesdichtung voranzubringen, dessen zweites Kapitel sich nun dem Abschluss näherte. Nichts in den überlieferten Briefen und Dokumenten deutet jedoch auf jenes große Ereignis hin, von dem er in *Surprised by Joy* sagt, es habe in diesem Trimester stattgefunden: die Anerkennung eines personalen Gottes.

Inzwischen wissen wir aus «Early Prose Joy», dass Lewis erst 1930 Theist wurde (dazu gleich mehr). Entweder hat er sich hier also vertan, oder er hat, einem damaligen akademischen Sprachgebrauch folgend, mit dem «Trinity Term 1929» den Trinity Term des akademischen Jahres gemeint, das im Oktober 1929 begann, aber ins Frühjahr 1930 hinein reichte. Dann wäre der Fehler ein schlichtes Missverständnis späterer Biografen gewesen, die diesen Sprachgebrauch nicht kannten.[98] Ob dies der Fall war, ist schwer zu sagen, es ist aber auch unerheblich: entscheidend ist, dass dieses zentrale Ereignis in seinem Leben erst im Jahr darauf stattfand.

Lewis erfährt Anfang Juli 1929 von Gesundheitsproblemen seines Vaters. Diese klingen jedoch zunächst nicht besonders alarmierend, sodass er am vorher gefassten Plan festhält, erst Mitte August nach Abschluss der Prüfungen in Cambridge nach Belfast zu fahren, um einige Wochen mit Albert zu verbringen und sich in der Zeit auch möglichst oft mit seinem Freund Arthur zu treffen.

---

[98] Dagegen spricht allerdings, dass Chad Walsh bereits in seinem 1949 erschienenen Buch *Apostle to the Skeptics* 1929 als das Jahr von Lewis' Konversion zum Theismus angab, nachdem er Lewis besucht und ihn um Informationen über seine Biografie gebeten hatte (vgl. Walsh, *C.S. Lewis: Apostle to the Skeptics* x-xi; 8).

Ende Juli hört Lewis von einem Onkel, seinem Vater gehe es erheblich schlechter: er habe viel Gewicht verloren, und es gebe Anzeichen für eine Entzündung im Magen-Darm-Trakt. Auch wenn dies seinen Wunsch zunichtemacht, sich in Belfast möglichst oft mit Arthur zu treffen, weiß Lewis, was er zu tun hat: er muss versuchen, seinen Vater von zuhause wegzulocken (was einiges an Überredungskunst erfordern wird) und ihn für einige Wochen zur Erholung zu der Familie seines Onkels nach Schottland zu bringen.

Eine Röntgenaufnahme bestätigt kurz darauf, dass es eine Verengung im Darm gibt, noch besteht aber Hoffnung, dass sich eine Operation vermeiden lässt. Alberts Zustand ist allerdings zu schlecht, um an die geplante Schottland-Reise zu denken, sodass Lewis nach Abschluss der Prüfungsphase nach Belfast fährt, um sich dort um seinen Vater zu kümmern. Es zeichnet sich ab, dass eine Operation wohl doch nicht umgangen werden kann, die Ärzte gehen aber davon aus, dass es sich nicht um Krebs handelt. Jack beschließt, auf jeden Fall so lange in Belfast zu bleiben und für seinen Vater zu sorgen, bis die Operation vorüber ist.

Die Briefe, die Lewis in den folgenden Wochen seinem in Schanghai stationierten Bruder schreibt, zeigen die Gemütsverfassung, in der er sich zu dieser Zeit befindet: Er ist tief besorgt um das Wohl seines Vaters und tut alles, was in seiner Macht steht, um diesem zu helfen, amüsiert sich aber immer noch über dessen abstruse, von einer völligen Unfähigkeit zuzuhören geprägte Kommunikation mit Ärzten, Pflegern, Verwandten und ihm selbst. Glücklicherweise ist Albert recht guter Dinge, der Schwere seiner Krankheit zum Trotz. Dies steigert den Respekt seines Sohnes erheblich.

Seinem Freund Barfield schreibt Lewis in diesen Wochen, er betreue jemanden, zu dem er nie viel Zuneigung gehabt habe und dessen Gesellschaft ihm für viele Jahre weit mehr Unbehagen als Freude bereitet habe. Dennoch finde er die Krankheit seines Vaters nur schwer zu ertragen. Dies habe möglicherweise mit der großen physischen Ähnlichkeit zu tun, die zwischen ihnen bestehe: Auch wenn er keine große spirituelle Nähe zu seinem Vater verspüre, so empfinde er ein enormes körperlichen Mitleid mit ihm, das ihn selbst sehr erstaune. Später wird Lewis sagen, er habe für die größte Zeit seines Lebens kein gutes Verhältnis zu seinem Vater gehabt, zum Schluss sei aber alles gut gewesen.

Die viele Zeit, die Lewis nun in seinem Elternhaus verbringt, lässt jede Menge Erinnerungen in ihm hochkommen, die ihn in ihrer Intensität verblüffen. Auch wenn die Situation nun eine völlig andere ist, fühlen sich Kleinigkeiten wie ein Sitzen am geöffneten Fenster, das ihm (wegen der vermeintlichen Gefahr, sich zu erkälten) früher untersagt war, noch immer so an, als breche er eine der ungeschriebenen Regeln des Hauses. Er genießt die Freiheiten, die er nun im Vergleich zu früher hat, aber sehr. Zum Beispiel kann er nun seine Mahlzeiten einnehmen, wann er will, und dabei auch essen, was er will.

Nachdem Jack mehr als einen Monat für seinen Vater gesorgt hat, wird Albert Lewis in der zweiten Septemberwoche in ein Pflegeheim verlegt, wo man ihn kurz darauf am Dickdarm operiert. Der Tumor, den man ihm entfernt, stellt sich den Prognosen der Ärzte zum Trotz als bösartig heraus. Dennoch erholt sich Albert nach der Operation erst einmal gut, und die Ärzte gehen davon aus, dass er noch einige Jahre zu leben hat. Da es für Lewis zunächst einmal nichts Dringendes mehr zu tun gibt, fährt er am 22. September mit der Zustimmung der Ärzte zurück nach Oxford, um die lange vernachlässigte Vorbereitung seiner Lehrveranstaltungen für das bevorstehende Herbst-Trimester in Angriff zu nehmen.

Gerade zurück in Oxford, erhält Lewis die Nachricht, der Zustand seines Vaters habe sich stark verschlechtert: er solle so schnell wie möglich kommen, wenn er diesen noch einmal lebend sehen wolle. Er macht sich sofort auf den Weg, kommt aber zu spät: sein Vater stirbt am 25. September 1929 an Herzversagen, bevor er selbst in Belfast eingetroffen ist. Albert Lewis wird am 27. September im Beisein seines Sohnes Jack auf dem Friedhof von St. Mark's neben seiner Frau Flora begraben; Warnie ist es hingegen unmöglich, in so kurzer Zeit aus China ins heimische Irland zu kommen.

Tatsächlich wird Warren Lewis erst Ostern 1930 aus Schanghai zurückkehren. Das bedeutet, dass sein Bruder Jack sich allein um die Auflösung des Hausstandes in Little Lea kümmern muss. Das ist bei der

Größe des Hauses keine leichte Aufgabe und kann erst in den Weihnachtsferien in Angriff genommen werden. Lewis trägt zusammen, was die Brüder behalten wollen: Familienpapiere und Fotos, die Geschichten von *Animal Land* und *Boxen* sowie sämtliche Schallplatten und Bücher von Wert. Er verkauft das Klavier und die Briefmarkensammlung seiner Mutter und verteilt in der Verwandtschaft und unter den Hausangestellten, was immer diese gebrauchen können. Nachdem die Brüder Lewis im Mai 1930 abgeholt haben, was sie behalten wollen, bieten sie die restlichen Bücher und Einrichtungsgegenstände bei einer Auktion zum Verkauf an.

Dass das Haus verkauft werden würde, stand von Anfang an fest; dies geht aus einem Brief hervor, den Jack seinem Bruder Warnie nur wenige Tage nach dem Tod ihres Vaters schreibt. Das hat sicher auch mit den vielen unguten Erinnerungen zu tun, die die Brüder mit dem Haus verbinden.

Als Lewis im April 1930 seine letzte Nacht in Little Lea verbringt, empfindet er es daher als seltsam angemessen, dass er von Magenschmerzen am Schlafen gehindert wird. Wie viele unglückliche Nächte hatte er hier verbracht: wegen Zahnschmerzen; aufgrund von Auseinandersetzungen mit seinem Vater, als Warnie im Internat war (der damals sein emotionaler Rückhalt und somit in gewisser Weise sein Zuhause *war*); aus Angst vor Geistern; später aus Sorge um das Thema Mrs. Moore. Auch scheint ihm, das Haus sei gewissermaßen durchdrungen von den langen Jahren der Einsamkeit seines Vaters und auch von dessen Schmerz und Angst. Halb im Scherz fragt er Arthur, ob man auf der Tafel vor dem Haus, auf der Little Lea zum Verkauf angeboten wird, nicht dazuschreiben solle: «In diesem Haus wurde ordentlich gelitten.» (Über die Atmosphäre in seinem neuen Haus The Kilns schrieb Lewis Ende des Jahres das exakte Gegenteil. Ihm schien, als hätten die vorherigen Bewohner dort ein gutes, glückliches Leben geführt: Sollte das Haus des Nachts von einem Geist heimgesucht werden, so müsse es ein *guter* Geist sein.)

Es ist daher nicht verwunderlich, dass der Tod seines Vaters und der Verkauf des Elternhauses auch die Spiritualität des hochsensiblen Jack berührten: Ein wenig glückliches Kapitel in seinem Leben war zu Ende gegangen, und das Haus als äußeres Symbol des angespannten Verhältnisses zu seinem Vater würde in andere Hände übergehen. Damit kam die rebellische Seite in ihm zur Ruhe, die gegen Alberts Übergriffe aufbegehrt und manche Lüge und ungerechte Handlung auf Seiten des Sohnes zur Folge gehabt hatte.

Mit dem Tod seines Vaters entfiel somit der vielleicht wichtigste Auslöser für seinen Wunsch nach *Nichteinmischung* in sein Leben, der Lewis' Haltung Gott gegenüber so lange geprägt hatte. Dies dürfte einer der Gründe gewesen sein, weshalb auch sein Verhältnis zu Gott in den Monaten nach Alberts Tod noch einmal eine Entwicklung durchmachte. Jahre später schreibt Lewis, er habe nach dem Tod seines Vaters ein starkes Empfinden von dessen Nähe gehabt – als erhielten die Toten von Gott das «Geburtstagsgeschenk», den Lebenden ein Stück weit auf ihrem Weg helfen zu können. Dies ist seine *rückwirkende* Deutung; zum Zeitpunkt des Todes seines Vaters glaubte er ja noch gar nicht an ein ewiges Leben.

Was ihm aber blieb, war das schlechte Gewissen, seinem Vater ein alles andere als guter Sohn gewesen zu sein. Das geht aus zahlreichen späteren Äußerungen von Lewis hervor. Im Juni 1930 berichtet er zum Beispiel von einem Besuch, den er mit F. H. Lawson – einem von ihm bis dahin nicht besonders geschätzten Kollegen – dessen kürzlich verwitwetem Vater abgestattet hatte. Als er sah, wie liebevoll Lawson mit seinem alten Vater umging, erwachte in Jack die Scham über sein abscheuliches Verhalten seinem eigenen Vater gegenüber. Darüber war er aber froh: Es war gut, die positive Seite von Leuten kennenzulernen, von denen man bisher nur ihre negative Seite gesehen hatte, und es brachte ihn der Wahrheit über sich selbst näher.

In den Monaten nach dem Tod von Albert Lewis geschahen weitere Dinge, die Zeugnis davon ablegen, wie sehr Lewis' Spiritualität zu dieser Zeit in Bewegung gekommen war.

Lewis versucht seit Herbst 1929, einige Minuten der Meditation in seinen Tagesablauf einzubauen (was ihm im Alltag jedoch keineswegs immer gelingt). Er bemüht sich, nachmittags für eine Weile alles *aktive*

Denken aus seinem Geist zu verbannen und auf das zu achten, was dann an Gedanken und Empfindungen in ihm hochkommt. Das macht ihm klar, welche Gedanken seinen Alltag dominieren, und erhöht seine Empfänglichkeit für das Flüstern der «leisen» Gedanken, die sich hinter den «lauten» Gedanken seines aktiven Bewusstseins verbergen (und oft von diesen übertönt werden).

Im November 1929 unterhält sich Lewis mit Barfield über seine alte, von Arthur Greeves übernommene Idee der «Homeliness» (Kap. 8). Barfield erklärt, die Vorstellung von der spirituellen Welt als unserer *Heimat* (also «Homeliness» in dem Sinn, dass eine Annäherung an Spirit als eine Rückkehr zu einem Ort empfunden wird, an dem man noch nie gewesen ist) sei bei Jack so stark ausgeprägt wie sonst nur bei MacDonald und Chesterton. Lewis kann dieser Charakterisierung zustimmen, fügt der Liste aber für sich selbst seinen Freund Arthur hinzu.

Dazu passt, dass er in dieser Zeit MacDonalds *Diary of an Old Soul* liest und sich und seine Erfahrungen ständig darin wiederfindet. Im Januar 1930 schreibt Lewis unter Verweis auf MacDonalds Buch, das Schöne an seinem gegenwärtigen Versuch eines Herantastens an die Religion sei das Empfinden, sich allmählich auf dem Hauptpfad der Menschheit wiederzufinden und deshalb seine Notizen mit der großen Menge der bisherigen Reisenden austauschen zu können: Es sei «eindeutig eine Heimkehr. Wie Chaucer sagt: ‹Er kehrte heim von der Eitelkeit der Welt.›»[99]

Kurz vor Weihnachten bekundet Lewis, er entdecke beim Nachdenken über die dunkle Seite der Religion mehr und mehr das Element der Wahrheit in den alten Glaubensinhalten – auch jener Dinge, die ihm bisher fremd und abstoßend erschienen seien. Und als er am zweiten Weihnachtstag bei einem Spaziergang hört, wie die Glöckner ihr feierliches Neujahrsgeläut üben, ist er überwältigt von dem Empfinden des Friedens und der Sicherheit, das ihn überkommt: von «der absoluten ‹Homeliness›, dem Englischen, dem Christlichen daran».[100] Dies ist

[99] *Collected Letters I* 873, an Arthur Greeves, 26. Januar 1930; das Zitat ist aus Geoffrey Chaucer, *Troilus and Criseyde* V, 1837.

[100] Ebd. 853, an Arthur Greeves, 26. Dezember 1929.

vermutlich das erste Mal, dass Lewis das Wort «Christentum» nicht in einem (zumindest teilweise) abwertenden, sondern durch und durch positiven Sinn verwendet. Dazu passt, dass seit dem 30. Januar 1930 auch das Wort «Gott» in seinen Briefen in einem eindeutig religiösen Sinn zum Einsatz kommt.

Noch ein Buch verdient in diesem Zusammenhang Erwähnung, weil es zeigt, dass Lewis sich auch weiter mit der Frage nach dem Verhältnis des Göttlichen zu der von ihm hervorgebrachten Welt auseinandersetzte. Er beginnt am 5. Januar 1930 mit der Lektüre von *Signatura Rerum* (1622) des deutschen Mystikers und Philosophen Jakob Böhme und ist tief beeindruckt. Er bezeichnet das Buch Arthur gegenüber als den ernsthaftesten ihm bisher bekannten Versuch,

> das eigentliche Geheimnis der Schöpfung zu beschreiben und einem zu zeigen, wie die Differenzen tatsächlich aus dem ursprünglichen Einen hervorgehen und eine Welt und Seelen und Gut und Böse entstehen lassen.[101]

Auch bekennt er, seit seiner ersten Lektüre von MacDonalds *Phantastes* habe ihn kein Buch mehr so aufgewühlt. Allerdings seien die während der Lektüre bei ihm aufkommenden Empfindungen keineswegs nur positiv, und vieles im Buch verstehe er schlicht und einfach nicht.

Er bittet deshalb seinen Freund Barfield, sich *Signatura Rerum* zu besorgen und ihm seine Meinung dazu zu sagen (was ihm aber offenbar nicht weiterhilft). Da er auch bei weiteren Lektüre-Versuchen keinen wirklichen Zugang zu *Signatura Rerum* findet, verblasst sein Interesse an Böhme bald wieder – was ja bei MacDonald und *Phantastes* nie der Fall war. Das ist vermutlich der Grund, weshalb Lewis seine Böhme-Lektüre in «Early Prose Joy» und *Surprised by Joy* erst gar nicht erwähnt.

Seine offenere Haltung der Religion gegenüber ging aber nicht so weit, dass Lewis bereits kurz davor gestanden hätte, Christ zu werden.

---

[101] Ebd. 858f, an Arthur Greeves, 5. Januar 1930.

Noch im Januar 1930 schreibt er Arthur, all seinen jüngsten Veränderungen zum Trotz scheine ihm immer noch, man könne das, was dieser «Christus» nenne, nur dadurch aus den Evangelien herausbekommen, dass man einige Dinge aus ihnen herauspicke und andere, ebenfalls in ihnen enthaltene Dinge übergehe. Dazu gleich mehr (Kap. 22).

Der Ausgangspunkt für die Entwicklung der folgenden Monate war daher auch ein anderer. Seine Scham über sein Verhalten seinem Vater gegenüber war nicht der einzige Bereich in Lewis' Leben, in dem sich sein *Gewissen* nun verstärkt zu Wort meldete. Wann und in welcher Abfolge sich die im Folgenden berichteten Ereignisse zugetragen haben, lässt sich nicht immer mit absoluter Gewissheit sagen. Sicher ist aber, dass Lewis im Winter 1929/30 den Entschluss fasste, es mit der Befolgung seines Gewissens weitaus ernster zu nehmen, als er das seit Jahren getan hatte.

Der äußere Auslöser hierfür war ein gemeinsames Mittagessen mit Barfield und seinem ehemaligen Schüler Alan Griffiths (später Dom Bede Griffiths), der ebenfalls dabei war, sich dem Theismus anzunähern. Griffiths hatte sein Studium im Sommer 1929 abgeschlossen, war aber in der Nähe von Oxford wohnen geblieben, sodass Lewis und er sich weiterhin viel trafen und über spirituelle Fragen austauschten. Lewis sollte Griffiths später als seinen wichtigsten Wegbegleiter in dieser Phase seines Glaubenswegs bezeichnen; der ausführliche Briefwechsel, den die beiden in dieser Zeit pflegten, ist jedoch leider nicht erhalten geblieben.

Bei dem besagten Mittagessen erwähnte Lewis beiläufig das «Thema» Philosophie, worauf Barfield erwiderte: «Für Platon war die Philosophie kein *Thema,* sie war ein Weg.» Lewis erklärt, die stille, aber entschiedene Zustimmung von Griffiths und der kurze Blick des Einvernehmens zwischen seinen Freunden habe ihm das ganze Ausmaß seiner eigenen Frivolität offenbart. Er hatte genug gedacht, gesagt, gefühlt und imaginiert; es war an der Zeit, etwas zu *tun:* «Ein Versuch vollkommener Tugendhaftigkeit musste unternommen werden.» (SbJ 176)

Wann genau das Treffen mit Barfield und Griffiths stattfand, lässt sich nicht mehr ermitteln, es dürfte aber spätestens im Januar 1930 gewesen sein. Denn Ende Januar/Anfang Februar 1930 passierten zwei Dinge, die Lewis als Folgen seines Entschlusses, sein Gewissen ernsthaft zu befolgen, bezeichnet.

1. Er prüft sich selbst, wie weit es mit der Praxis seiner Ethik reicht, und entdeckt mit Schrecken das Ausmaß, in dem die Sünde des Stolzes immer noch in ihm lebendig ist (Kap. 6 und 17). Dies belegt unter anderem ein Gedicht, das er in diesen Wochen schreibt und seinem Freund Tolkien zuschickt.

Ende 1929 hatte Lewis von Tolkien etwa 3000 Zeilen des narrativen Gedichtes *The Lays of Leithian* zur Lektüre erhalten, an dem dieser gerade arbeitete. (Dies war möglicherweise das erste Mal, dass Tolkien einem seiner Freunde etwas von der Mittelerde-Mythologie zu lesen gab, aus der später *Der Hobbit* und *Der Herr der Ringe* hervorgehen würden.) Am 7. Dezember meldet Lewis Tolkien, er habe bereits gut 2000 Zeilen gelesen und sei ganz begeistert; eine detaillierte Kritik werde später noch folgen.

Dem 14-seitigen Kommentar zu den ersten 1160 Zeilen, den er Tolkien dann schickt (wahrscheinlich erst nach Weihnachten; vorher ist er voll und ganz mit der Auflösung des Hausstandes in Little Lea beschäftigt), fügt er ein Gedicht bei, das er offenbar extra zu diesem Zweck geschrieben hat: «Because of Endless Pride» (Aus endlosem Stolz). Er merkt dazu an, das Thema des Gedichtes sei die alte Vorstellung, im Tod sei das Leben – und somit gemäß der «Summa» der Kerngedanke seiner idealistischen Ethik.

In diesem Gedicht betrachtet sich der Sprechende quasi stündlich in einem inneren Spiegel und probiert (ähnlich wie Dymer zuvor) verschiedene Posen durch, um sein Abbild möglichst schön erscheinen zu lassen. Dies geschieht aus einem grenzenlosen Stolz heraus, der zu einer Wiedergeburt in grenzenlosem Irrtum führt, anstatt zu einem Sterben des eigenen Ichs und einer echten spirituellen Wiedergeburt.

Was er damit meint, erklärt Lewis seinem Freund Arthur am 30. Januar 1930 in einem Brief. Der Brief erwähnt das Gedicht zwar nicht, dort schreibt er aber, er habe bei seinen Nachmittags-Meditationen furchtbare Dinge über den eigenen Charakter herausgefunden:

> Ich ertappe mich dabei, quasi den ganzen Tag vor dem Spiegel zu posieren. Ich tue so, als würde ich mir genau überlegen, was ich dem nächsten Schüler sagen soll (natürlich zu *seinem* Besten), und merke dann, dass ich in Wahrheit darüber nachdenke, wie furchtbar klug ich sein werde und wie sehr er mich bewundern wird. Ich tue so, als würde ich mich an einen Abend guter Kameradschaft in einem wirklich freundlichen und wohlwollenden Geist erinnern – und denke in Wahrheit die ganze Zeit, was für ein toller Kerl ich bin und was ich Gutes gesagt habe. Und wenn man sich dann zwingt, damit aufzuhören, bewundert man sich, weil man *das* getan hat. Es ist wie der Kampf gegen die Hydra (Du erinnerst Dich, wenn man einen Kopf abschlägt, wächst ein anderer nach). Es scheint kein Ende zu nehmen: Abgrund um Abgrund der Selbstliebe und Selbstbewunderung.[102]

Lewis ist sich bewusst, dass die Sünde des Stolzes (bzw. Hochmuts) nach der alten Lehre von den sieben Todsünden die Wurzel aller Sünden ist: sie besteht darin, in der Rangfolge der Dinge höher stehen zu wollen, als einem zukommt (d.h. letztlich sein zu wollen wie Gott). Lewis klagt sich in dem Brief aber auch der Sünden der Wollust, des Zorns und des Neides an. In *Surprised by Joy* schreibt er, seine damalige Selbst-Examination habe die folgenden abstoßenden Dinge zutage gefördert: «einen Zoo von Begierden, einen Aufruhr von Ambitionen, eine Brutstätte von Ängsten, einen Harem gehegter Abneigungen. Mein Name war Legion». (SbJ 176)

2. Der Versuch, diesen Dingen entgegenzusteuern (d.h. die Tendenz zur Sünde in sich zu bekämpfen) führt zu einer weiteren unerwarteten Entdeckung: Bei seinen Bemühungen, sein Denken und Handeln mit Spirits Absichten in Einklang zu bringen, vergeht keine Stunde, in der er nicht bei diesem Zuflucht nimmt – wo es Lewis also nicht danach verlangt, Spirit *um seine Unterstützung zu bitten.* Er wünscht sich, Spirit

[102] Ebd. 878, an Arthur Greeves, 30. Januar 1930.

möge aus dem Reservoir seiner unendlichen Kraft nur einen einzigen kleinen Tropfen in sein Inneres legen, der ihm hilft, der nächsten Herausforderung (oder Versuchung) zu begegnen.

Das war gemäß seiner eigenen Philosophie natürlich absurd (aber auch einer der wunden Punkte, die Barfield in der Philosophie der «Summa» ausgemacht hatte). Spirit stand ja sozusagen «hinter ihm» oder tat alles durch ihn; sich ihm, der ja das eigene Innere war, wie einer fremden Person zuzuwenden, war vollkommen unmöglich. Und doch musste er zugeben, dass es genau das war, was er die ganze Zeit über tat: Er bat Spirit um seine Hilfe. In *Surprised by Joy* erklärt Lewis, die feine philosophische Unterscheidung zwischen seinem Zufluchtnehmen bei Spirit und dem, was gewöhnliche Menschen als «Gebet zu Gott» bezeichnen, löse sich auf, sobald man anfange, diesen Rückgriff auf Spirit ernsthaft zu praktizieren.

Gab es hier aber ein echtes Gegenüber von Spirit und ihm, so konnte er auch nicht länger davon ausgehen, dieser wisse nichts von seinen Versuchen der Annäherung und stehe ihnen indifferent (und völlig passiv) gegenüber. Dann musste es genau andersherum sein: dann lag die Initiative auf *Spirits* Seite (d. h. Spirit war der Jäger und er selbst der Gejagte). Als ihm dies bewusst wurde, schrieb Lewis seinem Freund Barfield am 3. Februar 1930 eine kurze Nachricht:

> Schreckliche Dinge passieren mit mir. «Spirit» oder das «wahre Ich» zeigt eine alarmierende Tendenz, stärker personal zu werden: er geht in die Offensive und verhält sich ganz wie Gott. Du solltest spätestens am Montag kommen, sonst bin ich vielleicht in ein Kloster eingetreten.[103]

Barfield kam auch, brachte aber nicht die erhoffte Hilfe. Folglich sah Lewis sich im März 1930 genötigt, seinem Freund Hamilton Jenkin gegenüber zuzugeben, dass seine Haltung nun eindeutig eine religiöse sei.

[103] Ebd. 882f, an Owen Barfield, 3. Februar 1930.

Es sei nicht präzise das Christentum, werde aber möglicherweise darauf hinauslaufen. Es sei jedoch nicht so, als überlege er, ob er sich den christlichen Glauben zu eigen machen solle: die Frage sei vielmehr, ob sich der Glaube *ihn* zu eigen mache (die Initiative lag also nicht bei ihm). Zumindest wusste Lewis nun, «dass in dieser Angelegenheit noch eine andere Partei mit im Spiel ist – dass ich Poker spiele und nicht Patience, wie ich einst dachte».[104]

Noch immer war er aber nicht bereit, seinen Widerstand ganz aufzugeben. Er legte sich daher eine Begründung zurecht, warum er Spirit gegenüber nun so empfand und wie das mit seiner pantheistischen Philosophie zusammenpasste. Auch diesmal war die Metaphorik allen Sprechens über nicht mit den Sinnen wahrnehmbare Dinge der Ausgangspunkt. Lewis sagte sich, er sei nur in eine metaphorische Redeweise verfallen, habe also quasi *mythologisch* gesprochen. Dies war bei Äußerungen über das Göttliche unvermeidbar; hier war ja alle Wahrheit bloße Metapher und somit die größte Annäherung an die Realität hinter dem «Vorhang der Sinne», die einem überhaupt möglich war.

Dass das so war, davon hatte Lewis sich gerade noch einmal überzeugt. Als er Ende 1929 von der Junior Linguistic Society eingeladen wurde, bei einem ihrer Treffen einen Vortrag zu halten, hatte er dafür das Thema Metapher gewählt; der Vortrag fand am 26. Januar 1930 statt. In diesem Vortrag kam er zu dem Ergebnis (wie er seinem Freund Barfield mitteilte), dass es beim Sprechen über geistige Dinge de facto nur zwei Möglichkeiten gibt: Entweder man spricht bewusst metaphorisch, oder man weiß letztlich nicht, was man sagt. Er sah sich daher berechtigt, selbst weiter metaphorisch über Spirit zu reden, solange er nicht den Fehler beging, die eigenen Metaphern für die buchstäbliche Wahrheit zu halten.

Lewis' neue Erklärung lautete daher folgendermaßen: Bat er Spirit

[104] Ebd. 887, an A.K. Hamilton Jenkin, 21. März 1930.

bei seinen Bemühungen, das als richtig Erkannte zu tun, um seine Unterstützung (tat er also das, was einfache Menschen «Beten» nannten), so wandte er sich metaphorisch an jenen Teil Spirits, der *nicht* er selbst war. Er war zwar mit seinem Inneren Spirit, Spirit war aber bei weitem nicht nur das Individuum Jack Lewis. Wandte er sich also jenem weitaus größeren Teil Spirits zu, der nicht seine Seele ausschöpfte, und bat ihn um Hilfe, so war dieser Teil ihm gegenüber ein Anderes. Und dieses Andere «kann für meine Imagination nicht wirklich ein ‹Ich› sein, sondern muss zum ‹Du› werden». (PR 145) Auch die Unterstützung, die er empfing, kam von jenem Teil Spirits, der nicht er selbst war: *von dort* erhielt er jene Kraft, die er in seinem eigenen Inneren vergeblich suchte.

Das Ganze war aber selbstverständlich eine symbolische Redeweise, die sein Verhältnis zu Spirit nur sehr unvollkommen und in Analogie zum Verhältnis zweier endlicher menschlicher Personen beschrieb. Lewis bestand daher nach wie vor darauf, dass dieses «Du», mit dem er hier metaphorisch im Dialog war, nichts mit dem personalen Gott des traditionellen Theismus zu tun hatte.

Dies war seine letzte Verteidigungslinie; es war – um es in der Schach-Metaphorik aus *Surprised by Joy* auszudrücken – die letzte auf dem Brett verbliebene Figur, die er noch zwischen den König und seine Angreifer klemmen konnte. Ihm war bewusst, dass das Spiel verloren war (dass das Schachmatt also kommen würde), und doch versuchte er, das Unvermeidbare so lange hinauszuzögern, wie es nur eben ging. Schließlich war ihm aber auch dies nicht mehr möglich.

Auf praktischer Ebene nahm Lewis wahr, dass, wenn Gottes Hilfe keine bloße Metapher war – wenn er also von diesem eine reale Unterstützung erhielt –, auch seine Befehle keine bloßen Metaphern waren: Konnte Gott auf seine Bitten *antworten,* so konnte er auch *zu ihm sprechen.* Sich zu weigern, zu Gott zu beten, weil er dann auch seinen Willen kundtun konnte, hätte bedeutet, sich von der Quelle der eigenen Kraft abzuschneiden. Es gab nur beides auf einmal: Gottes Hilfe *und* seine Forderungen, oder eben beides nicht. Und über den Punkt, auf Gottes Hilfe (Lewis spricht auch von Gnade) zu verzichten, war Lewis inzwischen hinaus. Die Frage war daher auch nicht mehr *alles* oder *nichts* (wie noch im Juni 1926 auf dem Oberdeck des Linienbusses); nun «lautete die Forderung einfach ‹Alles›». (SbJ 177)

Auf theoretischer Ebene zeigte sich, dass die Idee, es handele sich bei der Rede von Gottes Person-Sein um eine bloße Mythologie, den Ernst dieser Aussage in keiner Weise abschwächte. Lewis war es nun so, als sage Gott selbst zu ihm:

> «Kind, wenn du willst, dann ist es Mythologie. Es ist Wahrheit, nicht Fakt; ein Bild, nicht das Reale selbst. Aber es ist *meine* Mythologie: das Symbol, unter dem ich mich dir anbiete. Was sonst willst du haben? Haben dir die weisen Heiden nicht die Geschichte von Semele erzählt? Niemand hat mein Angesicht gesehen und ist am Leben geblieben.[105] Glaubst du nicht, ich würde den Umfang deiner Fähigkeiten besser kennen als du selbst und wissen, welche der dir zur Verfügung stehenden Begriffe und Bilder dir so viel von mir zeigen, wie überhaupt gezeigt werden kann? Ich schaffe dein Denken und deine Imagination und weiß nicht, wie ich sie nutzen soll? Wendest du dich von ihnen ab und einer von dir selbst erdachten Philosophie zu, so tauschst du nicht Symbol gegen Wahrheit, sondern wählst nur deinen Mythos anstelle des meinen.» (EPJ 39f)

Lewis schrieb diese Zeilen irgendwann zwischen Herbst 1930 und Sommer 1931, auf jeden Fall aber, bevor er zur Anerkennung Jesu Christi kam. Sie sind das krönende Schluss-Statement in «Early Prose Joy», mit dem er erklärt, was ihn im Sommer 1930 dazu gebracht hatte, seinen philosophischen Widerstand gegen die Existenz eines personalen Gottes aufzugeben.

Diese Passage ist unter anderem deshalb bemerkenswert, weil Lewis

---

[105] Semele, die Mutter des Dionysus, ließ ihren Liebhaber Zeus schwören, dass er sich ihr in seiner ganzen Herrlichkeit offenbare. Obwohl er seine Herrlichkeit so stark abminderte, wie er es vermochte, starb sie durch den bloßen Anblick seiner überwältigenden Herrlichkeit.

später in *The Pilgrim's Regress* auf sie zurückgreift, um zu erklären, was John zur Anerkennung Jesu Christi brachte (Kap. 23). Sie ist aber auch deshalb bemerkenswert, weil sie bei dem anknüpft, was Lewis bereits 1926 nach der Lektüre von Chestertons *Everlasting Man* durch den Kopf gegangen war (und ihn veranlasst hatte, für eine Weile die Gottesdienste seiner College-Kapelle zu besuchen, vgl. Kap. 18): Ging das personale Gottesbild des Christentums davon aus, dass Gott uns ganz real ansprechen kann, so beschrieb auch dies nicht die volle Realität Gottes (und war insofern nicht «Fakt» oder «das Reale selbst»). Doch es war die beste uns Menschen überhaupt verfügbare symbolische Repräsentation der spirituellen Realität hinter dem «Vorhang der Sinne» (und insofern «Wahrheit»).

Auch die Rede von Gott als Person war also nur ein Bild der unsichtbaren göttlichen Realität (und was das anbelangt «Mythologie»). Das galt aber für *jede* Rede über das göttliche Geheimnis: Kein Sterblicher hat je das Angesicht Gottes gesehen und ist am Leben geblieben (wie es in 2. Mose 33,20 heißt und auch die Geschichte von Semele bekräftigt). Mehr als Bilder oder Metaphern waren hier also nach Lewis' aktueller Auffassung *grundsätzlich* nicht möglich. Wir werden darauf noch einmal zurückkommen (Kap. 23).

Seine bisherige Annahme, er wisse besser als das Christentum, wie Gott in Wahrheit sei, erschien Lewis daher nun selbst nicht mehr haltbar. Gab er hier seiner eigenen Philosophie den Vorzug vor dem Denken und der Erfahrung der gesamten vom Geist Gottes inspirierten christlichen Tradition, so kam das letztlich der Behauptung gleich, es besser zu wissen als Gott selbst. Auch seine Rede von Spirit, der sozusagen immer nur «hinter einem» stand, war ja nur eine symbolische Repräsentation Gottes, und dazu eine, die nicht einmal seine eigene Erfahrung richtig zu erklären vermochte. War es dann nicht richtiger, seinen eigenen Mythos aufzugeben und sich an *Gottes Mythos* zu halten – das heißt, an jenen Mythos, der sich ihm im Grunde genommen schon seit Jahren aufgedrängt hatte, ob nun durch seine christlichen Freunde oder die Literatur, die er las?

Lewis fügt in «Early Prose Joy» dieser Passage das kurze Statement hinzu, er habe daraufhin nachgegeben (und Gott als Gott anerkannt). Bevor wir zu klären versuchen, wann genau dieses entscheidende Ereignis stattfand, ist es möglicherweise hilfreich, einmal kurz den Ort auf der geistigen Landkarte zu markieren, den Lewis mit der Anerkennung des Theismus erreicht hatte. Das Interessante daran ist: sein Denken wurde immer *konkreter* und *personaler.* Der Logos, den er in seinem zweiten Jahr in Philosophie anerkannte, war ein abstraktes geistiges Prinzip; der Spirit, den er im Sommer 1926 anerkannte, ein göttliches Ich, aber noch kein Du; ein solches anerkannte er erst mit seiner Konversion zum Theismus im Sommer 1930. Dieser personale Gott war für ihn aber noch nicht zu einer konkreten Zeit in einer konkreten Person Mensch geworden; das geschah erst im Herbst 1931 mit der Anerkennung Jesu Christi.

Ausgehend von dem Materialismus, in den er in seinen beiden Jahren in Cherbourg House hineingedriftet war und den er immer noch vertrat, als er im Januar 1919 als 20-jähriger Kriegsrückkehrer in Oxford das Studium der *Literae Humaniores* aufnahm, legte Lewis in metaphysischer Hinsicht fünf Hauptschritte zurück. Der letzte Schritt der Anerkennung des Christentums stand ihm im Sommer 1930 allerdings noch bevor (Kap. 23).

Die Stadien von C.S. Lewis' metaphysischer Entwicklung

Materialismus (= Atheismus)

Es gibt weder Gott noch die menschliche Seele. Es hat nie etwas existiert oder wird jemals existieren außer sinn- und ziellosen atomaren Prozessen in Raum und Zeit. Unser Bewusstsein ist ein zufälliges Produkt dieser materiellen Prozesse und daher selbst bedeutungslos, auch wenn es uns subjektiv anders erscheint. Was wir Wahrheit, Güte und Schönheit nennen, sind bloße Empfindungen, die sich im Lauf der Evolution gebildet haben; es sind rein subjektive Begleiterscheinungen (Epiphänomene) materieller Prozesse in unserem Gehirn, die mit objektiven Gegebenheiten in der Welt «da draußen» nichts zu tun haben.

Realismus (= Atheismus)

Es gibt weder Gott noch die menschliche Seele. Alles, was ist, ist ein Produkt nicht selbst sinn- oder zielvoller materieller Prozesse in Raum und Zeit. Geistige Phänomene sind Produkte materieller Prozesse im menschlichen Gehirn; sind sie einmal da, so folgen sie aber eigenen Gesetzmäßigkeiten. Die Grundprinzipien von Logik, Ethik und Ästhetik sind rationale Intuitionen, die jedem vernunftbegabten Wesen unmittelbar einleuchten. Der menschliche Geist vergeht jedoch wieder mit dem Absterben seines materiellen Trägers, des Gehirns.

Absoluter Idealismus (= Pantheismus)

Was wir mit den Sinnen wahrnehmen ist die Projektion eines göttlichen Geistes in die Welt der Erscheinungen hinein. Das Absolute ist kein Ich und schon gar kein Du, sondern ein abstraktes geistiges Prinzip, über das wir nichts sagen können, außer dass es existieren muss, weil es die Geltung unserer Akte des Denkens (und somit die Möglichkeit objektiver Erkenntnis) verbürgt. Die Herrlichkeit des Absoluten verbirgt sich vor unseren Blicken hinter dem «Vorhang der Sinne»; in der Welt, wie die empirischen Wissenschaften sie beschreiben, sind keine Spuren davon zu finden. Auch unser Bewusstsein ist eine Projektion des Absoluten; was wir unser Denken nennen, ist also in Wahrheit ein Vollzug des göttlichen Logos in uns.

Subjektiver Idealismus (= Pantheismus)

Das Göttliche ist nicht bloß ein abstraktes geistiges Prinzip, sondern eine konkrete Realität, die sich am besten in Analogie zu einer menschlichen Person beschreiben lässt. Spirit hat die Welt geschaffen wie ein Autor ein Drama, inklusive der darin vorkommenden Figuren. Was wir unser Denken und Handeln nennen, sind in Wahrheit Vollzüge Spirits in uns. Ein Dialog mit Spirit ist daher ausgeschlossen; Spirit ist ein reines Ich, aber für uns Menschen kein Du. Der Tod bedeutet das Ende unserer individuellen Existenz als Seele (d.h. als Bestandteil der raum-zeitlich verfassten Welt), und wir werden wieder zu dem, was wir immer schon sind, nämlich zu einem Aspekt des ewigen Bewusstseins des göttlichen Geistes.

Theismus

Gott eine Person zu nennen ist die beste uns verfügbare symbolische Beschreibung der spirituellen Realität hinter dem «Vorhang der Sinne». Gott hat mit der Welt etwas geschaffen, das nicht er selbst ist, mit dem er aber eine Beziehung will. Was wir unser Denken und Handeln nennen, sind somit keine Vollzüge des göttlichen Geistes in uns, sondern unsere eigenen Akte. Da wir in unserem Handeln frei sind, können wir uns der Beziehung, die Gott zu uns haben will, auch verweigern. Dies ist es, was man gemeinhin das Böse nennt. Gott ist der Welt gegenüber transzendent und in Teilen auch immanent, aber nicht auf die Erde herabgekommen und Mensch geworden. Ein ewiges Leben bzw. eine leibliche Auferstehung gibt es nicht.

Christentum

Gott hat die Welt geschaffen und will eine Beziehung mit uns, weil er in sich Beziehung *ist*. Er wurde in Jesus von Nazareth Mensch und hat uns durch Christi Leben, Tod und Auferstehung gezeigt, wer er wahrhaft ist. Die Mythen von sterbenden und wieder auferstehnden Gottheiten sind der Menschheit von Gott selbst geschenkte Vorahnungen dessen, was sich in Christus geschichtlich ereignen würde. Christus ist für uns gestorben, um unsere Beziehung zu Gott wieder herzustellen, die infolge des Sündenfalls zerbrochen ist. Er hat uns dadurch einen Ausweg aus unserem selbst verschuldeten Elend ermöglicht: im Prinzip sind wir bereits gerettet; wir müssen uns diese Rettung aber zu eigen machen, indem wir sie glauben.

Kapitel 21
Schachmatt: Das göttliche Ich wird zum Du

In seiner Autobiografie schreibt Lewis: «Im Trinity Term 1929 gab ich nach und erkannte an, dass Gott Gott war, kniete nieder und betete: in jener Nacht vielleicht der niedergeschlagenste und widerwilligste Bekehrte in ganz England.» (SbJ 178) Mittlerweile wissen wir, dass, was immer er mit dem «Trinity Term 1929» meinte, das Jahr seiner Bekehrung zum Theismus 1930 war.

Dem Moment, in dem er seinen Widerstand gegen Gott aufgab, kommen wir dabei inzwischen recht nahe. Lewis schreibt in «Early Prose Joy», er habe im selben Jahr und im selben Monat tauchen gelernt, und von diesem Ereignis berichtet er am 8. Juli 1930 in einem Brief an Arthur Greeves. Er hatte vom 30. Juni an ein paar Tage bei seinem Freund Barfield in Long Crendon östlich von Oxford verbracht und von diesem das Tauchen beigebracht bekommen. Es ist somit theoretisch möglich, dass Lewis bereits am 30. Juni tauchen lernte; dies grenzt die Zeit seiner Anerkennung Gottes auf die beiden Monate Juni oder Juli 1930 ein.

Es lohnt sich, an dieser Stelle etwas genauer hinzuschauen, denn die Datierung, zu der wir kommen werden, sagt sehr viel über den spirituellen Wandel, der sich bei Lewis mit der Anerkennung eines göttlichen Du vollzog.

Da Lewis in *Surprised by Joy* schreibt, seine Bekehrung zum Theismus habe während des Trimesters stattgefunden, und da die Vorlesungszeit von Oxfords Trinity Term von April bis Juni reicht, votieren die meisten Autoren für den Juni 1930: Sie glauben, auch wenn Lewis sich im Jahr geirrt hat, müsse dieser Schritt doch während des Trimesters stattgefunden haben. Andrew Lazo, der Herausgeber des «Early Prose Joy»-Manuskriptes, meint sogar, den Zeitraum mithilfe eines Gedichtes, das Lewis am 10. Juni an Barfield sandte, auf den 1.–10. Juni eingrenzen zu können. Dieser These steht jedoch eine Reihe von Dingen gegenüber, die eine solche Datierung sehr unwahrscheinlich machen und eher auf den Juli 1930 hindeuten.

1. Der Indizienwert von Lewis' Aussage, er sei im Trinity Term 1929 zur Anerkennung eines personalen Gottes gekommen, ist äußerst gering. Soll diese Aussage ein Argument für die Datierung auf Juni 1930 sein, so setzt das zum einen voraus, dass er sich zwar im Jahr geirrt hat, bei der Angabe der Wochen aber offenbar nicht. Zum anderen müsste er mit «Trinity Term» das gemeint haben, was man in Oxford «Full Term» nennt, also die in der 3. Juni-Woche des jeweiligen Jahres (in unserem Fall am 21. Juni 1930) endende Vorlesungszeit. Die Universität Oxford unterscheidet hiervon aber den «Term», welcher stets am 6. Juli endet, und Dozenten wie Studenten schließen in die von ihnen als «Term» bezeichnete Zeit nicht selten auch die Prüfungsphase des jeweiligen Trimesters mit ein. Die Prüfungen zum Ende des Trinity Terms 1930 fanden vom 17.–26. Juli statt.

In seinen Briefen verwendet Lewis den Ausdruck «Term» zwar des Öfteren im Sinne von «Full Term», weil dies für ihn bedeutete, dass die Zeit der Vorlesungen und Tutorien zu Ende war und er wieder mehr Zeit für andere Dinge hatte. Gerade im Sommer schließt er jedoch zum Teil auch die Prüfungen mit ein, weil er in diesen Tagen als Dozent vor Ort zu sein hatte. Welcher Sprachgebrauch ist in unserem Fall wahrscheinlicher: der enge akademische Sprachgebrauch (der außerhalb der Universität wohl kaum verstanden worden wäre) oder der weitere allgemeine Sprachgebrauch, der die Prüfungsphase des Trimesters mit einschloss?

Auch steht zu vermuten, dass Lewis sich aufgrund seines schlechten Gedächtnisses für Daten zwar möglicherweise im Zeitraum irrte, aber mit seiner stark visuell geprägten Imagination den Ort richtig in Erinnerung behielt, an dem er nach langen Nächten des Zögerns schließlich einlenkte und anerkannte, dass Gott Gott war. Er erklärt, man müsse sich vorstellen,

> wie ich Nacht für Nacht allein in diesem Zimmer in Magdalen war und jedes Mal, wenn ich meinen Geist auch nur für eine Sekunde von meiner Arbeit abwandte, die stetige, unerbittliche Annäherung desjenigen spürte, dem ich so inständig nicht zu begegnen wünschte. (SbJ 178)

Es ist kaum vorstellbar, dass er sich darin geirrt haben soll, dass er diese dramatischen Nächte in seinen Räumen im Magdalen College verbrachte. Das kann aber sehr wohl im Juli 1930 der Fall gewesen sein, nicht zuletzt während der zehntägigen Prüfungsphase zum Ende des Trinity Terms.

Wir müssen somit andere Indizien heranziehen, um zu klären, ob Lewis' Bekehrung zum Theismus im Juni oder Juli 1930 stattfand.

2. Ist das Gedicht, das Lewis Barfield am 10. Juni schickt, ein Beleg dafür, dass er zu dieser Zeit Gott anerkannt und die Praxis des Betens aufgenommen hatte? Wohl kaum. Es trägt zwar in seiner 1964 veröffentlichten Fassung den Titel «Prayer», der Titel stammt aber nicht von Lewis. Inhaltlich spiegelt es *exakt* die Position wider, die dieser im Frühjahr 1930 als seine letzte Verteidigungslinie errichtet hatte. Lewis bekräftigt, dass in dem, was man gemeinhin als «Dialog mit Gott» bezeichnet, in Wahrheit nur einer spricht, und zwar Spirit. Es ist nur eine *metaphorische* Redeweise, wenn wir das vermeintliche Gegenüber als ein «Du» ansprechen:

> *Sie sagen mir, Herr, wenn es so scheint,*
> *Als sei ich im Gespräch mit dir,*
> *Da du nicht antwortest, sei es bloß ein Traum*
> *– Ein Sprecher, der so tut, als sei er zwei.*
>
> *Und so ist es, doch nicht wie sie*
> *Es verstehen. Denn ich*
> *Suche in mir die Dinge, die ich sagen wollte*
> *Und siehe, die Brunnen sind trocken.*

Mich leer sehend, gibst du dann
Deinen hörenden Part auf, und durch
Meine stummen Lippen hauchend verleihst du Ausdruck
Den Gedanken, die ich nie kannte.

Daher brauchst du nicht zu antworten
Und kannst es auch nicht: denn wo wir
Zwei im Gespräch scheinen, bist du Einer für immer,
Und ich nicht der Träumende, sondern der Traum.[106]

«Ein Sprecher, der so tut, als sei er zwei. / Und so ist es»: Dies macht deutlich, dass das, was auf den ersten Blick wie ein Dialog des Sprechenden mit Gott aussieht, in Wahrheit ein *Monolog* ist.[107] Doch es ist nicht der Monolog des Träumers, der sich in einer materialistischen Welt im Gespräch mit einem nicht vorhandenen Gott wähnt, sondern ein Monolog Spirits mit sich selbst durch sein Geschöpf, den Menschen: Er muss (und kann) auf unsere menschlichen Versuche, mit ihm zu sprechen, nicht antworten, weil er unser inneres Selbst oder Ich ist. Der Anschein eines Dialogs kommt nur dadurch zustande, dass wir, selbst nur ein verschwindend kleiner Teil Spirits, danach verlangen, aus dessen unendlich viel größerem Ganzen jene Dinge zu erhalten, die wir in uns selbst nicht finden.

Besonders wichtig ist das letzte Wort «Traum». In *Surprised by Joy* lautet Lewis' Erklärung, wie die Erfahrung von Joy in seinen idealistischen Pantheismus hineinpasste, wie folgt (vgl. Kap. 15):

---

[106] *Collected Letters I* 903f, an Owen Barfield, 10. Juni 1930. Der in den *Collected Letters* genannte 19. Juni 1930 ist ein Transkriptions-Fehler.

[107] In den beiden postum veröffentlichten, vom christlichen Lewis erstellten Fassungen des Gedichtes ist die Formulierung «And so it is» erheblich abgeschwächt. Stattdessen heißt es dort «They are half right» (*Poems* 122) bzw. «Sometimes it is» (*Letters to Malcolm* 93). Seinem Freund Griffiths schickt Lewis 1934 eine weitere Fassung, in der es nach wie vor «And so it is» heißt. Er merkt dazu aber an, das Gedicht habe einige Relevanz für beides, die Frage des Betens und die Frage des *Idealismus* (vgl. *Collected Letters II* 137, an Dom Bede Griffiths, 4. April 1934).

> Joy war keine Täuschung. Ihre Besuche waren vielmehr die Momente klarsten Bewusstseins, die wir hatten, in denen wir uns unserer fragmentarischen und schattenhaften Natur bewusst wurden und uns nach jener unmöglichen Wiedervereinigung sehnten, die uns aufheben würde, oder nach jenem selbstwidersprüchlichen Erwachen, das enthüllen würde, nicht dass wir geträumt hatten, sondern dass wir ein Traum *waren.* (SbJ 172)

Der Mensch als ein Traum des Göttlichen: dies war die zentrale Metapher, die der Idealist Lewis verwendete, um das Verhältnis des Menschen zu seiner göttlichen Wurzel zu beschreiben.

Dass das Wort «Traum» hier von entscheidender Bedeutung ist, belegt auch Lewis' Umgang mit seinem Gedicht in seinem letzten Werk *Letters to Malcolm.* Nachdem er das Gedicht in Gänze wiedergegeben hat (nur leicht revidiert und ohne Angabe des Autors), erklärt er, das letzte Wort «Traum» gebe ihm einen zu stark pantheistischen Anstrich. Und er fügt aus seiner christlichen Perspektive hinzu, der richtige Punkt im Gedicht sei, dass Beten in seinem vollkommensten Zustand ein Zwiegespräch Gottes mit sich selbst sei. Denn «wenn der Heilige Geist in einem Menschen spricht, dann spricht im Gebet Gott zu Gott. Dadurch wird der menschliche Bittsteller aber nicht zu einem ‹Traum›».[108]

Es ist schwer vorstellbar, dass dieses Gedicht eine der ersten Früchte von Lewis' neu gewonnener Überzeugung gewesen sein soll, dass Gott und Mensch wahrhaft *verschieden* sind. Weitaus plausibler ist es, zu vermuten, das Gedicht sei Lewis' letzter Versuch, sich zu versichern, dass es, auch wenn es anders aussieht (und sich anders anfühlt), in Wahrheit nur eine Person ist, die in jedem Gebet spricht.

3. Nur kurz danach machte eine weitere Erfahrung Lewis bewusst, wie es aktuell um seine Spiritualität bestellt war. Er schreibt in «Early Prose Joy», ihm sei schon lange klar gewesen, dass es seine Pflicht war,

---

[108] *Letters to Malcolm* 93.

alles zu tun, was die Tugend ausmachte: Was, so fragte er sich, konnte die Anerkennung eines personalen Gottes dem hinzufügen? Er erkannte nun, dass das eine ganze Menge war, nämlich gerade so viel,

> wie eine lebende Blume dem Diagramm eines Botanikers hinzufügt, oder das Bezahlen einer Schuld (und das Erwirtschaften der Mittel, sie zu bezahlen) ihrer Anerkennung als mathematische Tatsache in unserer Buchhaltung. (EPJ 38)

In *Surprised by Joy* sagt Lewis entsprechend, in metaphysischer Hinsicht habe sich sein Spirit vielleicht immer noch vom Gott der Religion unterschieden; in dieser Hinsicht sei der entscheidende Punkt noch *nicht* erreicht gewesen (wie das Gedicht vom 10. Juni bestätigt). Der wahre Schrecken habe darin bestanden, dass das, was bisher ein bloßes philosophisches Theorem gewesen war, nun eine «living presence» (SbJ 177), eine lebendige Gegenwart geworden sei.

Der Unterschied bestand also darin, dass man es nicht mehr mit einer abstrakten Pflicht einem moralischen Gesetz gegenüber zu tun hatte (oder einem bloßen Ideal von Tugend), sondern mit der Aufforderung zum Gehorsam einer *konkreten Person gegenüber.* Gott sagte zum Schluss nur noch: «‹Ich bin der Herr›; ‹Ich bin der Ich bin›; ‹Ich bin.›» (SbJ 177) Zum Gehorsam gegenüber diesem lebendigen, konkrete Absichten verfolgenden Gott war Lewis aber immer noch nicht bereit. Er bekennt, selbst sein jüngster Versuch, seine Philosophie zu leben, sei noch durch allerlei Vorbehalte abgesichert gewesen. Seine Sorge war: Natürlich war Gott per definitionem die Vernunft selbst. Doch war er auch in jenem anderen, mehr persönlichen Sinn «vernünftig», dass er nichts Unzumutbares fordern würde – war er *sicher,* wie Susan später in Narnia im Hinblick auf Aslan fragen wird?

> Nicht die geringste Sicherheit wurde mir in dieser Hinsicht geboten. Die völlige Kapitulation wurde verlangt, der absolute Sprung ins Ungewisse. Die Realität, mit der kein Vertrag geschlossen werden kann, hatte mich eingeholt. (SbJ 177)

Lewis erkannte schließlich, dass es all die Jahre hindurch die Angst vor den Forderungen eines personalen Gottes gewesen war, die sein Denken geleitet hatte – dass *sie* das Motiv gewesen war, das ihn an Weggabelungen veranlasst hatte, stets den Weg zu wählen, der von Gott wegzuführen schien. Die Worte, die er in «Early Prose Joy» verwendet, um diese Angst zu beschreiben, bezeugen den enormen Widerstand, den er in sich verspürte:

> Niemand spreche mir leichtfertig von den Annehmlichkeiten der Religion. Ist es kein Heiliger, der so redet, so ist es ein Lügner oder ein Narr. Ist bedingungslose Hingabe ein Spiel? Ist es ein Leichtes, jedes Recht an einem selbst aufzugeben und mit verbundenen Augen einem Führer die Hand zu reichen, der einen nach eigenen Angaben sehr wohl in Tod, Folter, Lächerlichkeit, Armut oder den Untergang allen irdischen Glücks führen kann? Keine Bedingungen werden dir angeboten; der Anspruch lässt nicht einmal von ferne irgendwelche Grenzen erkennen. Eine einzige schlichte Sache wird von dir verlangt: jetzt und für immer jeden Drang zur Selbsterhaltung abzulegen. Wer dazu in der Lage ist, der hat die Bitterkeit des Todes gekostet, aber nicht zum letzten Mal. (EPJ 38, vgl. auch PR 170)

Diese Zeilen illustrieren vielleicht besser als jede andere Stelle in Lewis' Werk, warum er sich später als der niedergeschlagenste und widerwilligste Bekehrte in ganz England bezeichnete.

Im Licht der Stärke dieser Emotionen stellte sich ein Großteil seines vermeintlichen spirituellen Fortschritts der letzten Monate als Illusion heraus. Zwar war sein generelles Verhältnis zur Religion nun ein positives, und er bemühte sich, seine Philosophie mit Spirits Hilfe auch wirklich zu leben. Dem entscheidenden Punkt war er jedoch ausgewichen: Noch immer wollte er seine «Seele sein eigen nennen» (SbJ 177), wollte er «Herr über seine eigene Seele» (PR 148) sein. Das heißt, Lewis erkannte nun, «da die Forderung auf jemand Anderen übergegangen war, […] dass ich mich lange getäuscht hatte: dass alles noch zu tun war.» (EPJ 38) Er war noch immer nicht bereit, *sich selbst zu sterben.*

Eben dies gibt er am 15. Juni 1930 Arthur gegenüber zu. Er bekennt, seine wachsende Wertschätzung für ein spirituelles Leben habe ihn offenbar verleitet, sich einzubilden, er *praktiziere* bereits, was er glaube – was aber de facto nur sehr unvollkommen der Fall sei. Dazu verweist er auf zwei Passagen in George MacDonalds *The Princess and the Goblin* und *Lilith*, in denen die Hauptfiguren dieselbe Erfahrung machen.

Im phantastischen Kinderbuch *The Princess and the Goblin* liegt der Bergarbeiter-Junge Curdie nachts im Bett und schläft. Er träumt, er sei bereits erwacht und kämpfe gegen die Goblins (Kobolde), die die Prinzessin Irene entführen wollen. Dies wird ihm im Traum selbst bewusst, und er versucht, nun wirklich aufzustehen – um sich jedoch im nächsten Moment wieder schlafend im Bett vorzufinden. Das Geschehen wiederholt sich so lange, bis die Großmutter der Prinzessin das Zimmer betritt (sie symbolisiert das Wirken von Gottes Gnade) und Curdie richtig schlafen lässt, woraufhin er am nächsten Morgen erfrischt und kampfbereit erwacht.

In MacDonalds symbolistischem Spätwerk *Lilith* verweist Lewis auf die Passage, in der Adam Lilith auffordert, ihre Hand zu öffnen, bevor sie sich zum Schlafen im Haus des Todes niederlegt. Adam erklärt, solange Lilith ihre Hand nicht öffne, werde sie nie sterben und daher auch nie zu neuem Leben erwachen: «Du magst denken, du wärst tot, doch es wird bloß ein Traum sein; du magst denken, du wärst erwacht, doch es wird immer noch nur ein Traum sein.»[109] Die Hand, die Lilith nicht öffnen will, steht symbolisch für ihren Eigenwillen, den sie nicht aufzugeben bereit ist. Solange sie an diesem Eigenwillen festhält, kann sie nicht sterben und somit auch nicht zu wahrem Leben erwachen.

Lewis kommentiert, diese beiden Stellen hätten eine furchtbare Bedeutung gerade für imaginative Leute wie Arthur und ihn: Man lese von spirituellen Anstrengungen, und die eigene Imagination lasse einen glauben, man habe sie erbracht, weil man sich an der *Idee* erfreue, dies getan zu haben. Auch das sei aber oftmals nur ein Traum:

[109] MacDonald, *Lilith* 302.

> Ich bin entsetzt zu sehen, wie viel von dem Wandel, den ich in der letzten Zeit durchgemacht zu haben glaubte, bloße Einbildung war. Die eigentliche Arbeit ist offenbar immer noch zu tun. Es ist so verhängnisvoll leicht, eine ästhetische Würdigung des spirituellen Lebens mit dem Leben selbst zu verwechseln – zu träumen, man sei erwacht und habe sich gewaschen und angezogen, und sich dann immer noch im Bett vorzufinden.[110]

Das Eingeständnis, er habe sich getäuscht und das Eigentliche sei *immer noch zu tun*, verbindet diese Passage mit Lewis' Äußerungen in «Early Prose Joy»; offensichtlich sprechen also beide Passagen vom selben Stadium seiner spirituellen Entwicklung. Die Bedeutung dieser Entdeckung, sich zum hundertsten Mal dort wiederzufinden, wo er begonnen hatte (dass das, «was wie ein Fortschritt aussah, nur [ein] Traum war»[111]), zeigt sich auch daran, dass Lewis im August 1930 noch einmal in einem Brief auf sie zurückkommt.

Es gibt eine weitere Stelle, die sowohl Reminiszenzen an den Brief vom 15. Juni 1930 als auch an die eben zitierte Passage in «Early Prose Joy» aufweist. Sie findet sich in *The Pilgrim's Regress*, das Lewis im Sommer 1932 schrieb. Im Kapitel über Johns Bekehrung (das nach dem Vorbild von Augustinus' Beschreibung seiner Bekehrung in den *Bekenntnissen* gestaltet ist[112]) überträgt er die emotionalen Aspekte seiner Anerkennung eines personalen Gottes auf Johns Anerkennung Jesu Christi: Das Ereignis ist ein anderes, doch Johns Zögern

---

[110] *Collected Letters I* 906, an Arthur Greeves, 15. Juni 1930.

[111] Ebd. 922, an Arthur Greeves, 13. August 1930.

[112] Vgl. PR 172, Randnotiz. Bei Augustinus heißt es unter anderem: «Beinahe tat ich es schon, und tat es doch nicht, aber fiel auch nicht auf den früheren Platz zurück, sondern hielt in der Nähe inne und holte Atem. Ich setzte von neuem an und kam schon ein wenig näher, nochmals näher. Fast, fast schon berührte ich es und hielt es fest. Aber ich war noch nicht dort, ich berührte es nicht und hielt es nicht fest, ich zögerte, dem Sterben zu sterben und dem Leben zu leben» (Augustinus, *Bekenntnisse* 332). Auch hier finden wir also dieses Zögern vor dem letzten Schritt des Sich-Selbst-Sterbens.

vor dem letzten Schritt ist dasselbe wie sein eigenes Zögern im Juni/Juli 1930.

John steht am Ufer des Gewässers, das den Boden des großen Canyons namens *Peccatum Adae* (= Sünde Adams) bedeckt. Er weiß, dass er das Land seiner Sehnsucht nur erreichen kann, wenn er sich selbst aufgibt und sich ins Wasser stürzt (was an das Sakrament der Taufe erinnert, das ja ebenfalls mit der Symbolik des Todes arbeitet). Zunächst zögert er noch, dann aber beschließt er, das Ganze hinter sich zu bringen, bevor er Zeit hat, sich weiter zu ängstigen:

> Und das Fassen dieses Entschlusses schien selbst die Bitterkeit des Todes zu sein, sodass er halb glaubte, das Schlimmste sei vorüber und er würde sich im Wasser wiederfinden, bevor er es mitbekam. Doch siehe! Er stand noch immer am Ufer, noch immer auf dieser Seite. (PR 173)

Der Ausdruck «Bitterkeit des Todes» verbindet dieses Zitat mit der Passage in «Early Prose Joy». Hier ist es aber auch wie in den beiden MacDonald-Passagen, dass dem Sich-Selbst-Sterben ein Moment vorausgeht, in dem die betreffende Person glaubt, sie habe dieses Sterben bereits vollzogen – um dann festzustellen, dass das nur Einbildung war, dass ihr das eigentliche Sterben also noch bevorsteht. Wenn Lewis hier erneut diese Abfolge der Ereignisse präsentiert, so können wir davon ausgehen, dass dies seinem eigenen Erleben entsprach – dass ihm also am 15. Juni 1930 der entscheidende Schritt der Unterwerfung unter Gottes Willen noch bevorstand.

4. Jack und Arthur hatten im Juni 1930 ihre alte Praxis eines wöchentlichen Briefwechsels wieder aufgenommen. Sie berichteten einander von den Ereignissen, die seit dem letzten Brief stattgefunden hatten, und hielten sich über ihre jeweilige Lektüre auf dem Laufenden. Ein direkter Beleg für die Anerkennung eines personalen Gottes findet sich in diesen Briefen nicht; wir müssen uns der Frage also auch hier indirekt nähern. Ein wichtiges Indiz sind die Umstände, unter denen Lewis davon berichtet, das Tauchen erlernt zu haben.

Lewis erwähnt zwar in seinem Brief vom 1. Juli 1930, er sei seit dem Tag zuvor bei Barfield in Long Crendon, gibt aber keinen Hinweis darauf, dass sie gebadet hätten, geschweige denn, dass er gelernt habe zu tauchen. Als *das* große Ereignis der vergangenen Woche beschreibt er die Anschaffung der 24-bändigen Gesamtausgabe der Werke von William Morris, die ihn dazu brachte, *Love is Enough* zu lesen. Er empfiehlt das Gedicht sehr, weil darin zum ersten und einzigen Mal im Werk von William Morris das ihm aus MacDonalds *Phantastes* vertraute «Licht der Heiligkeit» die Atmosphäre der Romantik (und Erotik) durchstrahlt und sie vervollkommnet.

Sollte Lewis also in der zweiten Juni-Hälfte Theist geworden sein, so müsste er (da laut «Early Prose Joy» ja beides im selben Monat stattfand) bereits am 30. Juni das Tauchen erlernt haben, ohne dass er Arthur davon berichtet hätte. In diesem Fall wäre seine Bekehrung zum Theismus dem Erlernen des Tauchens *vorausgegangen,* ohne dass das in seinen Briefen erkennbare Spuren hinterlassen hätte.

Am 8. Juli vermeldet Lewis jedoch, er sei mehrfach mit Barfield baden gewesen und habe dabei das Tauchen erlernt (eine Kunst, die zu erlernen er sich laut «Early Prose Joy» seit Kindertagen gewünscht hatte). Er schreibt, dies bedeute eine «große Veränderung» in seinem Leben und habe «wichtige (religiöse) Implikationen».[113] Auch kündigt er an, später zu erklären, was er damit meint; sollte er das tatsächlich getan haben, so ist dies allerdings nicht überliefert. Lewis fügt hinzu, seine Tauchgänge seien immer noch nicht allzu elegant, doch immerhin lande er mit dem Kopf voran im Wasser.

Lesen wir diesen Brief so, wie wir auch sonst Lewis' Briefe lesen (nämlich als Berichte über das, was sich seit seinem letzten Brief ereignet hat), so haben wir ein klares Indiz dafür, dass er erst Anfang Juli tauchen lernte. Dies macht es um einiges wahrscheinlicher, dass der Juli 1930 der gesuchte Monat ist. In diesem Fall hätte Lewis' Konversion zum Theismus nach seinem Besuch bei Barfield stattgefunden, als er

---

113 *Collected Letters I* 915, an Arthur Greeves, 8. Juli 1930. Lewis schreibt «(religious) connections», was auch soviel wie «Anschlussmöglichkeiten» heißen kann.

wieder für einige aufeinanderfolgende Tage in seinen Räumen im Magdalen College war – und somit auch, *nachdem* er das Tauchen erlernt hatte.

5. Gibt es andere Indizien, die diese Chronologie stützen oder in Zweifel ziehen? Die Briefe, die Lewis am 22. Juni und am 1. Juli an Arthur schickt, geben (wie gesagt) keinerlei Hinweis darauf, dass in diesen Tagen etwas Entscheidendes in seinem Leben passiert wäre. «Early Prose Joy» löst die Frage leider ebenfalls nicht auf; dort heißt es lediglich, beide Ereignisse hätten im selben Jahr und Monat stattgefunden. Im Hinblick auf das Tauchen fügt Lewis aber hinzu:

> Nichts ist einfacher als diese Kunst. Man muss nichts tun, man muss nur aufhören, etwas zu tun. Man muss auf jeden Versuch der Selbsterhaltung verzichten – jenem Gebot gehorchen, das der heilige Augustinus in einem anderem Kontext hörte: *Securus te projice.* (EPJ 40)

Den Ausdruck *Securus te projice* («Wirf dich getrost hinein [er fängt dich auf]»)[114] aus den *Bekenntnissen* des Augustinus verwendet Lewis noch an anderer Stelle, und zwar in *The Pilgrim's Regress* als Überschrift für das bereits erwähnte Kapitel, in dem es John schließlich gelingt, sich selbst aufzugeben. Als John fragt, was er tun muss, erklärt ihm Mother Kirk (= das Christentum), das sei gar nicht viel: Er müsse sich nur in das Wasser des Canyons hineinwerfen und es durchtauchen. John erwidert, er habe nie tauchen gelernt und wisse daher nicht, wie das geht. Daraufhin antwortet Mother Kirk mit Unterstützung von Vertue (= der Tugend):

> «Die Kunst des Tauchens besteht nicht darin, irgendetwas Neues zu tun, sondern einfach aufzuhören, etwas zu tun. Man muss sich nur loslassen.» «Es ist nur notwendig», sagte Vertue mit einem Lächeln, «alle Bestrebungen zur Selbsterhaltung aufzugeben.» (PR 172)

[114] Augustinus, *Bekenntnisse* 334.

Wir sehen: Lewis' Wortwahl ist fast exakt dieselbe wie zuvor in «Early Prose Joy». Doch an dieser Stelle zieht er das Tauchen, wie er es von Barfield erlernt hatte, nun als Illustration für das heran, was der Mensch in seinem spirituellen Leben zu tun hat: Erst als John verstanden hat, wie das funktioniert (und seine Reaktion zeigt, dass das zunächst nicht der Fall ist), ist er bereit, den Sprung ins Wasser zu wagen. (Selbst die Tatsache, dass Barfield und er nackt gebadet hatten, verwendet Lewis hier als Symbol, nämlich als Symbol für die Bereitschaft des Menschen, sich mit dem eigenen Inneren ganz dem Blick Gottes zu öffnen.) Und bei John ist es ebenfalls «kein guter Tauchgang, doch immerhin landete er mit dem Kopf voran im Wasser». (PR 174)

Das legt nahe, dass es auch bei Lewis die Erfahrung des Tauchen-Lernens gewesen war, die ihm gezeigt hatte, was er in seinem spirituellen Leben zu tun hatte. Und die ihn gelehrt hatte, dass das gar nicht so schwer war: Es musste nur noch *getan* werden.

Lewis' Vorgehensweise in *The Pilgrim's Regress* entspricht dabei den gängigen Regeln der Allegorie: Der Dichter verwendet etwas Bekanntes, nämlich Dinge oder Ereignisse in der mit den Sinnen wahrnehmbaren Welt, um nicht sinnlich wahrnehmbare Zustände oder Vorgänge in der menschlichen Seele zu illustrieren und dadurch verständlich zu machen. Das Physische ist also das Bekannte und das Geistige dasjenige, was illustriert oder verständlich gemacht werden soll.

Diese Verhältnisbestimmung der beiden Ereignisse ist aus noch einem Grund plausibel. Wäre es andersherum gewesen – hätte Lewis erst nach dem Akt der Unterwerfung unter Gottes Willen das Tauchen erlernt –, so hätte ihm das Tauchen lediglich eine passende Illustration geliefert. Dies hätte er aber wohl kaum Arthur gegenüber als eine große Veränderung in seinem Leben mit wichtigen (religiösen) Implikationen bezeichnet: das Eigentliche wäre ja bereits *geschehen* gewesen.

Es sieht also stark danach aus, als habe Lewis' Bekehrung zum Theismus erst im Juli stattgefunden, nachdem er von seinem Besuch bei Barfield zurück in Oxford war. Da die Vorlesungszeit vorüber war, verbrachte er die meiste Zeit zu Hause in Hillsboro, mit Ausnahme der drei Tage vom 9.–11. Juli und der zehn Prüfungstage vom 17.–26. Juli, die er im College verbrachte. Die Angabe, er sei Nacht für Nacht allein in seinem Zimmer in Magdalen bei der Arbeit gewesen (was in Vorlesungs-Zeiten selten der Fall war), spricht am ehesten für die Zeit der Prüfungen, weil er in diesen Tagen abends mit der Korrektur von Examensarbeiten beschäftigt war. Dies ließ ihm keine Zeit für soziale Aktivitäten oder andere Ablenkungen; nicht einmal Zeit für den wöchentlichen Brief an Arthur hatte er (wie er diesem bereits vorher ankündigte).

Auch hier gibt es keinen Brief, der das direkt bestätigen würde. Lewis könnte Arthur die Neuigkeiten allerdings telefonisch mitgeteilt haben, weil ihm das Korrigieren der Prüfungsarbeiten keine Zeit zum Schreiben ließ.[115] (Dies ist möglicherweise auch der Grund, warum kein Brief existiert, in dem er Arthur erklärt, was es mit den spirituellen Konnotationen des Tauchen-Lernens auf sich hatte: auch dies könnte er am Telefon gemacht haben.) Zumindest äußert Lewis sich in seinem ersten Brief nach Abschluss der Prüfungsphase (der Brief ist vom 29. Juli) so, als *wisse* Arthur, dass er nun an einen personalen Gott glaubt. Er spricht nämlich von Gott als einer Person mit geradezu menschlichen Eigenschaften:

> Denn Gott ist derb und hat noch nie etwas von Anstand gehört und schert sich nicht um Schicklichkeit, genauso wenig wie Kinder, die meisten Frauen, irgendein Tier oder Männer (außer in bestimmten gehobenen Klassen).[116]

Der Idealist Lewis hätte dies nie schreiben können (und Lewis hatte etwas Vergleichbares auch noch nie geschrieben): bisher war es für ihn völlig undenkbar gewesen, Spirit menschliche Eigenschaften «wie Ab-

---

[115] Lewis benutzte das Telefon durchaus häufig, um kurzfristige Dinge zu klären oder Terminabsprachen zu treffen. In ganz dringenden Fällen telegrafierte er auch.

[116] *Collected Letters I* 917, an Arthur Greeves, 29. Juli 1930.

sichten, Liebe, Zorn, Güte, Böses und dergleichen»[117] zuzuschreiben (Kap. 19). Die nachfolgenden Briefe an Arthur aus dem August 1930 bestätigen diese Beobachtung: Auch sie geben keine Erklärung über das ab, was Lewis in der Zwischenzeit widerfahren war, lassen aber keinen Zweifel daran zu, dass er nun an einen personalen, in der Welt handelnden Gott glaubt.

Sollte sich Lewis' Konversion zum Theismus tatsächlich in den zehn Examenstagen ereignet haben, so hätten wir es mit einer höchst bemerkenswerten zeitlichen Koinzidenz zu tun. Anfang Juli hatten er und Mrs. Moore ein Haus in Headington gefunden, das ihnen sehr gefiel und das sie (und Warnie, der ebenfalls mit einziehen sollte) nach dem Verkauf von Little Lea würden bezahlen können. Jack hatte bereits mit Mrs. Moore und Maureen The Kilns inspiziert und ging mit Warnie am 6. Juli noch einmal dorthin, um das ausgedehnte, etwa 30.000 Quadratmeter große Grundstück näher zu erkunden. Nach einem Kassensturz stand die Entscheidung schnell fest, dass man das Anwesen kaufen wollte; ihr Kaufgesuch wurde am 16. Juli 1930 vom Verkäufer akzeptiert.

Es scheint somit, als habe sich Lewis' spirituelle Heimkehr unmittelbar an den Moment angeschlossen, in dem er nach langen Jahren der Suche (und etlichen erzwungenen Umzügen in den 1920er Jahren) endlich ein irdisches Heim gefunden hatte. Die Idee der «Homeliness», die er bereits zuvor auf das Göttliche als die spirituelle Heimat des Menschen übertragen hatte, zeigte ihre ganze symbolische Kraft. – Oder auch mehr, da Lewis mit der Anerkennung eines personalen Gottes auch anerkannte, dass Gott ganz real in seiner Schöpfung wirken kann: Die Trennung zwischen dem Materiellen und dem Spirituellen war überwunden; das Materielle wurde für ihn zu einem Ort der Ansprache Gottes an uns Menschen.

Das galt auch für Lewis' Wahrnehmung des Verhältnisses von irdischer und spiritueller Heimkehr. Schon seine Briefe vom 22. Juni und

[117] «Summa» 65.

1. Juli hatten Reflexionen darüber enthalten, was es bedeutet, in der eigenen Heimat geradezu physisch verwurzelt zu sein. Am Wochenende des Umzugs nach The Kilns unternahmen Jack und Warnie am Sonntagabend einen Spaziergang in der Nachbarschaft ihres neuen Hauses. Als sie dabei an der erleuchteten Pfarrkirche vorbeikamen (Holy Trinity, Headington Quarry), kamen sie überein, dass sie dort auch spirituell ihre Zelte aufschlagen müssten, «jetzt, wo wir Landadelige [d.h. Grundbesitzer] sind».[118]

Lewis erfuhr offenbar *beides*, den Moment des Tauchen-Lernens wie auch den Moment, nach mehr als zwanzig Jahren irdischer Heimatlosigkeit (im Grunde genommen seit dem Tod seiner Mutter) eine neue irdische Heimat gefunden zu haben, als zutiefst symbolische Ereignisse, ja geradezu als Ereignisse von sakramentaler Qualität – als gebe Gott selbst ihm durch sie zu verstehen, dass er sich nun loslassen konnte, weil dies nicht in der befürchteten Selbstentfremdung oder Sklaverei (PR 144f, 148) enden, sondern ihn zu seiner wahren spirituellen Heimat führen würde.

Unsere bisherige Darstellung hat gezeigt, dass bei Lewis die Erfahrung zumeist voranging und den Boden für das bereitete, was er mit seinem denkenden und urteilenden Selbst erst noch vollziehen musste. Das lässt vermuten, dass es im Moment der Anerkennung eines personalen Gottes nicht anders war. Später erklärte Lewis, man könne den Idealismus zwar theoretisch vertreten und sogar empfinden, aber nicht *leben:* Als er begonnen habe, seine idealistische Philosophie wirklich ernst zu nehmen, habe sie sich als «verkappter Theismus herausgestellt».[119] Auch dies unterstreicht noch einmal die Rolle, die die Erfahrung in diesem Prozess spielte.

So war es aber auch vierzehn Jahre zuvor bei MacDonalds *Phantastes* gewesen. Das Buch hatte allerdings nur zu einer Taufe seiner Imagination geführt; sein Intellekt und sein Wille sollten für ihre eigene Taufe um einiges länger brauchen (Kap. 10). Doch nun war es so weit: Lewis

---

[118] W.H. Lewis, *Brothers and Friends* 69, 12. Oktober 1930, Übers. N.F.

[119] «Is Theology Poetry?» 164.

anerkannte, dass die Heiligkeit, die ihn bei MacDonald von Anfang an so angesprochen hatte, eine Qualität des realen Universums war. Und die Schönheit der Natur war ihm hierfür ein wichtiger Indikator. 1918 hatte Jack seinem Freund Arthur aus dem Lazarett geschrieben, Schönheit sei die einzige spirituelle (und somit nicht-materielle) Sache, die er bisher gefunden habe. In den Naturgedichten von *Spirits in Bondage* hatte er sogar angedeutet, die Schönheit, die man in Momenten der Ergriffenheit wahrnahm, müsse der Abglanz einer ewigen Schönheit sein: wie sonst hätte sie einen so berühren können? Damals hatte er sich jedoch außerstande gesehen, diese Empfindung mit seiner materialistischen Philosophie in Einklang zu bringen (Kap. 11). Nun, zwölf Jahre später, stimmten seine Philosophie und sein Empfinden endlich überein. Bereits Ende August 1930 schreibt er Arthur:

> Schönheit steigt von Gott in die Natur hinab. Dort würde sie aber vergehen, und tut es auch, es sei denn, der Mensch würdigt sie durch Anbetung und *sendet sie* so gleichsam *zurück* zu Gott, so dass durch sein Bewusstsein das Herabgestiegene wieder aufsteigt und ein vollkommener Kreis entsteht.[120]

Ein solches sakramentales Verständnis der Welt als Schöpfung und Ansprache Gottes an den Menschen sollte von nun an ein zentrales Element von Lewis' Spiritualität sein. Es ist die Basis für fast alles, was er in seinen phantastischen Romanen wie auch in den Chroniken von Narnia schreibt; theoretisch arbeitet er sie in dem aus, was er das Prinzip der «Transposition» nennt.[121] Und es blieb bis an sein Lebensende auch ein wesentliches Element seiner persönlichen Spiritualität. Noch in seinem letzten Werk *Letters to Malcolm* verwendet er exakt dasselbe Bild eines vollkommenen Kreises, um dieser Überzeugung Ausdruck zu verleihen:

---

[120] *Collected Letters I* 933, an Arthur Greeves, 28. August 1930.

[121] Vgl. «Transposition» 91–115.

> Die Gegenstände, die mich umgeben, und meine Vorstellung von «mir» täuschen, sofern sie für bare Münze genommen werden. Doch sie werden bedeutsam, wenn sie als die Endprodukte göttlicher Aktivitäten aufgefasst werden. Auf diese Weise und nicht anders treffen sich die Schöpfung der Materie und die Schöpfung des Bewusstseins, und der Kreis schließt sich.[122]

Die Überlegungen dieses Kapitels sind kein Beweis, dass die Anerkennung eines personalen Gottes bei Lewis auf exakt diese Weise verlief. Sie stimmen aber mit dem überein, was wir aus den verschiedenen Quellen über den Prozess seiner Bekehrung zum Theismus wissen, und sie ergeben ein stimmiges Gesamtbild, das in der Lewis-Literatur bisher gefehlt hat. Auch würden Abweichungen in chronologischen Details dieses Bild nicht wesentlich beeinträchtigen, sodass es wohl nicht vermessen ist, zu sagen, dieses Geschehen habe sich im Wesentlichen so zugetragen wie hier skizziert.

[122] *Letters to Malcolm* 107.

Kapitel 22
Ein Theist auf der Suche nach der wahren Religion

Anfang August 1930 waren die Formalitäten rund um den Kauf von The Kilns erledigt und die Finanzierung sichergestellt: Die Brüder Lewis würden £ 1800 zum Kaufpreis von £ 3300 beisteuern, und zwar größtenteils aus dem Verkauf ihres Elternhauses (Little Lea wurde jedoch erst ein halbes Jahr später verkauft). Mrs. Moore gab aus dem Erbe ihres Bruders Dr. John Askins die restlichen £ 1500 dazu. Sie war offiziell die alleinige Eigentümerin, Jack und Warnie erhielten aber ein (testamentarisch verbrieftes) lebenslanges Wohnrecht; danach würde Maureen als Erbin über das Haus verfügen können.

Das Haus trug seinen Namen «The Kilns» nach den beiden alten Brennöfen für Ziegelsteine, die noch in halb verfallenem, romantisch mit Efeu überwuchertem Zustand auf dem ausgedehnten Gelände standen. Zum Anwesen gehörten neben dem recht geräumigen Haus auch noch eine Wiese, ein Gewächshaus, ein Tennisplatz, ein durch das Ausheben des Lehms für die Ziegelsteine entstandener Weiher und ein kleiner, etwas höher gelegener Wald. Das Grundstück war in der Tat ein kleines, in sich abgeschlossenes Paradies, nur etwa drei Meilen vom Zentrum Oxfords entfernt.

Der Nachteil des neuen Hauses war, dass es außer einer eigenen Wasserversorgung zunächst nur wenig Annehmlichkeiten bot. Es gab auch einiges zu reparieren und zu erneuern; zum Beispiel musste überhaupt erst eine stabile Stromversorgung eingerichtet werden. Da Warnie mit einziehen sollte, musste es zudem Schlafzimmer für vier Personen geben, und dazu Arbeitszimmer für Jack und Warnie. Man beschloss daher, dem Haus noch einen Anbau mit zwei weiteren Zimmern hinzuzufügen, was mit zusätzlichem Aufwand und weiteren Kosten verbunden war. Ein permanentes Mitglied des Haushalts wurde Warnie allerdings erst nach seinem Ausscheiden aus der britischen Armee im Dezember 1932.

Der Umzug ins neue Heim fand am 10./11. Oktober 1930 statt. Zu diesem Zweck hatte man einen gebrauchten Wagen besorgt, den Jack, der ja gar keinen Führerschein hatte, mit äußerster Vorsicht fuhr. Die Entfernung zwischen Hillsboro und The Kilns betrug aber auch nur etwas mehr als eine Meile, sodass man offenbar meinte, das Risiko eingehen zu können. Warnie fuhr seinen so genannten «Daudel», ein AJS Motorrad mit Beiwagen.

Am Grundstück war ebenfalls lange nichts gemacht worden, sodass Jack sich schon bald damit beschäftigt fand, den Weiher von Pflanzen zu säubern, Wege auf dem Grundstück anzulegen sowie Bäume im Wald zu fällen und zu Brennholz zu verarbeiten – alles Tätigkeiten, für die er sich mit der ihm eigenen körperlichen Ungeschicklichkeit nicht besonders tauglich hielt, die er aber mit großer Energie in Angriff nahm. Dafür wurde er mit herrlichen Bädern im Weiher belohnt, Maureen mit Tennismatches mit ihren Freundinnen, und sie alle mit vergnügten Tee-Stunden auf der Wiese vor dem Haus und warmen Öfen im Winter.

Zum Haushalt gehörten neben Jack, Mrs. Moore, Maureen und Warnie noch ein oder zwei Dienstmädchen und schon bald auch Paxford, der Gärtner (und dazu immer auch einige Hunde und Katzen). Fred Paxford war ein einfacher, in keiner Weise literarisch gebildeter Landmann aus der Nähe von Oxford, der sich um das Grundstück und insbesondere um das Gewächshaus kümmerte. Dieses Gewächshaus war seine große Leidenschaft: In ihm zog er alle Arten von Nutzpflanzen, um den Speiseplan der Familie zu bereichern, es kam aber auch kaum ein Besucher darum herum, durch das Haus geführt zu werden und dabei über die Vorzüge der verschiedenen Gewächse belehrt zu werden.

Paxford war ein erstaunlicher Charakter: Äußerlich stets das Schlimmste befürchtend, hatte er doch eine durch und durch positive Lebenseinstellung und fand eigentlich immer für alles eine Lösung. Lewis setzte ihm später mit der Figur des Puddleglum (Trauerpfützler) in der Narnia-Geschichte *The Silver Chair* (dt. *Der silberne Sessel*) ein literarisches Denkmal.

Lewis betont ausdrücklich, seine Bekehrung zum Theismus sei keine Bekehrung zu Christus gewesen: sie schloss den Glauben an die Inkarnation nicht mit ein. Dennoch setzte er den Beschluss, den Warnie und er am Wochenende des Umzugs gefasst hatten, sofort um: Ab Oktober 1930 besuchte er sonntags die Gottesdienste seiner anglikanischen Pfarrkirche in Headington, und unter der Woche jene in der Kapelle seines Colleges. Er merkt dazu an, er habe es für an der Zeit gehalten, öffentlich «Flagge zu zeigen». (SbJ 182) Das heißt, von nun an bekannte er sich Familie, Freunden und Kollegen gegenüber zum Glauben an Gott – und das, obwohl er sich noch nicht imstande sah, die weiter reichenden historischen Thesen des Christentums zu unterschreiben. Lewis bezeichnet seine Praxis des Kirchgangs daher auch als «lediglich symbolisch und vorläufig» (SbJ 182).

Es gibt übrigens keinen Hinweis darauf, dass seine Unterwerfung unter den Willen Gottes (als er sie endlich vollzog) irgendwelche der vorher befürchteten unzumutbaren Dinge zur Folge gehabt hätte. Im Gegenteil, es scheint, als habe Lewis sich in den ersten Wochen und Monaten geradezu von Gott getragen gefühlt, bevor er dann Ende 1930 feststellte, dass dieser offenbar der Meinung war, es sei nun an der Zeit, dass er spirituell auf eigenen Füßen stehe und daher mit weniger Unterstützung durch seine Gnade auskomme. (Oberteufel Screwtape nennt dies gegenüber seinem Neffen Wormwood den natürlichen Ablauf des Konversionsprozesses.) Lewis berichtet, ihm sei vor seiner Bekehrung aber auch nicht klar gewesen,

> dass das Leben nach der Konversion unweigerlich zum größten Teil aus Dingen bestehen würde, die man auch vorher getan hatte: Man hofft, in einem neuen Geist, aber immer noch dieselben Dinge.[123]

In metaphysischer Hinsicht bestand der entscheidende Punkt seiner Bekehrung zum Theismus darin, dass die zweite Form des Monismus (oder «Everythingism»[124]), die er für einige Jahre vertreten hatte, sich als zu einfach herausstellte, um der Welt in ihrer tatsächlichen Vielfalt gerecht zu werden: Naturalismus und Pantheismus sind *beide* falsch,

[123] «Learning in War-Time» 51.

[124] *Miracles* 169. Gemeint ist die Lehre, dass alles, was ist, letztlich eins ist.

denn es ist einfach nicht wahr, dass alle Dinge eins sind. Das heißt, wir sind weder ein Produkt einer selbst nicht geistigen Natur noch ein bloßer «Traum» eines göttlichen Geistes.

Lewis gab daher den Pantheismus der «Summa» auf und übernahm das jüdisch-christliche Schöpfungsverständnis. Die materielle Welt ist also keine Projektion Spirits in die Welt der Erscheinungen hinein, sondern von ihrem Schöpfer real verschieden. Damit war nun auch Platz für eine echte Freiheit der Geschöpfe gegenüber ihrem Schöpfer: Wir können auch *Nein* sagen zu dem, was Gott von uns will. Nicht alles, was in der Welt geschieht, ist daher gleichermaßen ein Ausdruck von Gottes Willen, sondern das, was wir philosophisch oder theologisch als das «Nicht-Sein-Sollende» bezeichnen, ist eine Folge des Missbrauchs geschöpflicher Freiheit (ob nun der Freiheit von Menschen oder der Freiheit gefallener Engel).

Owen Barfield meint, die Entdeckung von Gottes Transzendenz sei das wahre Thema von Lewis' Bekehrungsgeschichte gewesen, diese späte Entdeckung habe seinen Freund Jack jedoch dazu gebracht, Gottes Gegenwart in der Welt mehr oder weniger komplett zu leugnen. Das war aber nicht der Fall: Der Schöpfergott, an den Lewis nun glaubte, war kein *ganz Anderer,* der mit der Welt nichts mehr zu tun hatte, nachdem er sie einmal geschaffen hatte (wie John Locke und andere Deisten das annahmen). Sondern er war in dem von ihm Geschaffenen auf vielfältige Weise präsent, und er handelte auch weiterhin in der Welt – eben dies hatte Lewis ja im Prozess seiner Bekehrung eindringlich erfahren.

Doch obwohl immer beides der Fall ist, hielt Lewis es nicht für ratsam, beide Aspekte immer gleich stark zu betonen. Nach seiner Ansicht hing es von der konkreten Gesprächssituation ab, ob man eher Gottes Transzendenz oder Immanenz hervorheben sollte:

> Man kämpft immer an mindestens zwei Fronten. Unter Pantheisten ist es erforderlich, die Unterschiedenheit und relative Unabhängigkeit der Geschöpfe zu betonen. Unter Deisten [...] ist es erforderlich, die göttliche Gegenwart in meinem Nachbarn, meinem Hund, meinem Kohlbeet zu betonen.[125]

Sein Glaube an einen real am Menschen handelnden Gott schloss nicht von Anfang an den Glauben an die Auferstehung mit ein. Dies betrachtet Lewis im Rückblick als ein Glück (und eine Gnade): Ihm wurde gestattet, etwa ein Jahr an einen personalen Gott zu glauben und zu versuchen, seinem Willen zu folgen, bevor er sich die Frage nach einem Weiterleben nach dem Tod auch nur zu stellen begann. Er fügt hinzu, er habe auch keinerlei Zusicherung erhalten, dass Gott die Sehnsucht, die mit seiner Erfahrung von Joy verbunden war, irgendwann erfüllen würde. Im Gegenteil, selbst ein völliger Verzicht auf weitere Erfahrungen von Joy konnte zu den Dingen gehören, die Gott nun von ihm verlangte.

Das war insofern wichtig, als Lewis die christliche Lehre vom Himmel bisher immer als etwas erschienen war, das die Möglichkeit einer Entscheidung für Gott *um seiner selbst willen* zerstörte (Kap. 9): Wer ist schon frei, an Gott zu glauben und seine Gebote zu befolgen, wenn ihm andernfalls die ewige Verdammnis droht? Entscheiden wir uns nur deshalb zum Glauben an Gott, weil wir hoffen, dafür mit den Freuden des Himmels belohnt zu werden, so verhalten wir uns nicht anders (und vor allem nicht moralischer) als ein Angestellter, der seinem Chef nur deshalb jeden Wunsch erfüllt, weil er sich von ihm die nächste Beförderung erhofft. Lewis bestand darauf: Gott war nicht zu gehorchen, weil er uns in Ewigkeit belohnen oder auf ewig bestrafen konnte. Sollte es eine wahrhaft *religiöse* Entscheidung sein, so konnte es nur einen einzigen Grund geben, Gott zu gehorchen: *weil er Gott war* – weil ihn zu kennen hieß, zu wissen, dass ihm unsere Verehrung und unser Gehorsam gebühren.

Dass Lewis dies so entscheiden vertrat, lag auch daran, dass seine Haltung dem Gott gegenüber, an den er nun glaubte, eine Fortsetzung seiner früheren Haltung den nordischen Göttern gegenüber war, an deren reale Existenz er nie geglaubt hatte (Kap. 5). Es war keine Frage der *Macht*, sondern des *Rechts* gewesen, dass er den Göttern Asgards im Kampf mit den Giganten und Trollen seine Gefolgschaft geschenkt hatte – weil sie auf der *richtigen Seite* standen:

---

[125] *Letters to Malcolm* 99.

> Bei Odin war der entscheidende Punkt, dass er das Recht hatte, aber nicht die Macht. Bei der nordischen Religion war der entscheidende Punkt, dass sie als einzige von allen Mythologien den Menschen aufforderte, Göttern zu dienen, die zugegebenermaßen mit dem Rücken zur Wand kämpften und zum Schluss auf jeden Fall besiegt werden würden. [...] Die Götter werden fallen. [...] Aber das ändert nicht im Geringsten etwas an der Loyalität eines jeden freien Mannes.[126]

In *Letters to Malcolm* stellt Lewis an dieser Stelle selbst die Verbindung zu seiner Bekehrung zum Theismus her. Er erinnert seinen (fiktiven) Briefpartner Malcolm zunächst daran, dass diese Bekehrung kein Ergebnis einer göttlichen Bestechung war – schon deshalb nicht, weil sie den Glauben an den Himmel noch gar nicht mit einschloss. Dann aber fügt er erklärend hinzu: Angenommen, Gott würde jetzt zu ihm sagen (was natürlich unmöglich sei): «Dein Glaube an meine Allmacht war nur ein Irrtum; mein Kampf gegen die blinden Kräfte der Natur neigt sich dem Ende zu, und ich werde bald vergehen.» Das wäre doch gewiss nicht der Moment, ihm die Gefolgschaft zu kündigen: «Würden du und ich nicht mit den Wikingern sagen: ‹Die Giganten und Trolle gewinnen. Lasst uns auf der richtigen Seite sterben, mit Vater Odin›?»[127]

Es ist also nicht Gottes *Allmacht*, die uns Anlass gibt, ihn zu verehren und ihm zu gehorchen, sondern allein seine *Heiligkeit* und *Güte*. Eben dies stellt Lewis in *Surprised by Joy* ganz besonders heraus, und er zieht daraus die Konsequenz für die Lehre vom Jenseits, die er sich schließlich zu eigen machte. Soll diese Lehre für einen aufrichtigen Menschen annehmbar sein, so können die Freuden des Himmels und die Schrecken der Hölle nur einen einzigen Grund haben – nämlich die An- oder Abwesenheit *Gottes selbst* (und nicht irgendetwas, das dieser für uns tun könnte, was aber mit ihm selbst nichts zu tun hat). Gott zu kennen und in Gemeinschaft mit ihm zu sein *ist* für ein Geschöpf der Him-

---

[126] «First and Second Things» 278f.

[127] *Letters to Malcolm* 153. Der letzte Satz ist eine Anspielung auf den Schluss von Robert Louis Stevensons Parabel *Faith, Half Faith and No Faith At All.*

mel; aufgrund des eigenen freien Entschlusses von ihm getrennt zu sein *ist* für ein Geschöpf die Hölle. Jede andere Vorstellung korrumpiert unser Verständnis von Himmel und Hölle, und sie korrumpiert uns, wenn wir sie vertreten.

Ein erstes Anzeichen für ein positives Verhältnis zur Auferstehung findet sich in einem Brief, den Lewis in den Tagen schrieb, in denen er zur Anerkennung Christi kam. In diesem Brief an Arthur vom 22. September 1931 bezeichnet er William Morris als einen unfreiwilligen Zeugen für die Wahrheit: er zeige einem, wie weit man im Leben gehen könne, *ohne* Gott zu kennen, und dies reiche aus, um zu erkennen, dass dies nicht genug sei. Sollte man je versucht sein, sich mit dem weltlichen Standpunkt zufrieden zu geben, so würden ein oder zwei Seiten Morris genügen, um eine unaussprechliche Sehnsucht in einem zu wecken, die einem bewusst mache, dass das Leben ohne Wert ist, wenn man nicht darauf hoffen kann, eines seiner Länder am Ende der Welt zu finden. Ein paar Seiten Beschreibung dessen, was seinen Reisenden passiert, wenn sie diese Länder tatsächlich erreichen, seien aber genug, um einen zu überzeugen, dass diese Länder garantiert *nicht* das sind, wonach man sich die ganze Zeit über gesehnt hat. Alles, was Morris getan habe, sei also, die Sehnsucht zu wecken; vom tatsächlichen *Ziel* dieser Sehnsucht habe er offenbar keine Ahnung:

> Und dann versteht man, dass der *Tod* die Basis des Ganzen ist, und warum er das Thema des irdischen Paradieses gewählt hat, und dass die wahre Lösung eine ist, die er nie gesehen hat.[128]

Damit deutet Lewis an, dass er sich nun vorstellen kann, die mit der Erfahrung von Joy verbundene Sehnsucht könne (und werde) eines Tages gestillt werden – nicht in diesem, unserem irdischen Leben, sondern in einem *zukünftigen* Leben. Er bezeichnet daher MacDonalds Konzeption des Todes (die in Wahrheit die Konzeption des Heiligen Paulus sei) als

---

[128] *Collected Letters I* 971, an Arthur Greeves, 22. September 1931.

die Antwort auf Morris, gibt aber zu, dass er diese Antwort wohl kaum verstanden hätte, ohne vorher für eine Weile Morris gefolgt zu sein.

Lewis erklärt, als Theist habe er dann versucht, diejenige Religion zu finden, die am besten integriert, was sowohl die Philosophie als auch die Religionen der Welt ihm über Gott und sein Verhältnis zur Welt zu sagen vermochten. Dabei war er sich des gemeinsamen Elementes bewusst, das fast alle Religionen durchzieht: Immer wieder stieß man auf den Gedanken, dass Erlösung *Opfer* erfordert – dass sie etwas mit einer mystischen Gemeinschaft zu tun hat, die durch das Vergießen von Blut gestiftet wird, wenn nicht sogar durch das Sterben eines Gottes. Bisher hatte er diese Vorstellung für einen mythologisch verzerrten Ausdruck des *evangelium eternum* gehalten, also für eine poetische Darstellung jener ewigen Wahrheit über das spirituelle Leben, von der er glaubte, sie in seiner idealistischen Theorie vom «sterben, um zu leben» weit besser formuliert zu haben (Kap. 17). Nun schien ihm, dass in diesem Gedanken vielleicht doch ein tieferer Sinn steckte, als er das bisher gesehen hatte: nur welcher?

Zumindest war Lewis sich sicher, dass die eine wahre Religion dieses mythische oder rituelle Element ebenso enthalten musste wie die philosophische Vorstellung von Gott, die er sich gebildet hatte, dass also «der Intellekt und das Gewissen wie auch die Orgie und das Ritual unsere Wegweiser sein müssen». (SbJ 183) Seine Frage lautete daher: Gab es eine Religion, in der diese beiden Elemente zu einer wirklichen Einheit gefunden hatten? An dieser Stelle kam ihm Chesterton zu Hilfe, ging es doch auch in *The Everlasting Man* um die Frage, was der Sinn der Mythenschöpfer für Opfer und Mysterien mit der Suche der Philosophen nach dem Wahren und Guten zu tun hat. Lewis erkannte, dass man es nicht mit einer unüberschaubaren Menge gleichwertiger Religionen zu tun hatte, zwischen denen man zu wählen hatte, traten die beiden Aspekte des Religiösen doch für gewöhnlich *unabhängig* voneinander auf: beide Elemente fanden sich nur im Hinduismus und in der jüdisch-christlichen Religion.

Beim *Hinduismus* empfand Lewis es als unbefriedigend, dass zwar beide Elemente vorkamen, dass diese aber in keinerlei Beziehung zueinander standen: Der Einsiedler kümmert sich in seiner Zurückgezogenheit nicht um die Tempelprostitution, und der Beter im Tempel weiß nichts von der universellen Ethik und Metaphysik des Einsiedlers.

Es war das *Judentum*, das als einzige Religion konsequent den Schritt getan hatte, die numinose Kraft hinter allen Naturphänomenen mit der Quelle und dem Hüter des Sittengesetzes zu identifizieren. Lewis bezeichnet Psalm 19 als den großartigsten poetischen Ausdruck dieser Identifikation: in diesem Psalm werden die beiden Stränge der Verehrung Gottes als numinoser Schöpfer der Natur und des Lobes des Gesetzes, das Gott seinem Volk gegeben hat, zu einer untrennbaren Einheit verwoben. Der christliche Lewis schrieb daher später, in Psalm 19 werde nahezu alles gesagt, was *vor* der Inkarnation überhaupt über Gott gesagt werden konnte.

Eine Verschmelzung dieser beiden Stränge religiösen Denkens und Empfindens findet sich auch im *Christentum*, das historisch aus der jüdischen Religion hervorging. Doch die Art und Weise, wie das Christentum diese beiden Stränge verbindet, ist eine andere. Laut Chesterton konnte nur das historische Ereignis der Inkarnation zusammenführen, was Philosophie und Ethik wie auch die religiöse Erfahrung der Menschheit über Gott zu sagen vermögen.

Bevor Lewis sich imstande sah, diese Auffassung zu übernehmen, waren aber noch zwei Probleme zu lösen: Er musste sich über die Person Jesu klar werden, und er musste sich einen Reim auf die christliche Erlösungslehre machen.

Bei ersterem Problem kamen ihm ein weiteres Mal seine literaturwissenschaftlichen Kenntnisse zu Hilfe. Lewis begann im Oktober 1930, B.Litt-Studenten der Anglistik in der Methode der *Textkritik* zu unterrichten (ein Kurs, den er bis 1944 etwa zwanzigmal gab). Texte, die in Zeiten vor Erfindung des Buchdrucks entstanden sind, sind ja nur in handschriftlichen, nicht selten unvollständigen Fassungen überliefert, die sich manchmal erheblich voneinander unterscheiden. Die Textkritik versucht daher, mithilfe wissenschaftlicher Kriterien zu klären, welche der in den Manuskripten überlieferten Textvarianten am ehesten der Originalfassung entsprechen. Dadurch versucht man sich so gut es geht dem Text anzunähern, wie er ursprünglich einmal geschrieben wurde. Dieses Verfahren kommt in der Anglistik bei der Untersuchung mittelalterlicher Handschriften ebenso zum Einsatz wie in der Bibelwissenschaft bei der Untersuchung der Abschriften der Texte des Alten und Neuen Testaments.

Aufgrund seiner Kenntnis der Überlieferungsgeschichte mittelalterlicher Werke blieb Lewis nicht verborgen, dass die Quellenlage beim Neuen Testament um einiges besser war als bei den mittelalterlichen Texten. Es gibt hier viele sehr alte Textzeugen, die sich auch alle nur sehr wenig voneinander unterscheiden. Dies belegt die hohe Zuverlässigkeit der schriftlichen Überlieferung der Evangelien (die auch weit über das hinausgeht, was bei anderen antiken Autoren wie Platon, Herodot oder Cäsar zu finden ist). Und das bedeutete: Man konnte sich der Herausforderung der Evangelien nicht dadurch entziehen, dass man annahm, Passagen, die auf Jesu Göttlichkeit hindeuten, seien erst durch spätere Abschreiber in die Texte gekommen. Hatte jemand unter seinen Zuhörern Zweifel an der Zuverlässigkeit der textlichen Überlieferung der Evangelien, so wies Lewis ihn auch später darauf hin,

> dass es eine Wissenschaft gibt, die sich «Textkritik» nennt, und dass ihre Ergebnisse (nicht nur in Bezug auf das Neue Testament, sondern in Bezug auf antike Texte im Allgemeinen) allgemein anerkannt sind [...].[129]

Zudem griffen die mittelalterlichen wie auch die biblischen Autoren auf Texte früherer Autoren zurück und schrieben diese weiter. Aufgrund der enormen Übereinstimmungen zwischen mittelalterlichen Texten wie Waces *Roman de Brut* (1155) und Layamons *Brut* (ca. 1190–1215) besteht zum Beispiel kein Zweifel, dass Layamon Waces *Roman de Brut* als Vorlage für seine eigene Geschichte Britanniens benutzte (darüber hinaus aber auch noch andere Quellen). So ist es auch bei der Bibel: die Übereinstimmungen und Unterschiede zwischen Markus, Lukas

---

[129] «Christian Apologetics» 95.

und Matthäus sind von solcher Art, dass man annehmen kann, dass Lukas und Matthäus das Markusevangelium gekannt haben, aber auch noch über weitere (teilweise sogar gemeinsame) Quellen verfügten.

Dies führte in beiden Bereichen zu einer Vielzahl von Versuchen, die Entstehungsgeschichte der betreffenden Texte zu rekonstruieren, um auf diesem Weg der ursprünglichen Aussage-Absicht der jeweiligen Autoren auf die Spur zu kommen. Lewis, der diesen Versuchen in seinem eigenen Fachgebiet mit großer Skepsis begegnete (das meiste hiervon schien ihm pure Spekulation zu sein), kam nicht umhin, den Versuchen der Bibelwissenschaftler mit derselben Skepsis zu begegnen. Er hielt es für ausgeschlossen, dass man durch solche hypothetischen Rekonstruktionen der Entstehung der Evangelien der Person des historischen Jesus wirklich näher kam.

Dass Lewis solche Spekulationen für wenig zielführend hielt, hatte aber noch einen anderen Grund: Er betont, ihm selbst seien aus der gesamten Literaturgeschichte nur zwei andere Personen bekannt, deren Charakter so unverkennbar und so lebendig aus den Texten hervortrete wie der Jesus der Evangelien: Platons Darstellung seines Lehrers Sokrates (in den Dialogen) und Boswells Darstellung seines Freundes Dr. Johnson in seinem *Life of Samuel Johnson.* Er war deshalb überzeugt, das Bild Jesu, wie die Evangelien es präsentieren, reiche näher an den historischen Jesus heran als alle vermeintlich wissenschaftlichen Rekonstruktionen der modernen Leben-Jesu-Forschung.

Seine Kenntnis der Literaturgeschichte untermauerte diese Einschätzung auch insofern, als sie ihm die Gewissheit gab, dass die Evangelien keine Legenden waren. Lewis hatte inzwischen so viele Legenden gelesen, dass er sich in der Lage sah, sie an ihrer Erzählweise zu erkennen: Die Evangelien waren viel zu wenig kunstvoll gestaltet und bestanden viel zu sehr auf der Historizität des Dargestellten, als dass man sie als bloße Legenden hätte betrachten können. Dabei war er sich natürlich bewusst, dass die Evangelien kein wörtliches Protokoll dessen boten, was Jesus, seine Freunde und Gegner wo und an welchem Tag gesagt hatten. Aber das war auch nicht zu erwarten, da unsere heutige Fokussierung auf Daten, Zahlen und Orte in der antiken Welt noch gar nicht existierte: Niemand interessierte sich damals für *diese* Art von Wahrheit. Wie Herodot oder Plutarch bei ihren Berichten über antike Persönlichkeiten ging es den Evangelisten nicht darum, den genauen Ablauf der Taten oder den genauen Wortlaut der Reden Jesu zu bewahren, sondern ihr Wesen: sie wollten ihren Lesern zeigen, *wer* dieser Jesus war.

Als Lewis die Texte des Neuen Testaments zum ersten Mal in vollem Ernst las (das Johannes-Evangelium las er zum Beispiel im Mai 1930 im griechischen Original), blieb diese Einstufung der Evangelien als verlässliche Quellen für die Persönlichkeit Jesu nicht ohne Folgen. Er bemerkte eine enorme Spannung zwischen Jesu enormer Weisheit und Güte (einerseits) und seinem vermeintlichen theologischen Größenwahn (andererseits). Aus den Erzählungen anderer hatte er erwartet, in Jesu Tun und Lehre allerhöchste moralische Vollkommenheit zu finden. Und das traf auch auf viele Passagen in den Evangelien zu. So manches an Jesu Verhalten erschien ihm aber dennoch kritikwürdig, zum Beispiel, wenn er die Einladung eines Pharisäers zum Essen annahm und ihn dann mit Vorwürfen überhäufte. Von einer solchen Kritik an Jesu Verhalten wollten die Evangelien aber nichts wissen. Sie vermittelten vielmehr den Eindruck,

> dass an uns schlicht und einfach nicht die Einladung ergeht, ein moralisches Urteil über Ihn zu fällen, egal wie positiv. Es ist nur zu klar, dass *Er* es ist, der jegliches Richten übernimmt; wir sind es, die gerichtet *werden*, manchmal zärtlich, manchmal mit verblüffender Strenge, aber immer *de haut en bas* [von oben nach unten].[130]

Zu diesem Anspruch, der Richter aller zu sein, gesellte sich Jesu Anspruch, Sünden vergeben zu können; ein Recht, das nach jüdischem Verständnis Gott allein zukam (vgl. Mk 2,1–12; Lk 5,17–26). Auch hier kam Lewis nicht umhin, Chesterton zuzustimmen: Sollte Jesus *nur* ein Mensch gewesen sein (wie alle anderen Menschen auch), so wäre dies eine ungeheure Selbstüberschätzung, zu der eigentlich nur ein Verrückter

[130] *Collected Letters II* 375, an Mary Neylan, 26. März 1940.

fähig gewesen wäre. Sich selbst auf eine Stufe mit Gott zu stellen, wäre die größte Hybris gewesen, die je von einem Menschen begangen wurde – *es sei denn,* Jesus wäre tatsächlich der, der er nach dem Zeugnis der Evangelien war, nämlich der Mensch gewordene Gottessohn.

Lewis musste zugeben, dass Jesu übriges Verhalten auf ihn ganz und gar nicht den Eindruck machte, er sei verrückt (oder gar ein Betrüger, der seine Zuhörer bewusst in die Irre führen wollte). War Jesus aber Gott, so hätte sich auf Golgota tatsächlich das Sterben eines Gottes ereignet, wie sein Kollege Weldon das ja bereits im April 1926 für möglich erklärt hatte (Kap. 18).

Merkwürdig war nur: Die Evangelien erwähnten mit keiner Silbe, was Lewis selbst unübersehbar erschien. Jesus vollzog *als historische Person* den Part des sterbenden und zu neuem Leben auferstehenden Gottes, von dem die Mythen nur geträumt hatten. Jene, die das berichteten, waren sich dessen aber anscheinend überhaupt nicht bewusst. Das irritierte Lewis, gab ihm aber die Gewissheit, dass es sich bei dem von den Evangelien Berichteten nicht bloß um einen weiteren Mythos von einem sterbenden und zu neuem Leben auferstehenden Gott handelte.

Auch wenn er die Inkarnation nun sowohl für möglich[131] als auch für historisch gut bezeugt hielt, sah er sich aber immer noch nicht imstande, sie tatsächlich zu glauben. Er haderte nach wie vor mit der christlichen Erlösungslehre: Wie konnte man bekennen, Christus sei «für unsere Sünden gestorben», wenn es unmöglich war zu sagen, was das *hieß?* Kurz nach seiner Anerkennung Christi beschrieb er seine geistige Verfassung in den Monaten zuvor wie folgt:

> Was mich (zumindest für das letzte Jahr oder so) zurückgehalten hat, war nicht so sehr eine Schwierigkeit zu glauben, als vielmehr eine Schwierigkeit zu verstehen, was die Lehre *meint:* Man kann eine Sache nicht glauben, wenn man nicht weiß, *was* diese Sache

[131] Philosophisch sah Lewis ebenfalls keinen Grund, weshalb ein personaler Schöpfergott nicht handelnd in seiner Schöpfung gegenwärtig sein und das Wunder der Inkarnation bewirkt haben könnte.

> ist. Mein Rätsel war die ganze Lehre von der Erlösung – in welchem Sinn das Leben und der Tod Christi die Welt «gerettet» oder ihr «die Erlösung eröffnet» hat.[132]

Lewis konnte sogar verstehen, dass nicht nur besonders schlechte Menschen, sondern letztlich *alle* Menschen Gottes Hilfe benötigten, um aus ihrem gegenwärtigen Zustand der Sündhaftigkeit erlöst zu werden. Aber er sah nicht, wie der Tod Christi vor 2000 Jahren, der in der Bibel in mystischen Ausdrücken wie der Waschung des Gewandes im Blut des Lammes (Offenbarung 7,14) beschrieben wird, einem heutigen Menschen sein Heil bringen konnte.

Den Gedanken, Jesus habe sich «wegen unserer Verfehlungen» (Röm 4,25) für uns geopfert, einfach aus dem Christentum zu streichen (wie es nicht wenige Theologen damals taten und auch heute noch tun), kam für ihn nicht infrage. Dafür war der Opfergedanke viel zu tief in der Theologie des hl. Paulus verankert (dessen Deutung des Kreuzestodes Jesu im Übrigen *älter* ist als die Evangelienberichte), und viel zu tief auch im Judentum und in nahezu allen heidnischen Religionen. Auch hätte dies bedeutet, dass Lewis nun doch hätte sagen müssen, was er 18 Jahre zuvor als undenkbar bezeichnet hatte (Kap. 4): dass es «tausend Religionen in der Welt gibt, von denen 999 blanker Unsinn sind und die tausendste (zum Glück) wahr».[133] Das konnte Lewis, der sich dem Glauben ja im Horizont seines lebhaften Interesses für die großen Schöpfungen der heidnischen Imagination näherte – der Balder geliebt hatte, *bevor* er sich für Christus zu interessieren begann –, sich beim besten Willen nicht vorstellen. Er hielt es für weitaus plausibler, dass der Opfergedanke keine Verirrung mehr oder weniger der gesamten Menschheit war, sondern «die erste schattenhafte Annäherung an etwas, dessen Realität mit Christus kam – auch wenn wir dieses Etwas gegenwärtig nicht ganz verstehen können».[134]

---

[132] *Collected Letters I* 976, an Arthur Greeves, 18. Oktober 1931.

[133] «Religion Without Dogma?» 132, vgl. SbJ 47, 183.

[134] *Collected Letters II* 35, an Arthur Greeves, 10. Januar 1932.

Kapitel 23
Ein Mythos wird zum historischen Faktum

Es waren zwei Dinge, die Lewis halfen, seinen Verständnisproblemen zum Trotz den letzten Schritt zu tun und Christus anzuerkennen. Zum einen motivierte ihn der neu gefundene Glaube an einen personalen Gott, seinen Weg vom Atheismus zum Theismus *aufzuschreiben*. Der Text von «Early Prose Joy» (er entstand nicht vor dem Herbst 1930 und vermutlich erst im Frühjahr oder sogar Sommer 1931) blieb zwar unvollendet, doch der Prozess des Schreibens führte dazu, dass Lewis sich die Stadien seines Glaubenswegs noch einmal vergegenwärtigte und sich dabei auch der Motive stärker bewusst wurde, die ihn so lange von der Anerkennung eines personalen Gottes abgehalten hatten.

Etwas Ähnliches passiert später Orual in *Till We Have Faces*, als sie ihre Anklage gegen die Götter niederschreibt: Sie entdeckt, welche Gründe es *eigentlich* gewesen waren, die sie davon abgehalten hatten, den Göttern mit ihrem wahren Angesicht gegenüberzutreten. In *A Grief Observed* verwendet Lewis ebenfalls den Prozess des Aufschreibens der eigenen Gedanken als Mittel, um sich über sich selbst und sein Verhältnis zu Gott klar zu werden, und auch hier entdeckt er die Selbsttäuschungen, denen er zuvor erlegen war. Dass er dem Notieren der eigenen Gedanken in zwei seiner späteren Schriften die Funktion zuschreibt, zu einer Klärung des eigenen Gottesverhältnisses beizutragen, lässt vermuten, dass er dies auch selbst so erlebt hatte.

Dazu passt, dass Lewis in *Surprised by Joy* nur ein bewusstes Motiv nennt, das ihn vom letzten Schritt der Anerkennung Christi abhielt. Er erklärt, als die Entscheidung näher rückte, habe er einen Widerstand in sich verspürt, der fast so stark gewesen sei wie sein Widerstand vor der Anerkennung des Theismus – fast so stark, aber nicht so langlebig, weil er ihn nun *besser verstand*. Er nahm wahr, dass jeder Schritt, den er getan hatte,

> vom Absoluten zu «Spirit» und von «Spirit» zu «Gott» ein Schritt zum Konkreteren, zum Unmittelbareren, zum Zwingenderen gewesen war. Mit jedem dieser Schritte wurde es weniger möglich, «seine Seele sein eigen zu nennen». Die Inkarnation anzuerkennen war ein weiterer Schritt in dieselbe Richtung. Sie bringt Gott näher, oder auf eine neue Weise nahe. Und das, so stellte ich fest, war etwas, das ich nicht gewollt hatte. (SbJ 184)

Dass Lewis zu dieser Erkenntnis gelangte, dazu dürfte das Schreiben von «Early Prose Joy» auf jeden Fall einen Beitrag geleistet haben.

Zum Zweiten erhielt Lewis am 19. September 1931 im Magdalen College einen Übernachtungsbesuch von seinem Freund Hugo Dyson. Nach dem Abendessen kam Tolkien dazu, und bei einem Spaziergang auf dem Addison's Walk begannen die drei, sich über Metapher und Mythos zu unterhalten. Zurück in Lewis' Räumen ging man über zum Thema Christentum, und selbst nachdem Tolkien gegen drei Uhr nachts gegangen war, diskutierten Lewis und Dyson noch eine Stunde weiter.

Drei Tage später berichtet Jack Arthur von diesem Gespräch und erklärt, er habe dabei sehr viel gelernt – *wie viel,* das sollte sich in den Tagen danach erst noch herausstellen. Am 1. Oktober teilt er Arthur nämlich mit, er sei gerade vom Glauben an Gott zum Glauben an Christus übergegangen, und sein langes nächtliches Gespräch mit Dyson und Tolkien habe sehr viel damit zu tun gehabt.

Die Erklärung hierfür liefert Lewis dann in seinem nächsten Brief vom 18. Oktober 1931. Er schreibt, seine Freunde hätten ihm klargemacht, dass er von der Geschichte Jesu etwas verlangt habe, das er von den heidnischen Mythen nie verlangt hatte: eine Bedeutung zu haben, die sich in die abstrakten Begriffe philosophisch-theologischer Sprache übersetzen lässt. Im Fall der heidnischen Mythen sei er bereit gewesen, ihre Bedeutung zu «schmecken» (sie also mit der Imagination aufzunehmen), ohne sie rational zu analysieren. Die Inkarnation aber habe er nur akzeptieren wollen, wenn sich auch theoretisch erklären ließ, wie sie als Mittel der Erlösung «funktionierte».

Dyson und Tolkien überzeugten ihn, dass diese Forderung unangebracht war, weil die Geschichte Jesu Christi eine zentrale Eigenschaft mit den heidnischen Geschichten über sterbende und zu neuem Leben auferstehende Götter teilt: auch sie besitzt die *Qualität des Mythischen.* Diese Geschichte ist «ein Mythos, der auf uns in der gleichen Weise wirkt wie die anderen, nur mit dem gewaltigen Unterschied, dass *er sich tatsächlich ereignet hat*».[135] Daher – so das Argument seiner Freunde – musste man die Geschichte Christi auch so aufnehmen wie die anderen Mythen: nicht mit dem Verstand, sondern mit der Imagination. Lewis drückt diese Idee in «Myth Became Fact» später so aus:

> Das Herz des Christentums ist ein Mythos, der zugleich ein Faktum ist. Der alte Mythos vom sterbenden Gott steigt herab vom Himmel der Legende und der Imagination auf die Erde der Geschichte, *ohne dabei aufzuhören, ein Mythos zu sein.* Er *ereignet* sich – zu einem bestimmten Zeitpunkt, an einem bestimmten Ort, mit bestimmbaren historischen Folgen. Wir schreiten fort von einem Balder oder Osiris, von denen niemand weiß, wann und wo sie gestorben sind, zu einer historischen Person, die unter Pontius Pilatus gekreuzigt wurde (das steht da nicht ohne Grund). Indem er zum Faktum wird, hört er nicht auf, ein Mythos zu sein: das ist das Wunder.[136]

Dies war ein entscheidender Wandel in Lewis' Denken. Ende 1928 hatte er in seiner «Summa» noch behauptet, «[w]enn alle Mythologie als Faktum bewiesen würde, so würden die Dichter sie verwerfen und eine neue erfinden, die garantiert unwahr ist».[137] Er hatte also explizit *bestritten,* dass historische Ereignisse die Qualität des Mythischen besitzen können (Kap. 19). Seine Freunde überzeugten ihn nun, dass eben dies bei der Geschichte Jesu der Fall war – dass Gott uns durch Jesu Leben und Sterben zeigen will, wer er in Wahrheit ist. Auch wenn es ein Ereignis der realen Weltgeschichte war, besitzt das Leben Jesu also durch und

---

135 *Collected Letters I* 977, an Arthur Greeves, 18. Oktober 1931.

136 «Myth Became Fact» 66f.

137 «Summa» 101.

durch *symbolischen* Charakter. Tatsächlich hatte ein anderer seiner Freunde Lewis diesen Gedanken schon 1929 nahegelegt. Owen Barfield hatte in seiner Kritik an der «Summa» geschrieben, Jesu Leben sei

> sowohl Geschichte als auch Mythos, sowohl ein Ereignis in der Zeit als auch ein Symbol des Zeitlosen. In einer akkuraten Biografie über ihn würden die Wahrheit der Fakten und die Wahrheit der Imagination tatsächlich einmal zusammenfallen.[138]

Damals war Lewis nicht auf diesen Vorschlag eingegangen, Barfields Denkanstoß dürfte es ihm aber leichter gemacht haben, nun zu verstehen (und zu akzeptieren), worauf Dyson und Tolkien hinauswollten. Dabei half ihm gewiss auch sein durch *Poetic Diction* geschultes Wissen, dass die Trennung zwischen historischen Fakten und imaginativer Bedeutung, auf der er so lange bestanden hatte, zur Zeit Jesu noch gar nicht existierte (Kap. 14). So bezeichnet Jesus im Johannes-Evangelium seine Wunder ja selbst als «Zeichen», das heißt als Symbolhandlungen, die seiner Zuhörerschaft zeigen sollen, wer der Gott ist, den zu verkünden er gekommen ist.

Lewis erkannte nun auch, dass seine eigene Shakespeare/Hamlet-Analogie die Möglichkeit der Inkarnation von Anfang an mit eingeschlossen hatte – indem Shakespeare sich selbst eine Rolle in seinem Stück gab (wie Dante es zum Beispiel in seiner *Göttlichen Komödie* getan hatte und Lewis selbst es später in *Out of the Silent Planet* und *Perelandra* tun würde). Diese Figur wäre dann ein Bestandteil der Welt des Geschaffenen wie die anderen Figuren auch, und somit den Bedingungen menschlicher Existenz unterworfen wie sie. Sie wäre aber dennoch eins mit ihrem göttlichen Ursprung und könnte daher uns gegenüber als Interpret Gottes und authentische Repräsentation seines Willens fungieren.

Im Licht dieser neuen Erkenntnisse sah Lewis, dass auch die heidnischen Mythen zu den Dingen gehören, durch die Gott sich der Menschheit offenbaren will. In seinem Brief vom 18. Oktober 1931

---

[138] Barfield, «Autem» 119, Übers. N.F.

schreibt er zunächst, das Christentum sei *Gottes Mythos*, während die heidnischen Geschichten *Mythen der Menschen* seien. Das erklärt er dann aber folgendermaßen: In den heidnischen Geschichten drückt Gott sich durch den Geist von Dichtern aus (unter Verwendung der Bilder, die er bei ihnen vorfindet), während er sich im Christentum durch das ausdrückt, was wir «reale Dinge» nennen. In beiden Fällen ist also Gott selbst am Werk, nur eben das eine Mal vermittelt durch historische Ereignisse und das andere Mal durch den Geist von Dichtern. Die «dazwischen geschalteten» menschlichen Empfänger nehmen die göttliche Botschaft allerdings immer nur unvollkommen auf, sodass die Mythen der Menschen *weniger* zutreffend sind als Gottes eigener Mythos.

Auch Gottes Mythos ist jedoch keine *buchstäbliche* Beschreibung seines eigenen Wesens. Da es Gott selbst ist, der in und durch Christus handelt, ist dieser Mythos zwar *wahr*, aber wahr

> nicht im Sinn einer «Beschreibung» Gottes (die kein endliches Bewusstsein aufnehmen könnte), sondern in dem Sinn, dass er die Weise ist, in der Gott beschließt (oder es Ihm möglich ist), unseren Erkenntnisfähigkeiten zu erscheinen.[139]

Es bleibt also für Lewis dabei: Aussagen über nicht mit den Sinnen wahrnehmbare Dinge sind immer metaphorisch (Kap. 18). Und das gilt auch für das Bild von sich selbst, das Gott uns durch Christus vermittelt. Auch Jesu Worte und Taten haben also symbolischen Charakter. Sie sind aber insofern wahr, als sie Gottes Wesen besser zum Ausdruck bringen als jede andere mögliche menschliche Beschreibung: Schauen wir auf sein Leben und Sterben, so erhalten wir ein zutreffenderes Bild davon, wer Gott ist und wie er zu uns Menschen steht, als wir dies aus jeder anderen uns zur Verfügung stehenden Quelle erhalten könnten.

Lewis vertritt diese Überzeugung auch in *The Pilgrim's Regress*. Die betreffende Passage ist hochspannend, aber auch etwas verwirrend,

---

139 *Collected Letters I* 977, an Arthur Greeves, 18. Oktober 1931.

weil sie zunächst wie eine Kopie jener (in Kap. 20 besprochenen) Passage aus «Early Prose Joy» erscheint, in der er erklärt, was ihn schließlich dazu bewog, einen personalen Gott anzuerkennen. In *The Pilgrim's Regress* geht es aber nicht um den Theismus, sondern um die Inkarnation, von der in «Early Prose Joy» noch keine Rede ist. Dies zeigt, wie Lewis beim Schreiben auf alte Entwürfe zurückgriff und sie im Licht neuer Ideen umarbeitete – was im vorliegenden Fall aber vermutlich nicht seine beste Idee war. Tatsächlich macht erst ein Vergleich der beiden Stellen deutlich, worauf er in *The Pilgrim's Regress* hinauswill.

John hat gerade den Sprung ins Wasser des Canyons namens *Peccatum Adae* hinter sich gebracht und ist auf der anderen Seite wieder aufgetaucht; er ist also durch das Wasser der Taufe neu geboren. Beim Aufstieg auf der anderen Seite begegnet ihm Mr. Wisdom (= die Philosophie des Absoluten Idealismus). Dieser erklärt, in Wahrheit könne niemand den Ort erreichen, von dem John meine, ihn nun erreicht zu haben: Seine ganze Reise sei nur ein Bild, denn keine Aussage über solche Orte könne mehr als mythologisch sein. Übersetzt heißt das: Der Idealist bestreitet, dass es möglich ist, eine direkte Kenntnis Gottes zu haben; all unser Wissen über ihn ist von metaphorischem Charakter – oder eben Mythologie. Daraufhin wendet sich Gott selbst an John und erklärt:

> «Kind, wenn du willst, dann ist es Mythologie. Es ist jedoch Wahrheit, nicht Fakt; ein Bild, nicht das Reale selbst. Aber dies ist *meine* Mythologie. Mr. Wisdoms Worte sind ebenfalls Mythos und Metapher, doch da sie sich selbst nicht als das erkennen, was sie sind, ist der verborgene Mythos in ihnen Herr, wo er Diener sein sollte, und es ist nur eine Erfindung von Menschen. Dies aber ist meine Erfindung; es ist der Schleier, den ich gewählt habe, um mich von Anfang an bis heute unter ihm zu zeigen. Zu diesem Zweck habe ich deine Sinne und deine Imagination geschaffen: damit du mein Angesicht siehst und lebst. Was willst du haben? Hast du bei den Heiden nicht die Geschichte von Semele gehört? Oder gab es irgendeine Zeit in irgendeinem Land, wo die Menschen nicht wussten, dass Korn und Wein das Blut und der Leib eines sterbenden und doch lebendigen Gottes sind?» (PR 174f)

Es fällt auf, dass beide Passagen mit derselben Behauptung beginnen, Gottes Mythos sei «Wahrheit, nicht Fakt». Bestreitet Lewis in dieser im August 1932 geschriebenen Passage also immer noch die Inkarnation? Nein, das ist nicht der Fall. Um das zu verstehen, hilft ein Blick auf die Unterschiede zwischen den beiden Versionen, das heißt darauf, wie er die Passage aus «Early Prose Joy» *verändert,* um sie seinen neuen Überzeugungen anzupassen.

1. In «Early Prose Joy» hatte Lewis geschrieben, das Sprechen von Gott als einem Du sei das Symbol, unter dem sich Gott selbst uns darbiete. Nun spricht er davon, die Mythen von sterbenden und zu neuem Leben auferstehenden Gottheiten seien etwas, worin Gott sich den Menschen «von Anfang an und bis heute» zeige – denn «gab es irgendeine Zeit in irgendeinem Land, zu der die Menschen nicht wussten, dass Korn und Wein das Blut und der Leib eines sterbenden und doch lebendigen Gottes sind?» Es geht also nicht mehr um den Theismus, sondern um die Inkarnation.

2. Lewis beteuert beide Male, der Mythos Gottes sei insofern wahr, als er die göttliche Wirklichkeit besser treffe als die Mythen der Philosophen. In «Early Prose Joy» bezog sich das auf seine eigene idealistische Philosophie, nun geht es darum, dass sich der Absolute Idealismus selbst nicht als das erkennt, was er ist (nämlich eine *unbewusst* metaphorische Rede, wie Lewis ja bei Bradley & Co. festgestellt hatte). In beiden Fällen ist es aber so, dass die jeweilige Philosophie eine Erfindung von *Menschen* ist, der christliche Mythos aber eine Erfindung *Gottes.*

3. In «Early Prose Joy» schreibt Lewis, Gott habe sein *Denken* und seine Imagination geschaffen und wisse doch sicher, wie er sie zu nutzen habe. Nun spricht er von den *Sinnen* und der Imagination Johns. Dies ist ein Hinweis darauf, dass er nun der Erfahrung – und damit auch der Geschichte – bei der Gotteserkenntnis einen Vorrang vor dem bloßen Denken einräumt.

4. Lewis nennt Gottes Mythos nun nicht mehr ein *Symbol,* sondern einen *Schleier.* Einen Schleier kann man aber entfernen. Dazu passt der Wechsel von «Niemand hat mein Angesicht gesehen und ist am Leben

geblieben» zu «damit du mein Angesicht siehst und lebst.» Die erste Formulierung ist ein Zitat aus dem Alten Testament: «Weiter sprach er: Du kannst mein Angesicht nicht schauen; denn kein Mensch kann mich schauen und am Leben bleiben.» (2. Mose 33,20) In «Early Prose Joy» *bestreitet* Lewis also, dass es möglich ist, Gott hier auf Erden so zu sehen, wie er ist. In *The Pilgrim's Regress* erklärt er jedoch, eben dies sei immer schon Gottes Absicht gewesen: wir sollen sein Angesicht sehen und dennoch *leben.* Gott musste der Menschheit zwar zunächst unter einem Schleier erscheinen, um sie auf seine endgültige Offenbarung vorzubereiten. Doch der Schleier «wurde abgetan in Christus» (2. Kor 3,14): die mythologische Verschleierung Gottes verschwindet, weil Gott in Christus *selber da ist.* Es ist also gerade der Glaube an die Inkarnation, der den Unterschied macht. Wie der johanneische Jesus sagt: «Wer mich gesehen hat, hat den Vater gesehen.» (Johannes 14,9)

5. Auch der Hinweis auf die Geschichte von Semele erhält nun eine neue Funktion. In «Early Prose Joy» dient er der Bestätigung, dass es keinem sterblichen Menschen möglich ist, Gottes Angesicht zu schauen: Semele starb, als Zeus sich ihr in seiner ganzen Herrlichkeit zeigte. In *The Pilgrim's Regress* hingegen reiht Lewis die Geschichte unter die heidnischen Mythen von Tod und Wiedergeburt ein. Eine Form des Dionysos-Mythos besteht nämlich darin, dass dieser in den Hades hinabsteigt, um seine Mutter Semele von den Toten zurückzuholen. Deshalb folgt dem Hinweis auf die Geschichte von Semele nicht mehr die Erklärung: «Niemand hat mein Angesicht gesehen und ist am Leben geblieben», sondern die Erklärung, die Mythen von sterbenden und wieder auferstehenden Gottheiten seien allgemeines Menschheitsgut.

Wir sehen: Die Änderungen, die Lewis an seinem früheren Entwurf vornimmt, weisen alle in dieselbe Richtung, nämlich in Richtung eines Gottes, der in Christus Mensch geworden ist, um sich uns zu offenbaren. Diese Offenbarung bleibt aber insofern Mythologie, als auch sie eine symbolische Repräsentation des unsichtbaren Gottes ist. Das ist auch der Grund, weshalb Lewis weiter davon spricht, Gottes Mythos sei «Wahrheit, nicht Fakt». «Fakt» meint hier nicht «geschichtliches

Faktum» (wie später in «Myth Became Fact»), sondern bezieht sich auf das faktische Sein Gottes: Auch Gottes Mythos zeigt uns nicht die Realität Gottes *an sich* – wie Gott *de facto ist* –, sondern nur ein Bild davon: Christus ist das «Bild des unsichtbaren Gottes» (Kol 1,15).

Das heißt, in Jesus Christus ist Gott zwar wahrhaft da, und insofern ist der Schleier der Mythen abgetan. Doch wenn Jesus von Gott als seinem Vater spricht oder im Abendmahls-Saal Brot und Wein nimmt und seinen Tod als einen stellvertretenden Tod zur Rettung der Vielen deutet, so spricht auch er symbolisch. Das sagt uns aber mehr darüber, wer Gott ist und wie er zu uns steht, als wir aus jeder anderen Quelle erfahren könnten. In seinem Brief an Arthur vom 18. Oktober 1931 schreibt Lewis deshalb:

> Die «Lehren», die wir diesem wahren Mythos entnehmen, sind natürlich *weniger* wahr: sie sind Übersetzungen in unsere *Begriffe* und *Vorstellungen* dessen, was Gott bereits in einer angemesseneren Sprache gesagt hat, nämlich der tatsächlichen Inkarnation, Kreuzigung und Auferstehung.[140]

Natürlich dachte Lewis weiter darüber nach, wie Christus anderen, räumlich und zeitlich von ihm getrennten Menschen ihre Erlösung bringen konnte. Und er kam zu dem Ergebnis, dass dies weder naturwissenschaftlich noch philosophisch unmöglich ist. Doch er erhob auch später nicht den Anspruch, erklären zu können, wie das «funktionierte». Im Gegenteil, er betont: Wann immer jemand behauptet, Christi stellvertretenden Tod vollständig erklären zu können, kann man davon ausgehen, dass an seiner Erklärung etwas nicht stimmt.

Die abschließende Frage, ob seine neue Erkenntnis auf einen Glauben ans Christentum hinauslaufe, beantwortet Lewis in seinem Brief an Arthur mit einem minimalen Zögern: Zumindest sei er sich nun sicher, a) dass man an die Geschichte Jesu in einem bestimmten Sinn

140 *Collected Letters I* 977, an Arthur Greeves, 18. Oktober 1931.

so herangehen müsse wie an die anderen Mythen, und b) dass sie die wichtigste und bedeutsamste aller Geschichten sei. Auch sei er sich *fast* sicher, dass sie sich tatsächlich ereignet habe.

Dieses Zögern war aber offenbar nur von kurzer Dauer. Lewis' Briefe aus der Zeit danach lassen keine solchen Zweifel mehr erkennen; Anfang November schreibt er zum Beispiel, die heidnischen Mythen seien nur «ein erstes Wispern des Windes von jenseits der Welt», doch das Christentum sei «die Sache selbst». Sicherlich gab es noch einiges zu klären und zu durchdenken (seine Briefe der folgenden Monate spiegeln diesen Prozess auch wider), grundsätzliche Zweifel an der Wahrheit des Christentums hatte er aber keine mehr.

Daher gibt es auch keinen Grund, die traditionelle Datierung des Moments infrage zu stellen, in dem Lewis zur Anerkennung Jesu Christi kam. Am 28. September 1931, etwas mehr als eine Woche nach dem Gespräch mit Dyson und Tolkien, machte er mit dem ganzen Hausstand einen Ausflug zum etwa 35 Meilen entfernten Whipsnade Zoo (der erst vor kurzem eröffnet worden war). Maureen, Mrs. Moore, der Hund Mr. Papworth und eine Freundin der Familie fuhren mit dem Wagen, sodass Warnie seinen Bruder Jack im Beiwagen seines «Daudels» (d.h. seines AJS Motorrads) mitnahm. Als sie in Oxford losfuhren, glaubte Lewis noch nicht, dass Jesus Gottes Sohn war; als er am Zoo ankam, glaubte er es.

Dabei konnte er sich später nicht erinnern, die Fahrt mit Nachdenken oder in einer besonders emotionalen Verfassung zugebracht zu haben. Es war eher so, als habe er, nach dem Ende einer langen Nacht immer noch im Bett liegend, zuletzt bemerkt, dass er nun *wach* war. Oder, um es mit einer anderen Metapher auszudrücken: Die jahrelang wild durcheinander liegenden Bruchstücke seines Lebens und Denkens hatten sich zu einem stimmigen Gesamtbild zusammengefügt, und jetzt, wo er das Bild sah, gab es keine Zweifel mehr an seiner Richtigkeit.

Infolgedessen hatte der Moment auch nicht die Ambivalenz seiner Erfahrung vom Juni 1926 auf dem Oberdeck eines Busses, bei der er sich ja mit einer *Entscheidung* konfrontiert gesehen hatte (Kap. 18).

Nachdem er das Bild einmal gesehen hatte, gab es im Grunde genommen nichts mehr zu entscheiden: Freiheit und Notwendigkeit gingen Hand in Hand; es war einfach nicht möglich, etwas anderes zu tun, als *Ja* zu sagen zu dem Erkannten – und damit zu Christus. Dies ist vermutlich auch der Grund, weshalb der letzte Schritt der Anerkennung Christi für Lewis weit weniger emotional verlief als seine vorherige Anerkennung eines personalen Gottes.

Die Bluebells (Hasenglöckchen), die er in *Surprised by Joy* erwähnt, blühen gar nicht im September, sondern von April bis Juni; Lewis sah sie erst bei einem späteren Besuch im Whipsnade Zoo im Juni 1932. Dass er sie dennoch erwähnt (wenn auch in einem eigenen Absatz), liegt an ihrem *Symbolgehalt:* In seinen Anfangstagen erschien ihm der Zoo fast wie eine Reinkarnation des Garten Eden, und dazu passte die blaue Blume als Symbol der Romantiker für ihre Sehnsucht nach dem Paradies. Und dazu passte auch, dass Lewis selbst endlich das Ziel seiner lebenslangen Suche nach der Quelle von Joy gefunden hatte. Nun, da er wusste, *wem* seine Sehnsucht galt, war sie aber längst nicht mehr so bedeutsam wie zuvor. Als er nur diese Erfahrung als Hinweis hatte, war sie von überragender Bedeutung; als er glaubte, sie selbst sei das, wonach er sich sehnte, natürlich erst recht. Doch jetzt, wo er wusste, dass es Christus gewesen war, der ihn über all die Jahre hinweg durch diese Erfahrung zu sich gerufen hatte, war sie nicht mehr so wichtig: Wer interessiert sich schon für ein Foto seiner Geliebten, wenn sie selbst mit ihm im Raum ist?

Nach seiner Bekehrung zum Theismus hatte Lewis noch nicht wieder die Kommunion empfangen, da er nicht daran glaubte, dass Christus im gewandelten Brot und Wein real gegenwärtig war. Zum ersten Mal seit seiner Jugend empfing er die Heilige Kommunion in seiner Pfarrkirche Holy Trinity (Headington) am Morgen des ersten Weihnachstages des Jahres 1931. Sein Bruder Warnie empfing ohne Jacks Wissen am selben Morgen im fernen Schanghai ebenfalls zum ersten Mal seit Jahren wieder die Kommunion. Die Brüder Lewis taten ihren letzten Schritt auf dem Weg zu Christus an verschiedenen Enden der Welt exakt zum selben Zeitpunkt.

Kapitel 24
Fazit: Ein Glaube, der zum Leben passt

Wir sind am Ende eines langen Weges des Erfahrens und der Reflexion angekommen. C.S. Lewis war knapp 33, als er zur Anerkennung Jesu Christi kam – man kann nicht gut sagen: «zum Glauben an Christus zurückkehrte», weil er als Kind nicht wirklich gewusst hatte, was Glauben bedeutet.

Lange hatte er sich gegen diesen Glauben gesträubt; die Gründe hierfür lagen weit zurück in einem unglücklichen Verhältnis zu seinem Vater nach dem Tod der Mutter und Erfahrungen mit einem Lehrer, der die Autorität, die er zum Wohl seiner Schützlinge hätte einsetzen sollen, willkürlich und missbräuchlich gegen sie eingesetzt hatte. Dazu kamen weitere Schulerfahrungen, die seinen Wunsch nach *Nichteinmischung* in sein Leben weiter verstärkt hatten. Dass Lewis sich seitdem gegen jeden fremden Einfluss auf sein Leben zu wappnen versuchte, ist nur allzu verständlich.

Doch Gott kann auch auf den krummen Zeilen eines menschlichen Lebens gerade schreiben: Er kann die schlechten Erfahrungen, aber auch die Fehler, die jemand macht, nutzen, um ihm dadurch Stück für Stück nahe zu bringen, wer er in Wahrheit ist. Auch kann er Dinge, die für die betreffende Person zunächst einmal gar nichts mit ihm zu tun haben (wie zum Beispiel Lewis' Erfahrungen von Joy, seine Liebe zur nordischen Mythologie oder seine Lektüre von MacDonalds *Phantastes*) nutzen, um einem sozusagen *inkognito* Erfahrungen zu vermitteln, die auf seine Existenz hindeuten – die sich also letztlich nur im Horizont des christlichen Glaubens richtig deuten lassen. Dazu ist allerdings eine entsprechende Offenheit aufseiten des Erfahrenden erforderlich, die Lewis in hohem Maß mitbrachte.

Entscheidend war jedoch, dass Lewis versuchte, die Weltanschauungen zu *leben,* die er theoretisch vertrat – nicht immer mit voller Konsequenz (wie z.B. bei seinem vorübergehenden Flirt mit der Magie oder seiner idealistischen Ethik), aber doch ernsthaft genug, um ihre inneren Widersprüche und ihre Unvereinbarkeit mit seiner realen Erfahrung der Welt zu entdecken. Dies forderte ihn heraus, weiter zu gehen und nach einer Weltsicht zu suchen, in der solche Unstimmigkeiten nicht mehr vorkamen. Die beiden großen Monismen Materialismus (alles ist Materie) und Idealismus (alles ist göttlicher Geist) waren dazu nicht in der Lage; letztlich fand er eine solche Weltsicht erst im Theismus, der ihn schon bald zum Christentum führte.

Da er die anderen Weltsichten selbst «durchprobiert» (d. h. sie zu leben versucht) hatte, kannte er ihre Schwächen gut und konnte später anderen Menschen helfen, diese Schwächen ebenfalls zu entdecken und für sich zu prüfen, ob die christliche Antwort auf die betreffenden Fragen nicht doch die überzeugendere war. Dies ist vielleicht der wichtigste Grund, warum Lewis später als Apologet so erfolgreich war: Wer kennt das wahre Gewicht eines Argumentes wohl besser als derjenige, der sich durch dieses Argument hat überzeugen lassen, dass er sich bisher im *Irrtum* befand?

Lewis wurde schließlich Christ, weil er zu der Überzeugung kam, die christliche Weltsicht sei besser in der Lage als jede andere Philosophie oder Weltanschauung, ihm das Ganze von Welt und Mensch zu erklären, seine Philosophie, seine Ethik und seine Erfahrungen von Schönheit und Heiligkeit mit eingeschlossen:

> Die christliche Theologie kann Naturwissenschaft, Kunst, Ethik und die sub-christlichen Religionen in sich aufnehmen. Der wissenschaftliche Standpunkt kann keines dieser Dinge in sich aufnehmen, nicht einmal sich selbst. Ich glaube an das Christentum, wie ich daran glaube, dass die Sonne aufgegangen ist: Nicht nur, weil ich sie sehen kann, sondern weil ich durch sie alles andere sehen kann.[141]

[141] «Is Theology Poetry?» 165.

Dass er dies einmal schreiben würde, war so ziemlich das Letzte, womit er gerechnet hätte, als er nach dem Ersten Weltkrieg als 20-jähriger Atheist in Oxford das Studium aufnahm. Und für viele weitere Jahre hätte er sich das beim besten Willen nicht vorstellen können. Aber die Realität war stärker als seine Vorstellungen – und vor allem als seine Wünsche. Als Lewis schließlich erkannte, was seine Erfahrungen ihm wirklich über die Welt sagten, und als er geklärt hatte, was ihm seine Philosophie wirklich über das Absolute sagte, war er plötzlich doch beim christlichen Gott. Dazu hatte er es nun wirklich nicht kommen lassen wollen – und hätte es auch nicht kommen lassen, wenn da nicht noch jemand anderes mit im Spiel gewesen wäre: Gott selbst.

Doch dieser erwies sich als ein ganz anderer Gott als der Gott, an den zu glauben Jack früher für unmöglich gehalten hatte. Er war kein grausamer Schöpfer, der sich nicht für das Leid seiner Geschöpfe interessierte, und er war auch kein kosmischer Erpresser, der einem mit den Qualen der Hölle drohte, wenn man sich nicht seinem Willen unterwarf. Sondern dieser Gott war ein liebender Vater, der seinen eigenen Sohn in die Welt gesandt hatte, um für uns Menschen zu sterben und uns dadurch von Schuld und Tod zu erlösen. C.S. Lewis war in der Tat sehr überrascht von Gott.

Postskriptum

Im September 1942 berichtete die britische Schriftstellerin Dorothy Dudley Short (geb. Field) C.S. Lewis vom Verlust ihres Glaubens, aber auch vor ihrer spirituellen Suche, und bat ihn um Rat. Lewis antwortete ihr,[142] er habe sich für lange Zeit in ähnlichen Gefilden aufgehalten wie sie, und fügte ein paar Anmerkungen zu den östlichen Religionen hin-

[142] Der Brief ist nicht in den drei Bänden der *Collected Letters* von C.S. Lewis enthalten. Er wurde 2018 bei einer Auktion versteigert; das Gebet ist in Lewis' eigener Handschrift hier einsehbar: http://www.auctionzip.com/auction-lot/Lewis-Clive-Staples,-1898-1963-.-A-very-length_E1E45A7A14.

zu, mit denen sie sich gerade beschäftigte. Er schloss den Brief mit einem Gebet, das er extra für sie geschrieben hatte. Den Kern dieses Gebets bildet die Bitte, Gott selbst möge verhindern, dass man sich ein Gottesbild nach den eigenen Wünschen und Vorstellungen schafft. Es ist das Gebet eines Menschen, der der Begegnung mit dem wahren Gott lange ausgewichen war, aber erfahren hatte, dass Gott in seinem Leben wirkt und dabei all das ergänzt und korrigiert, was bei der eigenen Suche unvollkommen bleibt. Lewis war überzeugt: Wer im Geist dieses Gebets nach dem wahren Gott sucht, der wird ihn eines Tages finden.

O Thou who knowest me and whom I know not; correct all that is mistaken and forgive all that has been slothful, hasty, or arrogant in my thinking; cure me of all wish and fear that Thou shouldst be thus or thus: make me to remember that Thou art immutably that which Thou art, and because Thou art: and grant to me either such knowledge of Thee as may suffice to do Thy will or such patience as may endure, while Thou wilt, my ignorance.

Behold the handmaid of the Lord: be it unto me according to Thy will.

O Du, der Du mich kennst und den ich nicht kenne: berichtige alles, was in meinem Denken falsch ist; verzeihe alles, was in ihm träge, voreilig oder hochmütig war; heile mich von jedem Wunsch und jeder Furcht, Du mögest so oder so sein. Gib, dass ich mich daran erinnere, dass Du unwandelbar bist, was Du bist, und weil Du bist, und gewähre mir entweder eine Erkenntnis Deiner, die mich in die Lage versetzt, Deinen Willen zu tun, oder aber die Geduld, meine Unwissenheit zu ertragen, solange Du willst.

Siehe, ich bin die Magd des Herrn: mir geschehe nach Deinem Willen.

Anhang

Zeittafel

1898 29. November: C. S. Lewis wird im Ortsteil Dundela im Osten von Belfast geboren, welches zum Vereinigten Königreich Großbritannien und Irland gehört. Er ist der 2. Sohn von Albert und Flora Lewis; sein Bruder Warren (Warnie) kam 1895 zur Welt.

1899 29. Januar: Er wird von seinem Großvater mütterlicherseits, Reverend Thomas Hamilton, in St. Mark's Church, Belfast auf die Namen Clive Staples getauft (er selbst nennt sich später Jack).

1905 21. April: Die Familie Lewis zieht in ein neues Haus (Little Lea) im Ortsteil Belmont.

April/Mai: Jack hat sein erstes Erlebnis von Joy, als er im Garten von Little Lea unter einem blühenden Johannisbeerstrauch steht.

1906–1908 vor Herbst 1908: Longfellows «Tegnér's Drapa» beschert ihm seine erste Begegnung mit nordischer Mythologie. Die Zeilen «I heard a voice that cried, / Balder the beautiful / Is dead, is dead» lösen eine weitere intensive Erfahrung von Joy aus.

1908 23. August: Lewis' Mutter Flora stirbt am 45. Geburtstag ihres Mannes Albert an Krebs.

18. September: Jack wird vom überforderten Vater auf die Wynyard School in Hertfordshire, England ins Internat geschickt. Er und seine Mitschüler sind der Gewalt des (geisteskranken) Schulleiters Robert Capron ausgesetzt.

1910 12. Juli: Die Zeit in Wynyard endet, da die Schule ihre Tore für immer schließt.

September-Dezember: Besuch des Campbell College (Belfast).

1911 10. Januar: Jack beginnt seine schulische Ausbildung in Cherbourg House in Malvern, Worcestershire, England.

Der Prozess seiner Entfremdung vom Glauben beginnt.

1912 Januar/Februar: Jack sieht eine Annonce für Band II von Arthur Rackhams Illustrationen zum Text von Wagners Ring-Zyklus, was seine Begeisterung für die nordische Mythologie auslöst.

1913 Sommer: Lewis ist zum Atheisten geworden.

18. September: Jack beginnt seine Ausbildung am Malvern College in Wor-

cestershire, England. Der Unterricht ist gut, doch er verabscheut das soziale System der «Bloods».

1914 Januar (oder letzte Dezember-Tage): Lewis macht in den Hügeln von Belfast einen Morgenspaziergang im Nebel in «Rheingold-Stimmung». Dabei hat er eine intensive Erfahrung von Joy.
April: Jack besucht seinen kranken Nachbarn Arthur Greeves, und die beiden entdecken ihre gemeinsame Liebe zu Literatur und nordischer Mythologie.
Juni: Die Tragödie *Loki Bound* entsteht, in der er seinem kosmischen Pessimismus Ausdruck verleiht.
19. September: Lewis beginnt seine Ausbildung in Great Bookham bei dem Privatlehrer W. T. Kirkpatrick.
November: Er entdeckt William Morris, der ihn fast ebenso begeistert wie zuvor Wagner.
6. Dezember: Jack lässt sich in St. Mark's in Belfast konfirmieren, seinem völligen Unglauben zum Trotz.

1914/1915 Dezember/Januar: Eine Erinnerung an den Morgenspaziergang im Nebel ein Jahr zuvor macht ihm bewusst, dass die nordischen Mythen keine Erfahrungen von Joy mehr auslösen. Diese Erkenntnis beschert ihm den alten Thrill, den er aber nicht als Joy erkennt.

1915 Osterferien: Die ersten Gedichte entstehen, die später in *Spirits in Bondage* veröffentlicht werden.
Die Lektüre von Yeats und Morris führt dazu, dass Lewis den Gegenstand von Joy im Übersinnlichen bzw. Erotischen sucht.

1916 4. März: Jack entdeckt George MacDonalds *Phantastes*. Das Buch «tauft» seine Imagination, aber nicht seinen Willen und seinen Intellekt.

1917 29. April: Lewis schreibt sich bei der Universität Oxford ein, beginnt aber sogleich seine Ausbildung als Offizier der Britischen Armee.
7. Juni: Er wird im Zug seiner militärischen Ausbildung ins Keble College verlegt und teilt sich ein Zimmer mit Paddy Moore, dessen Mutter Janie er bald kennen und schätzen lernt.
29. November: Jack erreicht an seinem 19. Geburtstag die Front in Frankreich.

1918 15. April: Lewis wird in der Schlacht von Arras verwundet und kurz darauf zur Rekonvaleszenz zurück nach England geschickt.
September: Der Verlag William Heinemann akzeptiert *Spirits in Bondage*; der Gedichtband erscheint am 20. März 1919.

1919 14. Januar: Jack nimmt in Oxford am University College das Studium der Literae Humaniores (Classics) auf und beginnt, seinen New Look zu entwickeln.
Da Paddy Moore im September 1918 für tot erklärt wurde, kümmert Lewis sich

um Mrs. Moore und ihre Tochter Maureen, wie er es vor dem Kriegseinsatz versprochen hatte.

1920 März: Lewis schließt die «Honours Moderations»-Examen (Mods) mit «First Class Honours» ab.

April: Er beginnt das «Greats»-Studium mit E.F. Carritt als seinem Philosophie-Tutor.

Juni: Jack liest (erneut) Bergsons *L' Évolution créatrice* und entdeckt die «Promethean Fallacy in Ethics».

September: Er ist für eine Woche ein Berkeley'scher Idealist.

Oktober: Lewis kehrt zum Naturalismus zurück, jedoch in der Form des zeitgenössischen Realismus, den Carritt vertritt.

1921 Mai: Er gewinnt den Essay-Preis des Vizekanzlers der Universität Oxford für seinen Essay «Optimism».

Sommer: Jack gründet einen gemeinsamen Hausstand mit den Moores, der bis zu Mrs. Moores Tod im Januar 1951 bestehen bleiben wird.

1921/1922 Michaelmas Term 1921 bis Hilary Term 1922: Er liest Kants *Kritik der reinen Vernunft* und Bradleys *Logic*, entdeckt den inneren Widerspruch des Realismus und wird Absoluter Idealist.

1922 2. April: Jack beginnt als Idealist das narrative Gedicht *Dymer*, an dem er für dreieinhalb Jahre arbeiten wird.

Juni/Juli: Lewis schließt die «Greats»-Examen mit «First Class Honours» ab.

6. Juli: Er beginnt die Dissertation «The Hegemony of Moral Value(s)», an der er für zwei Jahre weiterarbeiten wird.

Oktober: Lewis nimmt ein einjähriges Zusatzstudium in Englischer Literatur und Sprache auf.

1923 Februar/März: Jack pflegt drei Wochen lang Mrs. Moores Bruder Dr. John Askins in dessen krankheitsbedingtem Wahnsinn, was ihn sehr verstört. Doc Askins stirbt am 6. April an Herzversagen.

Mai: Jack zieht mit Mrs. Moore und Maureen in das Haus namens «Hillsboro» in Headington im Osten Oxfords.

Juli: Jack und sein neuer Freund Nevill Coghill schließen das Englisch-Studium mit «First Class Honours» ab.

Sommer: Seine Freunde Cecil Harwood und Owen Barfield lernen die Lehren Rudolf Steiners kennen und wenden sich der Anthroposophie zu. Lewis ist entsetzt, und der sogenannte «Great War» mit Barfield beginnt.

1924 Januar-März: Jack schreibt einen Essay über die «Promethean Fallacy in Ethics», in dem er seine eigene frühere Haltung gegenüber einer als grausam und ungerecht empfundenen Welt kritisiert.

5./6. März: Gottes I. Schachzug: Lewis liest in Euripides' *Hippolytos* vom

Garten der Hesperiden, was seine alte Sehnsucht wieder erweckt und am Tag darauf zu einer Erfahrung von Joy führt, die die letzten Reste seines New Look beseitigt.

8. März: Gottes II. Schachzug: Er liest Samuel Alexanders *Space, Time and Deity* und lernt die Unterscheidung von Enjoyment und Contemplation kennen. Dies führt zu der Entdeckung, dass das Absolute das Objekt seines «Wollens und Habens» (Joy) ist.

März-April (vermutlich): Gottes III. Schachzug: Jack verbindet sein neues Verständnis von Joy mit dem Absoluten Idealismus. Dies gibt ihm auch die richtige Inspiration, um sein Gedicht *Dymer* endlich fertigzustellen.

Oktober: Lewis lehrt in Vertretung seines alten Tutors E.F. Carritt Philosophie am University College (bis Juni 1925).

1925 Juli-September (= Sommerferien): Er stellt das Gedicht *Dymer* fertig, welches aber noch einiger Korrekturen bedarf.

Oktober: Lewis nimmt seine Tätigkeit als Fellow am Magdalen College auf (Englisch plus Philosophie-Tutorien).

1926 Frühjahr: Er liest G.K. Chestertons *Everlasting Man* und findet darin die christliche Sicht der Weltgeschichte erstmals überzeugend dargelegt.

1. April: J.M. Dent sagt die Publikation von *Dymer* zu; das Gedicht erscheint am 18. September.

27. April: Lewis unterhält sich mit seinem überaus skeptischen Philosophie-Kollegen Thomas D. Weldon über die Evangelien, wobei dieser zu seinem Entsetzen erklärt, es sehe fast so aus, als habe sich in Jesus das Sterben eines Gottes tatsächlich einmal historisch ereignet.

Mai/Juni: Er besucht mehrfach die Sonntagabend-Gottesdienste der College-Kapelle und liest teilweise sogar eine der Lesungen.

Gottes IV. Schachzug: Lewis liest erneut Berkeley, entdeckt am 22. Mai einen Paralogismus in dessen Werk und beginnt, seinen eigenen Subjektiven Idealismus zu entwickeln.

13. Juni: Er liest Maurice Hewletts *Lore of Proserpine*, das ihm klar macht, dass er etwas in sich zurückhält. Er beschließt, sich zu öffnen, und hat das Gefühl, wie ein Schneemann zu schmelzen.

1927 Januar: Lewis wird Mitglied der von J.R.R. Tolkien gegründeten Coalbiters, die sich dem Studium der nordischen Mythen in ihrer altisländischen Originalsprache widmen. Daraus entwickelt sich eine enge Freundschaft mit Tolkien.

Ab Anfang des Jahres: Der «Great War» mit Owen Barfield spitzt sich zu, nun überwiegend in schriftlicher Form.

1928 April/Mai: Owen Barfields Studie *Poetic Diction* erscheint; Lewis beginnt mit der Arbeit an *The Allegory of Love*.

November: Lewis stellt seine philosophische «Summa» gegen Barfields Anthroposophie fertig, in der er seinen eigenen Subjektiven Idealismus ausführlich darlegt.

1929 25. September: Albert Lewis stirbt an Krebs, nachdem sein Sohn Jack ihn mehr als einen Monat gepflegt hat.

Dezember: Lewis ist mit der Auflösung des Hausstandes in Little Lea beschäftigt, hat aber auch ein schlechtes Gewissen, weil er seinen Vater über all die Jahre hinweg so schlecht behandelt hat.

1930 Anfang des Jahres: Angeregt durch ein Treffen mit seinen Freunden Barfield und Griffiths unternimmt Jack einen Versuch «vollkommener Tugendhaftigkeit».

5. Januar: Er liest Jakob Böhmes *Signatura Rerum*, was ihn über das «Mysterium der Schöpfung» staunen lässt.

30. Januar: Jack entdeckt bei seinen Nachmittags-Meditationen, wie stark die Sünde des Stolzes noch in ihm aktiv ist.

3. Februar: Lewis schreibt Barfield, sein «Spirit» oder «wahres Ich» beginne, sich gefährlich wie Gott zu verhalten und ihm zu einem echten Gegenüber zu werden. Er ist sich bewusst, dass er betet, versucht aber, dies als ein bloß metaphorisches Tun zu deuten.

Anfang Juli: Jack lernt bei einem Besuch bei Barfield das Tauchen.

4.–6. Juli: Jack, Mrs. Moore, Maureen und Warnie inspizieren The Kilns und beschließen, Haus und Anwesen zu kaufen; ihr Kaufgesuch wird am 16. Juli akzeptiert.

Juli: Jack wird Theist (möglicherweise in den zehn Examenstagen zwischen dem 17. und dem 26. Juli).

1930/1931 Herbst 1930–Sommer 1931: Lewis schreibt den autobiografischen Entwurf «Early Prose Joy», in dem er seinen Weg in den Atheismus und zurück zum Theismus beschreibt.

1931 19. September: Seine Freunde Dyson und Tolkien erklären Jack bei einem langen nächtlichen Gespräch, die Inkarnation sei ein historisches Ereignis mit der Qualität des Mythischen.

28. September: Lewis wird von seinem Bruder im Beiwagen seines Motorrads zum Whipsnade Zoo gefahren und kommt zum Glauben an Christus.

25. Dezember 1931: Jack empfängt zum ersten Mal seit seinen Jugendtagen die Heilige Kommunion, am selben Tag wie sein Bruder Warnie.

1932 15.–29. August: Lewis schreibt in gerade einmal zwei Wochen *The Pilgrim's Regress*, worin er den Weg seiner Bekehrung zu Christus in allegorischer Form nachzeichnet.

Literaturverzeichnis

Augustinus: *Bekenntnisse. Confessiones I–XIII.* Deutsch-Latein, übertragen von Dieter Hattrup (Reihe Edition Europa 2000), Paderborn 2010.

Barfield, Owen: «Autem», in: *The «Great War» of Owen Barfield and C. S. Lewis. Philosophical Writings 1927–1930,* hrsg. von Norbert Feinendegen und Arend Smilde, Oxford 2015, 113–120.

–: *Owen Barfield on C. S. Lewis,* hrsg. von G. B. Tennyson, Middletown, Connecticut 1989.

Butler, Samuel: *The Way of All Flesh,* Standard Ebook 2019.

Coghill, Nevill: «The Approach to English», in: *Light on C. S. Lewis,* hrsg. von Jocelyn Gibb, London 1965, 51–66.

Euripides: *The Hippolytos of Euripides,* übersetzt in English Rhyming Verse und mit Anmerkungen von Gilbert Murray, London 1902.

Green, Roger Lancelyn und Walter Hooper: *C. S. Lewis, A Biography,* vollständig überarbeitete und erweiterte Ausgabe, San Diego, New York und London 2002.

King, Don W.: *C. S. Lewis, Poet. The Legacy of His Poetic Impulse,* Kent, Ohio und London, 2001.

Lewis, Clive Staples: *All My Road Before Me. The Diary of C. S. Lewis 1922–1927,* hrsg. von Walter Hooper, mit einem Vorwort von Owen Barfield (Harvest Book), San Diego, New York und London 1991.

–: *The Allegory of Love. A Study in Medieval Tradition,* London 1936.

–: «C. S. Lewis' 1924 Tutorial Notes», in: *C. S. Lewis: Tutor and Lecturer in Philosophy. Philosophical Notes 1924,* hrsg. von Norbert Feinendegen und Arend Smilde, Oxford 2021, 87–158.

–: «Christian Apologetics», in: *God in the Dock. Essays on Theology and Ethics,* hrsg. von Walter Hooper, Grand Rapids, Michigan 1970, 89–103.

–: «Clivi Hamiltonis Summae Metaphysices Contra Anthroposophos Libri II», in: *The «Great War» of Owen Barfield and C. S. Lewis. Philosophical Writings 1927–1930,* hrsg. von Norbert Feinendegen und Arend Smilde, Oxford 2015, 58–102 (zitiert als «Summa»).

–: *Collected Letters, Volume I. Family Letters 1905–1931,* hrsg. von Walter Hooper, London 2000.

–: *The Collected Letters of C. S. Lewis, Volume II. Books, Broadcasts, and the War, 1931–1949,* hrsg. von Walter Hooper, San Francisco 2004.

–: *Collected Letters, Volume III. Narnia, Cambridge and Joy 1950–1963,* hrsg. von Walter Hooper, London 2006. Die Rechte für die drei im Band abgedruckten Skizzen aus dem «Great War Letter» I/1 liegen bei der C. S. Lewis Co. Pte.

–: «Different Tastes in Literature», in: *On Stories and Other Essays on Literature,* hrsg. von Walter Hooper (Harvest Book), San Diego, New York und London 1982, 119–125.

–: *Dymer,* in: *Narrative Poems,* hrsg. von Walter Hooper (Fount Paperback), London 1994.

–: «‹Early Prose Joy›: C. S. Lewis's Early Draft of an Autobiographical Manuscript», in: SEVEN Vol. 30 (2013), 13–49.

–: «First and Second Things», in: *God in the Dock. Essays on Theology and Ethics,* hrsg. von Walter Hooper, Grand Rapids, Michigan 1970, 278–281.

–: *The Four Loves* (Fount Paperback), London 1998.

–: «The Funeral of a Great Myth», in: *Christian Reflections* (Fount Paperback), hrsg. von Walter Hooper, London 1981, 110–123.

–: «Is Theology Poetry?», in: *They Asked for a Paper. Papers and Addresses,* London 1962, 150–165.

–: «Learning in War-Time», in: *The Weight of Glory and Other Addresses,* überarbeitete und erweiterte Ausgabe, San Francisco 2001, 47–63.

–: *Letters to Malcolm: Chiefly on Prayer,* London 1964.

–: «Meditation in a Toolshed», in: *God in the Dock. Essays on Theology and Ethics,* hrsg. von Walter Hooper, Grand Rapids, Michigan 1970, 212–215.

–: *Mere Christianity. A revised and amplified edition, with a new introduction, of the three books ‹Broadcast Talks›, ‹Christian Behaviour› and ‹Beyond Personality›,* London und Glasgow 1955.

–: *Miracles. A Preliminary Study,* überarbeitete Taschenbuchausgabe, London und Glasgow 1960.

–: «Myth Became Fact», in: *God in the Dock. Essays on Theology and Ethics,* hrsg. von Walter Hooper, Grand Rapids, Michigan 1970, 63–67.

–: «On Bolshevism», in: SEVEN Vol 31 (2014), 31–40.

–: «On Three Ways of Writing for Children», in: *On Stories and Other Essays on Literature,* hrsg. von Walter Hooper (Harvest Book), San Diego, New York und London 1982, 31–43.

–: *Perelandra (Voyage to Venus)* (Voyager Edition), London 2000.

–: *The Personal Heresy. A Controversy* (mit E. M. W. Tillyard) (Oxford Paperback), London, New York und Toronto 1965.

–: *The Pilgrim's Regress. An Allegorical Apology for Christianity, Reason and Romanticism,* Wade Annotated Edition, hrsg. und eingeleitet von David C. Downing, Grand Rapids, Michigan und Cambridge 2014.

–: *Poems,* hrsg. von Walter Hooper (Harvest Book), San Diego, New York und London 1992.

–: *Prayer Manuscript* (unveröffentlichtes Essay-Fragment), das Originalmanuskript befindet sich im Marion E. Wade Center, Wheaton College, Illinois; zitiert mit freundlicher Genehmigung von Walter Hooper und der C. S. Lewis Co. Pte.

–: «Preface to the 1950 Edition of *Dymer*» in: *Narrative Poems,* hrsg. von Walter Hooper (Fount Paperback), London 1994, 3–6.

–: *The Problem of Pain* (Fount Paperback), London 1977.

–: «The Psalms», in: *Christian Reflections* (Fount Paperback), hrsg. von Walter Hooper, London 1981, 147–163.

–: «Religion Without Dogma?», in: *God in the Dock. Essays on Theology and Ethics,* hrsg. von Walter Hooper, Grand Rapids, Michigan 1970, 129–146.

–: *Surprised by Joy. The Shape of my Early Life* (Fount Paperback), London 1998.

–: «Transposition», in: *The Weight of Glory and Other Addresses,* überarbeitete und erweiterte Ausgabe, San Francisco 2001, 91–115.

–: «The Weight of Glory», in: *The Weight of Glory and Other Addresses,* überarbeitete und erweiterte Ausgabe, San Francisco 2001, 25–46.

Lewis, Warren: *Brothers and Friends. An Intimate Portrait of C. S. Lewis. The Diaries of Major Warren Hamilton Lewis,* hrsg. von Clyde S. Kilby und Marjorie Lamp Mead, San Francisco 1982.

Longfellow, Henry Wadsworth: «Tegnér's Drapa», in: *The Poetical Works of Henry Wadsworth Longfellow: including recent poems,* London 1868, 216–218.

MacDonald, George: *Lilith. A Romance,* Zweite Auflage, London 1896.

–: *Phantastes: A Faerie Romance for Men* and *Women,* London 1858.

N.N.: «Christmas Spirit in English Illustration», *The Literary Digest,* 30. Dezember 1911, 1228f.

Pollock, Frederick: *Spinoza. His Life and Philosophy,* London 1880.

Russell, Bertrand: «The Free Man's Worship», in: *Contemplation and Action: 1902–1914 (The Collected Papers of Bertrand Russell Vol. 12),* hrsg. von Richard A. Rempel, Andrew Brink und Margaret Moran, London und New York 1985, 62–71.

Walsh, Chad: *C. S. Lewis: Apostle to the Skeptics,* New York 1949.

Weitere Lektüre-Hinweise

1. Texte von C. S. Lewis mit teilweise autobiografischem Charakter

Abgesehen von *Surprised by Joy* und den Briefen, Tagebüchern und Texten, die in der ersten Hälfte von C. S. Lewis' Leben entstanden sind, gibt es noch eine Reihe weiterer Schriften aus seiner Feder, die zum Teil autobiografische Züge tragen, ohne dass dies immer sofort erkennbar wäre. Zu ihnen gehören zum Beispiel die Predigt «The Weight of Glory» (1940), das Kapitel über den Himmel in *The Problem of Pain* (1940), sein Vorwort zur dritten Auflage von *The Pilgrim's Regress* (1943) und das Vorwort zu *George MacDonald: An Anthology* (1946), in denen Lewis sich mit seiner Erfahrung von Joy beschäftigt.

Der kurze Text «My First School» (1943) ergänzt, was Lewis in Kapitel 2 «Concentration Camp» von *Surprised by Joy* über seine Erfahrungen an der Wynyard School in Watford, Hertfordshire unter Robert Capron schreibt. Die Essays «The Inner Ring» (1944) und «A Reply to Professor Haldane» (1946) enthalten Reflexionen auf die Erfahrungen, die er am Malvern College mit dem System der «Bloods» gemacht hatte. Zahlreiche Aspekte der Psychologie seines Konversionsprozesses finden sich in den *Screwtape Letters* (1942). In *That Hideous Strength* (1945) und *Till We Have Faces* (1956) verarbeitet Lewis in den Figuren von Jane und Orual auch Aspekte seines eigenen früheren Unwillens, seinen Eigenwillen (d. h. seinen Anspruch, sein eigener Herr zu sein) aufzugeben und sich auf die Ansprüche eines göttlichen Gegenübers einzulassen.

In *Miracles* (1947/1960) beschreibt Lewis wichtige philosophische Aspekte seines Konversionsprozesses; hier findet man zum Beispiel eine Auseinandersetzung mit den beiden großen Monismen, die er vertrat (Materialismus/Naturalismus und Idealismus/Pantheismus), bevor er zur Anerkennung eines personalen Gottes kam, aber auch seine von Owen Barfield angeregten Reflexionen auf das Wesen religiöser Sprache und eine Darstellung der Inkarnation als Schlüssel zum Verständnis der gesamten Wirklichkeit. Die beiden ersten Bücher von *Mere Christianity* (1952) enthalten ebenfalls kurz gefasste Kommentare zu den wichtigsten philosophischen Stadien seines Konversionsprozesses. Lewis' erster (gescheiterter) Versuch, ein Buch über das Beten zu schreiben, das so genannte *Prayer Manuscript* (1952/53), enthält zahlreiche Passagen, die auf seine eigenen früheren Schwierigkeiten mit dem Beten Bezug nehmen. Leider ist das Fragment bisher nicht veröffentlicht, es gibt aber bereits ein Team von Forschern, das sich um eine Veröffentlichung dieses spannenden Dokumentes bemüht.

2. Biografien

Zusätzlich zu der im Literaturverzeichnis genannten Biografie von Roger Lancelyn Green und Walter Hooper: *C.S. Lewis. A Biography* (1974/1994), sind zu nennen: George Sayer: *Jack. A Life of C.S. Lewis* (1988), Christian Rendel: *Von Belfast nach Narnia: Das Leben von C.S. Lewis* (2006) und Alister McGrath: *C.S. Lewis: A Life. Eccentric Genius, Reluctant Prophet* (2013), im Fontis-Verlag in deutscher Übersetzung erschienen als *C.S. Lewis: Prophetischer Denker. Exzentrisches Genie* (2021). Gerade erst erschienen ist die dreibändige Biografie von Harry Lee Poe: *Becoming C.S. Lewis, Volume 1: A Biography of Young Jack Lewis* (2019), *The Making of C.S. Lewis, Volume 2: From Atheist to Apologist* (2021) und *The Completion of C.S. Lewis, Volume 3: From War to Joy* (2022). Dazu kommen noch zwei explizit spirituelle Biografien, Devin Brown: *A Life Observed. A Spiritual Biography of C.S. Lewis* (2013) und Joel Heck: *From Atheism to Christianity: The Story of C.S. Lewis* (2017). Reich bebilderte Einblicke in Aspekte der ersten Hälfte von Lewis' Leben bieten Ruth James Cording: *C.S. Lewis: A Celebration of His Early Life* (2000) und Laurence Harwood: *C.S. Lewis, my Godfather. Letters, Photos and Recollections* (2007).

All diese Biografien können mit interessanten Details aus der ersten Hälfte von Lewis' Leben aufwarten, sie beschreiben seine spirituelle Entwicklung aber nur sehr unpräzise – sowohl in chronologischer als auch in philosophischer Hinsicht. Dies liegt vor allem daran, dass in jüngster Zeit publizierte, aber vorher lange bekannte Primärquellen wie «Early Prose Joy», die «Summa» oder Lewis' «Tutorial Notes» in diesen Biografien nicht berücksichtigt werden. Auch jene Autoren, denen diese Quellen bekannt waren bzw. sind (z.B. Walter Hooper und Joel Heck), machen von diesen Texten kaum Gebrauch, was vermutlich mit dem philosophischen Charakter dieser Texte zu tun hat. Das hat zur Folge, dass auch zu Lebzeiten von Lewis publizierte Texte mit philosophischem und autobiografischem Anteil wie *Dymer* oder *The Pilgrim's Regress* bis heute nur sehr unzureichend verstanden sind.

3. Weitere Quellen und Dokumente mit biografischem Bezug

Im Hinblick auf das bisher viel zu wenig beachtete «Early Prose Joy»-Manuskript und seine Bedeutung für Lewis' Biografie sind zwei Beiträge des Herausgebers Andrew Lazo zu nennen: «Correcting the Chronology: Some Implications of ‹Early Prose Joy›», in: SEVEN Vol. 29 (2012), 51–62 und «‹Early Prose Joy›: A Brief Introduction», in: SEVEN Vol. 30 (2013), 5–12.

Des Weiteren sei auf Joel Hecks online publiziertes Dokument *Chronologically Lewis* hingewiesen (https://www.joelheck.com/chronologically-lewis.php), ein mittlerweile auf etwa 1350 Seiten angewachsenes (regelmäßig aktualisiertes) Biografie-Projekt, das sich bemüht, für jeden Tag in C.S. Lewis' Leben anzugeben, was er (oder sein Bruder) an diesem Tag getan hat. Als eine erste Informationsquelle ist das Dokument sehr nützlich, trotz aller Bemühungen Hecks um Präzision ist es aber in Details nicht immer zu hundert Prozent verlässlich, nicht zuletzt dann, wenn es um die Verbindung von Lewis' äußerem Leben mit seiner inneren Entwicklung geht.

Eine äußerst hilfreiche und mit größter Sorgfalt erstellte Online-Quelle zu C. S. Lewis sind die Seiten von Arend Smilde (http://www.lewisiana.nl/). Sie beinhalten Informationen zu zahlreichen Einzelschriften von C. S. Lewis, darunter auch Anmerkungen zu autobiografischen Texten wie *Surprised by Joy* und *The Pilgrim's Regress*, und dazu kritische Kommentare zu Biografien von Autoren wie A. N. Wilson und Alister McGrath. Ebenfalls sehr lesenswert ist seine biografische Einführung «Why C. S. Lewis did not become a philosopher» in *C. S. Lewis: Tutor and Lecturer in Philosophy. Philosophical Notes 1924*, hrsg. von Norbert Feinendegen und Arend Smilde, Oxford 2021, 39–86. Sie zeigt die Verkettung von Umständen, die dazu führte, dass es Lewis nicht gelang, in der akademischen Welt Oxfords als Philosoph Fuß zu fassen.

Wen die vorliegende Biografie angeregt hat, sich näher mit dem Denken von C. S. Lewis zu befassen, dem sei mein Buch *Apostel der Skeptiker. C. S. Lewis als christlicher Denker der Moderne* (Dresden 2015) empfohlen. Ausgehend von der philosophischen Frage nach gesicherter Erkenntnis, präsentiert das Buch in systematischer Form die Argumente, die der Christ gewordene Lewis dafür vorbrachte, dass der christliche Glaube tatsächlich der Schlüssel zum Verständnis der gesamten Wirklichkeit ist.

Einen Einblick in alle Aspekte des Schaffens von C.S. Lewis bietet der von mir zusammengestellte und übersetzte Band *Durchblicke. Texte zu Fragen über Glauben, Kultur und Literatur* (Fontis-Verlag 2019). Unter den dort erstmals auf Deutsch veröffentlichten Texten finden sich auch Übersetzungen der im vorliegenden Buch mit herangezogenen Essays «My First School» («Meine erste Schule»), «Meditation in a Toolshed» («Meditation in einem Geräteschuppen»), «De descriptione temporum», «On Three Ways of Writing for Children» («Über drei Weisen, für Kinder zu schreiben»), «A Reply to Professor Haldane» («Eine Replik auf Professor Haldane») sowie Auszüge aus Briefen, in denen Lewis seine Anerkennung Jesu Christi reflektiert: «Die Geschichte Jesu – ein wahrer Mythos».